KB214922

복 있는 사람

오직 여호와의 율법을 즐거워하여 그 율법을 주야로 묵상하는 자로다.
저는 시냇가에 심은 나무가 시절을 좇아 과실을 맺으며 그 잎사귀가 마르지 아니함 같으니
그 행사가 다 형통하리로다. (시편 1:2-3)

오늘의 한국과 세계는, 그리스도의 교회가 복음을 온전히 선포하며 하나님 나라의 샬롬을 이루어 가기를 절실히 요청하고 있다. 그러나 오늘의 한국 교회는 여러 면에서 심각히 타락해 가고 있음을 부인할 수 없다. 교회의 본래 사명을 제대로 감당하지 못할뿐더러, 오히려 시대정신과 타협한 왜곡된 복음을 선포하고 있다. 이런 상황에서, 김회권 목사가 목회자적 사명감에 영적·신학적 통찰력, 예언자적 비판정신을 겸하여 이 책을 출간하게 된 것을 진심으로 기뻐한다. 기독청년들을 비롯해 진지한 많은 성도들이 이 책을 통해 깨우침과 도전을 받아 하나님 나라 운동의 열렬한 일꾼들이 되기를 바란다.

김세윤 미국 풀러신학교 신약학 교수

저자는 청년들의 목자로서 신음하며 던지던 질문들을 생생한 영적 경험과 학자적 양심, 울부짖는 기도와 말씀을 통해 그 답을 찾아내어 이 땅의 가난한 청년들에게 전하고 있다. 김회권 목사의 『청년 설교』는 싸구려 은혜가 범람하는 강단의 현실 속에서 잠든 영혼을 깨우는 희귀한 하나님의 말씀이자, 영적 기갈에 시들어 가는 한국 교회를 위한 하나님의 생수다.

이승장 아름마을교회 담임목사, 학원복음화협의회 고문

교회 속의 청년들은 사유되지 않은 추상과 공감되지 않는 억지, 욕망의 사주를 받은 선동과 조작의 언어에 자주 시달린다. 하지만 바울은 복음 선포를 '설득'이라 부른다. 그런 점에서 김회권 목사의 『청년 설교』는 제대로 된 복음 선포가 어떤 것인지를 선명하게 보여 준다. 이 책의 여러 설교들이 보여주듯, 저자의 선포는 결코 단순하지 않다. 숙련된 성서 학자의 눈길은 성서 텍스트들이 서로 다른 상황에 부딪히며 만드는 다채로운 메시지를 예리하게 분석해 낸다. 오늘의 현실을 그려 내는 저자의 필치는 저자 특유의 광범위한 독서와 치밀한 사유와 합처지며 더욱 날카로워진다. 우리 시대의 현실이 부정되지도, 가벼이 미화되지도 않은 채, 그 자체로 적나라하게 포착되고 묘사된다. 바로 이 상황에 복음이 말을 건다. 물론 복음과 상황의 이 만남을 주선하는 것은 설교자 자신의 삶이다. 저자 자신의 삶에서 울려나는 육성 고백이기에, 이 설교들은 '꼰대'의 설교가 아닌 영적 선배의 호소로 우리 '청년'들에게 말을 건다. 이 책의 설교들은 성경에 대한 보다 뜨거운 열정을 불러일으키고, 현실에 대해 더 깊은 사랑과 책임을 일깨우며, 복음에 뿌린 소망을 더욱 뚜렷이 바라보게 한다. 하나님 앞에서 언제나 '청년'이어야 할 모든 이에게 큰 유익이 되리라 생각한다.

권연경 숭실대학교 기독교학과 교수

불온하지 않은 젊은이, 기존 질서에 순치된 젊은이들을 볼 때마다 가슴이 아프다. 자녀들이 예언하고 노인들이 꿈을 꾸고 젊은이들이 환상을 보는 세상을 꿈꾸었던 요엘의 뜨거운 심장이 이 시대에 다시 고동칠 수 있을까? 복음은 상처 입은 이들을 위로하기도 하지만, 굳어진 마음을 타격하여 균열을 만들기도 한다. 무릇 예수를 믿고 따른다는 것은 당연의 질서에 도전하며 다른 세상을 시작하는 일이다. 김회권 목사의 설교는 청년들을 그 지점으로 소환한다. 거침없고 가차 없다. 살아 있는 말씀은 우리 영혼을 뒤흔들어 어지럼증과 전율을 일으킨다. 정직하게 그 전율을 받아들일 때, 새로운 역사가 시작된다.

김기석 청파교회 담임목사

저자는 우리 시대에 가장 신뢰받는 신학자이자 목회자다. 신학자로서는 과거의 역사를 오늘 살아나게 하며, 목회자로서는 이 시대를 사는 사람들을 위로하고 격려하며 도전한다. 그의 위로는 하나님 나라에 대한 견고한 희망에서 오고, 그의 도전은 하나님 나라를 향한 뜨거운 열정에서 온다. 이 책에 담긴 설교는 주로 청년들을 대상으로 했다는 점에서 '청년설교'라고 이름 붙여졌지만, 이 설교가 불러일으키는 젊은 정신 때문에도 그렇게 이름 지어질 만하다. 그런 의미에서 김회권 목사의 『청년 설교』는 바로 '오늘을 위한 예언서'다.

김영봉 와싱톤사귐의교회 담임목사

하나님 말씀의 선포는 하늘이 열리는 사건이어야 한다. 또한 땅에 갇혀 있던 우리의 시각을 하늘로 향하게 하고, 맥없는 발걸음을 경쾌하게 만드는 능력이어야 한다. 청중과의 교감을 핑계로 본질을 양보하고, 시대의 얄팍함을 따라 말씀의 무게를 저버린 달콤한 디저트 같은 설교가 대세인 지금, 진리의 역동을 거칠게 전하는 설교를 마주하게 되어 참으로 반갑다. 말로 전한 설교를 글로 옮기면 그 활력이 사라지는 게 보통인데, 김회권 목사의 설교는 예외인 것 같다. 책을 읽으면서 저자의 음성을 듣는다. 청중을 각성시키고, 설교자들을 회개하게 한다. 편안한 자들을 곤고하게 하고 곤고한 자들을 편안하게 하는 그의 설교가 아프면서 또한 기쁘다.

박영호 포항제일교회 담임목사

김회권 목사

청년 설교 3

김회권 목사

청년 설교 3

그리스도인의 인격과 영성

복 있는 사람

김회권 목사 청년 설교 3

2013년 11월 4일 초판 1쇄 발행
2019년 5월 23일 초판 5쇄 발행

지은이 김회권
펴낸이 박종현

도서출판 복 있는 사람
주소 서울특별시 마포구 연남동 246-21(성미산로23길 26-6)
전화 02-723-7183, 7734(영업·마케팅) 팩스 02-723-7184
이메일 hismessage@naver.com
등록 1998년 1월 19일 제1-2280호

ISBN 978-89-6360-294-3 04230
ISBN 978-89-6360-291-2 04230(세트)

이 도서의 국립중앙도서관 출판예정도서목록(CIP)은
서지정보유통지원시스템 홈페이지(http://seoji.nl.go.kr)와 국가자료공동목록시스템
(http://www.nl.go.kr/kolisnet)에서 이용하실 수 있습니다. (CIP 제어번호: 2019015141)

차례

저자 서문

이 책은 2013년 3월에 열린 장로회신학대학교 학부사경회에서 행한 다섯 번의 강의와 한 번의 질의응답을 중심으로 쓴 책입니다. 대부분 강의 내용과 동일합니다만 주(註)나 사실(史實), 성경구절 등의 사소한 정보 면에서는 일부 수정되고 보완되었습니다. 원래 책을 쓸 생각으로 이 책의 상당부분은 이미 문어체로 정리된 원고로 완성되어 있었으나, 이 강의를 직접 듣지 못한 독자들이 성경강해의 전후맥락에 대해 쉽게 이해하도록 중간 중간에 한두 문장을 빼거나 불필요한 예화 등은 생략·축소했습니다. 또한 독자들의 가독성을 높이기 위해 구어체 문체를 그대로 살려 두었습니다.

요즘처럼 살아가기 힘든 시기에 20-30대 청년들에게 인격과 영성은 화급한 이슈가 아닐 수도 있지만, 장신대와 저자는 인격과 영성의 토대 없는 사회적 업적이나 종교적 성공이 헛되다는 메시지를 전하고자 이 주제를 선택했습니다. 스펙쌓기와 외모가꾸기 열풍 등이 고용시장에서 청년들의 몸값을 올리는 중요한 요소처럼 여겨지는 시대에 인격과 영성을 논하는 것은 어딘지 모르게 시대착오적인 인상을 줄지 모릅니다. 그러나 인격과 영성은 한 사람이 자유롭고 평화롭게 살아가는 데 결정적으로 중요한 자산입니다. 마태복음 6:24-34은 무엇을 먹을까, 무엇을 마실까, 무엇을 입을까를 과도하게 염려하는 제자들에게 음식보다 목숨이 더 중요하며, 옷보다 몸이 더 중요하다는 사실을 선포합니다. 취업이 무엇을 먹고 마실까를 걱정하는 것이라면, 인격과 영성은 음식을 먹어야 하는 목숨을 존귀하게 하고 옷을 입어야 하는 몸을 고귀하게 만드는 영역입니다. 음식을 먹고 옷 입고 살아가야 할 존귀한 존재로 변화시켜 주는 과업이 인격과 영성의 몫입니다. 인격과 영성이 성숙하지 않은 사람에게 의식주 문제를 해결해 주는 직장은 노예살이요, 이웃과 경쟁하고 각축하는 전쟁터가 되어 버립니다. 또한 인격과 영성이 갖추어지지 않은 청년에게 연애와 결혼은 그림의 떡입니다. 나와 다른 사람을 품고 사랑하고 일생을 친구처럼 지내는 가정생활은 고도의 인격 수련과 영적 성숙을 요구합니다. 인격과 영성이 구비된 사람에게만 사랑과 연애, 결혼과 가족생활도 하나님의 선물로 간주될 수 있다는 말입니다.

인격과 영성은 토대쌓기에 해당하는 과목입니다. 20-30대는 토대를 쌓는 때입니다. 따라서 급행출세를 위해 속도에 목을 맨 모든 사람들은 인격과 영성이라는 토대 구축에 먼저 진지한 열정을 쏟아야 합니다. 그런 점에서 이 책은 사회적 성공이나 정규직 진입에 모든 것을 거는 청년들에게 작은 도전과 격려가 되기를 희망합니다. 아브라함, 야곱, 모세, 베드로, 그리고 바울의 인격 성장과 영성 도야의 과정을 심층적으로 탐색해 봄으로써, 인격 성숙과 영성 도야를 위해 분투하는 오늘날의 청년들에게 위로와 희망을 전하고 싶은 저자의 마음이 독자들에게 조금이라도 전해지기를 바라 마지않습니다.

이 책도 저자의 다른 책들과 마찬가지로 성경 강해서이면서도 청년 독자들을 겨냥해 쓴 주제별 청년 설교입니다. 따라서 이미 나와 있는 『청년 설교 1·2』의 속편이기도 합니다. 우리가 『청년 설교』에서 말하는 청년은 요한일서 2:13-14이 말하는 청년을 가리킵니다. 하나님의 말씀이 그 안에서 거하여 강하고 담대하며, 흉악한 자를 이기고 무장해제시키는 하나님 나라 운동의 중심 일꾼이 청년입니다. 청년은 하나님 나라에 대한 목마름과 허기 때문에 이 세상에 쉽게 적응하지 못하고 대안사회, 대조사회를 꿈꾸는 자들입니다. 이러한 청년들은 이 책을 통해 약간의 위로와 소망을 발견할 수 있을 것입니다.

부족한 원고를 녹취하고 정교한 편집 작업을 통해 책으로 가독성을 높여 준 복 있는 사람의 노고에 진심으로 감사를 드립니다. 원고를 더 읽기 쉬운 청년 친화적 문체로 다듬는 데 도움을 준 김정기 형제와 도화영 자매에게도 감사를 전합니다. 마지막 퇴고를 도와주고 훨씬 더 정갈한 책이 되도록 제언을 아끼지 않은 아내에게도 깊은 감사를 드립니다. 그리스도인의 인격과 영성을 논하기에는 미천하고 어린 사람이 이런 묵직한 주제로 책을 내게 되어 송구스럽고 부담스럽습니다만 푯대를 향해 부단히 정진하는 마음으로 오늘 하루도 주님 발자취 따르며, 중간 푯대 되는 스승들을 눈여겨보며 여물어지고 단단해지고 싶습니다.

2013년 10월
종교개혁적 영성 회복을 열망하며 심학산 자락에서 김회권

1

그리스도인의 인격과 영성이 왜 중요한가?

로마서 8:18, 고린도후서 4:16-18

로마서 8:18

생각하건대 현재의 고난은 장차 우리에게 나타날 영광과 비교할 수 없도다.

고린도후서 4:16-18

그러므로 우리가 낙심하지 아니하노니 우리의 겉사람은 낡아지나 우리의 속사람은 날로 새로워지
도다. 우리가 잠시 받는 환난의 경한 것이 지극히 크고 영원한 영광의 중한 것을 우리에게 이루게
함이니 우리가 주목하는 것은 보이는 것이 아니요 보이지 않는 것이니 보이는 것은 잠깐이요 보이
지 않는 것은 영원함이라.

그리스도인의 인격과 영성

모든 사람은 인격을 가지고 있습니다. '인격'은 혼자 있을 때나 다른 사람들과 함께 있을 때 나타나는 일관성 있는 사람 됨됨이를 가리킵니다. 그리스도인의 인격은 성령에 의해 형성되기 때문에 영성이라고도 불립니다. '영성'은 성령에 의해 조형되고 연단되는 인격을 의미합니다. 따라서 인격이라는 말이 좀 더 포괄적인 상위개념입니다. 모든 사람이 성령에 의해 조탁되고 조형되는 인격의 소유자는 아니기 때문입니다. 그리스도인의 인격과 영성을 논할 때 우리는 다섯 가지 사실을 염두에 두어야 합니다.

첫째, 그리스도인은 아담 자손의 보편적인 죄성이 그리스도의 대속과 칭의 사역으로 인해 무력케 된 사람들입니다. 그리스도인은 성령 안에서 새롭게 창조된 새 피조물입니다. 따라서 그리스도인의 인격은 자연적 인간성이 아니라 그리스도 안에서 구속된 새 피조물의 인격입니다. 둘째, 그리스도인의 인격은 그리스도의 장성한 분량까지 자라

가는 생물적 존재입니다. 신령한 말씀과 감화력 넘치는 가르침에 의해 부단히 자라 가는 유기체입니다. 셋째, 그리스도인의 인격은 점진적인 분투와 연단의 산물입니다. 그리스도인은 성령의 부단한 감화감동 속에서, 옛 자아와 죄성을 해체하고 부서뜨리는 성령께로의 감미로운 순복을 통해 그리스도의 형상을 재현하는 존재입니다. 이 과정에서 성령의 아홉 가지 열매가 그리스도인의 인격 속에 영성으로 나타납니다. 성령의 거룩한 감화감동으로 반복적인 죄와 허물에서 벗어날 수 있고 그 성령으로 육의 행실을 죽일 수 있습니다.

넷째, 그리스도인의 인격은 가내수공업적인 모방과 견습을 통해 자라고 성숙해집니다. 요한복음 전체에 걸쳐서 예수님은 아버지 하나님에게 배우고 본 바를 자신도 실천한다고 주장합니다(특히 5-10장에서 강조). 사도 바울도 자신의 양떼들에게 자신을 본받을 뿐만 아니라 존경할 만한 중간 지도자들을 존경하고 흠모함으로써 성장해 가라고 권고합니다. 본받을 만한 중간 지도자급 스승이나 동료, 선배나 멘토를 장인(匠人)을 모방하는 도제처럼 따르고 존경함으로써 성장해 가라는 말입니다. 훌륭한 담임목사 옆에서 7-8년 부목사로 지내는 것과 비열한 목회자 밑에서 목회에 환멸을 느끼며 존엄감과 자부심의 파괴를 겪어 가면서 부목사 생활하는 것은 천양지차를 가져옵니다. 거룩한 시내산 같은 영적 풍모를 가진 인격자 옆에서 도전과 격려를 받으면서 청년기를 보내는 것, 지복(至福)입니다. 인격과 영성은 실물 모방, 견습 교육으로 자라기 때문입니다.

마지막으로, 그리스도인의 인격은 사회적 파장력이 지대하고 의미심장한 사회변혁적 파급력을 발산합니다. 정직한 그리스도인들이 사회의 각 조직과 결사체에 들어가 일하면 그 조직의 최고 지도자의 불의한 명령이 말단 행동조직에까지 내려가기 전에 차단됩니다. 정직하고 의로운 개인의 인격과 영성은 어떤 집단이나 조직의 이념보다 더 효과적으로 하나님 나라의 실체를 명확하게 드러낼 수 있습니다. 예루살렘 광활한 거리에서 의를 행하고 자비를 실천하는 한 사람만 찾아도 예루살렘의 죄악을 용서하시겠다는 결의가 하나님의 마음입니다. 대한민국 기독교가 의로운 인격자 생산에 전심전력해야 이 나라를 살릴 수 있습니다. 의롭고 거룩한 개인들을 배출하고 사회에 공급하는 일급수 수원지 같은 교회가 사회변혁을 향도합니다.

사정이 이러함에도 불구하고 청년 시절에는 인격 성장과 영성 함양에 시간과 정성을 쏟기보다는 실용적이고 도구적인 지식이나 정보, 기술 습득에 치중합니다. 도구적·실용적인 지식 추구, 외모가꾸기, 스펙쌓기, 인맥쌓기, 외국어 공부하기 등은 그 자체로 나쁘지 않지만 자신의 인격 성장과 영성 함양에 치중하지 않고 청년 시절을 보내면 50-60대, 곧 자신의 전성기 때 영광을 누려 보지도 못한 채 그 하중에 무너져 버립니다. 인격과 영성은 토익이나 토플 점수, 얼짱녀의 관능적인 매력, 꽃미남의 얼굴이나 식스팩보다 더 중요합니다. 인격과 영성은 행복한 인생 경영에 가히 결정적인 요소이기 때문입니다. 사회적으로 견고한 성공과 존경을 누릴 그 시기에는 오로지 인격과 영성만이 중요합니다. 따라서 청년 시절에 자신의 인격 도야와 영성 함양을 위해 정성을 쏟는 것은 너무나 중요한 일입니다.

이 책을 통해 우리가 심층적으로 만나게 될 아브라함, 야곱, 모세, 베드로, 그리고 바울은 인격과 영성이 성장한다는 것이 무엇을 의미하는지를 풍성하게 예증하는, 그리스도인의 인격과 영성의 전범(典範)들입니다. 그들은 한결같이 아담적 혈육과 죄성을 안고 태어났으나 그리스도 안에서 새로운 피조물이 되어 죽을 때까지 성장을 멈추지 않았던 사람들입니다. 그들은 거룩한 하나님의 영과 말씀의 영향력 아래 자신의 인생을 단련시킨 영의 사람들이며, 연약한 개인의 자리에서도 거대한 역사의 물줄기를 뒤바꾼 세계사적 개인들입니다. 이들의 인생 역정을 들여다보면 그리스도인의 인격과 영성은 쉴 새 없이 자라 마침내 그리스도의 형상으로 화할 수 있다는 소망을 얻게 됩니다. 독자 여러분들도 부디 그리스도의 장성한 분량까지 자라 가는 신비를 맛볼 수 있기를 바랍니다.

이 책의 주제: 그리스도인의 인격과 영성이 왜 중요한가

먼저 이 책의 주제, '그리스도인의 인격과 영성'에 대해서 이야기하려고 합니다. 청년의 때는 그리스도인의 인격과 영성, 이 주제가 얼마나 중요한지 실감하기 어려울지도 모릅니다. 그것은 실용적 힘을 거의 갖고 있지 못하는 것처럼 보이기 때문입니다. 인격과 영성의 지표로 명문대에 입학하는 것도 아니요 좋은 회사에 취직할 수 있는 것도 아닙니다. 인격과 영성은 50대에 이후에 가서야 드디어 중요해집니다. 20-30대 때는 인격과 영성보다는 도구적이고 실용적인 지식들, 부모님이 물려주신 재산과 가정환경, 팔등신의 외모와 개인적 매력 등이 훨씬 더 긴급한 중요성을 가지는 것처럼 보입니다. 얼마나 영어를 잘

하는가, 얼마나 빨리 고시에 합격하는가, 전공 분야에서 얼마나 탁월한 실력을 드러내는가, 취업에 유리한 학과가 무엇인가 등에 응답하는 도구적·실용적 지식 습득이 인격 성장과 영성 함양보다 더 화급한 일일 것입니다. 도구적·실용적 지식은 확실히 대학입시나 취업 등 20대에 긴급해 보이는 과제를 해결하는 데 더 긴요한 지식일 수 있습니다. 스펙으로 명명되는 범도구적·실용적 지식이 이때는 훨씬 중요해 보이고 배우자를 얻거나 직장을 얻는 데도 결정적인 역할을 할 수 있다는 것을 부인해서는 안 됩니다. 이에 반하여 청년의 때는 인격이 훌륭하다거나 영성이 탁월하다는 것이 큰 칭찬으로 안 들립니다.

그런데 50대를 넘어가면 인격과 영성이 결정적으로 중요합니다. 인격과 영성은 20-30대에 이룬 모든 사회적 성취를 지켜 주는 호신부 같은 것입니다. 50대 때 장관 후보자가 되어 가혹한 신상털기에 노출되어 보면 인격이 얼마나 중요한지가 드디어 드러납니다. 인격은 사람 됨됨이요 영성은 하나님의 영에 의해 조형된 특별한 인격적 자질을 지칭합니다. 인격과 영성은 십수 년간에 걸쳐 누적된 결단과 선택의 결과로 형성되는 자산입니다. 인격과 영성은 장차 얻게 될 영광의 무게를 견딜 수 있는 골조요 기둥입니다. 장차 얻게 될 영광은 무게가 있습니다. 로마서 8:18과 고린도후서 4:16-18은 "장차 우리에게 나타날 영광"을 말하고 있습니다.

생각하건대 현재의 고난은 장차 우리에게 나타날 영광과 비교할 수 없도다.

그러므로 우리가 낙심하지 아니하노니 우리의 겉사람은 낡아지나 우리의 속사람은 날로 새로워지도다. 우리가 잠시 받는 환난의 경한 것이 지극히 크고 영원한 영광의 중한 것을 우리에게 이루게 함이니 우리가 주목하는 것은 보이는 것이 아니요 보이지 않는 것이니 보이는 것은 잠깐이요 보이지 않는 것은 영원함이라.

바울이 말하는 "우리의 속사람"이 바로 인격을 가리키는 말입니다. C. S. 루이스는 『영광의 무게』(The Weight of Glory)에서 장차 받을 영광은 현재 우리가 받는 고통을 거의 기억도 못하게 할 만큼 중하다는 것을 말합니다. 여기서 암시되는 한 가지 진실은 "영광은 무게가 있다"는 것입니다. 무거운 영광을 받고도 무너지지 않을 인격적 골조와 기둥이 중요하다는 사실이 여기서 도출되는 명제입니다. 우리가 장차 얻게 될 출세의 직분이나 고위직은 정말 엄청나게 무겁습니다. 그 엄청난 무게를 지탱할 수 있는 지반과 기둥 같은 것, 이것이 바로 인격입니다. 중요한 고위직, 많은 돈을 만질 수 있는 직분, 많은 사람들의 운명을 행복과 불행으로 나눌 수 있는 독특한 최고 결정권자의 직분 등은 엄청난 무게가 있습니다. 그 엄청난 무게를 견딜 수 있도록 청년 시절에는 강하고 견고한 골조와 기둥이 구축되어야 합니다. 튼튼한 반석 위에 지어진 집이 비 오고 홍수가 몰려와도 무너지지 않습니다. 튼튼한 반석이 바로 인격과 영성입니다. 마태복음 7:24-27은 예수님의 토목공학적 통찰력이 빛나는 본문입니다. 예수님께서 반석 위에 지은 집과 모래 위에 지은 집을 비교하시면서, 모래 위에 지은 집은 비가 내리고 창수가 나면 그 무너짐이 심함을 전문가적 권위로 선언합니다.

예수님 자신이 모래 위에 지은 집이 무너졌을 때 리모델링 공사하러 많이 다니신 것이 아닌가 하는 추측을 불러일으킬 정도로 생생한 현장감을 드러내는 표현이 아닐 수 없습니다.

여러분, 요즘 장관 후보자나 고위직 후보자에 들었다가 패가망신하면서 낙마하는 사람들을 신문지상에서 자주 보지요? 그들은 거의 대부분 급행출세를 위해서, 인격과 영성 도야에 20대를 바치기보다는 도구적·실용적 지식을 쌓는 데 정력을 쏟았던 사람들입니다. 그들은 인격과 영성을 함양하기보다는 남들보다 먼저 좋은 자리를 차지하기 위하여 도구적·실용적 지식을 쌓는 데 젊은 시절을 보냈을 것입니다. 20대를 인격과 영성의 함량과 도야에 두지 않으면, 날림공사로 지어진 가건물 같은 데서 그 이후의 인생을 사는 것과 같습니다. 날림공사로 지어진 가건물 같은 인생은 정직·청렴·양선·절제 등 고결한 인격적 가치와 영성이 요청되는 50대 때에 가서 파산하게 됩니다. 자신이 애써서 획득한 출세의 직분이 주는 영광의 무게를 감당하지 못하고 붕괴되어 버립니다. 50대 이후 결정적으로 중요한 덕목은 인격적 향기와 영성적인 자질들입니다. 인생의 프라임타임 때, 권력과 영광이 번쩍이는 자리를 차지한 사람들에게 결정적으로 중요한 덕목은 돈과 이성 문제에 있어서의 정직과 청결, 뇌물을 거절할 수 있는 청빈, 권력을 남용하지 않으려는 겸손, 애정과 친근원소의 인간관계를 관리하는 능력, 실망과 분노의 표현도 자제할 수 있는 절제입니다. 이런 것들이 전부 다 인격이면서 영성입니다.

그런데 이삼십대 때는 자신 외에 다른 사람에게 영향을 끼칠 권력이 거의 없습니다. 여러분은 자신의 몸에 대한 지배권 외에는 아무것도 지배하지 못합니다. 여러분이 주일학교 선생이나 전도사라면 20-30명 정도의 아이들에게 약간의 영향력을 가질 뿐, 아무도 지배하지 못합니다. 여러분은 권력은 없고 오로지 시간만 많은 세대입니다. 그러므로 여러분은 시간을 들여 인격 도야와 영성 함양에 힘써야 합니다. 자신의 몸을 훈련하고 자신의 양심과 정신을 하나님의 뜻을 분별하고 실천하는 데 최적화 상태로 맞추어 둠으로써 여러분의 몸과 마음을 성령께서 다스리시도록 맡겨드려야 합니다. 나그네와 행인 같은 순례길 인생 내내 우리의 저급한 욕망을 십자가에 못 박고 고결한 열망을 창출해 주시도록 성령의 영적 통치력 아래 감미롭게 순복하는 일에 힘써야 합니다. 이것이 바로 인격을 도야하고 영성을 함양하는 훈련입니다. 성령의 부드럽고 정결한 인도하심에 자신의 마음과 몸을 맡겨드리는 이 일상적이고 반복적인 습관이야말로 인격 도야와 영성 함양의 지름길입니다. 무수한 반복 행위가 습관을 낳습니다. 매일 아침마다 말씀 읽고 기도하고 찬송하는 것은 영성 함양의 지름길이요, 어떠한 모욕적 언사도 참아 내고 굴욕적인 상황에서도 좌절하지 않는 견인불발(堅忍不拔)적 기상을 기르는 것이 인격 도야 훈련입니다. 인격 도야와 영성 함양에는 무수한 반복을 통한 거룩한 습관의 창조가 결정적인 작용을 합니다. 기도, 클래식 음악 듣기, 성경 읽기와 암송, 독서, 글쓰기, 규칙적 산책과 운동, 새벽 예배 등은 모두 반복을 통해 창조되는 습관이 인격 형성과 영성 함양에 얼마나 위력적인지를 맛보게 만들어 주는 거룩한 습관입니다.

예를 들어 일주일에 한 번씩 긴 시간 조용한 산길을 산책하는 것, 이것도 인격 도야와 영성 함양의 방편이 됩니다. 독일 김나지움

(Gymnasium)이나 기숙학교를 다닌 청소년들에게는 저녁 산책 시간이 필수과목이었습니다. 헤르만 헤세의 『수레바퀴 아래서』의 주인공 한스 기벤라트가 다닌 마울브론 기숙학교는 저녁 산책이 정규과목이었습니다. 이처럼 구릉지나 산야를 걷는 저녁 산책이나 소요(逍遙) 같이 반더룽(Wanderung)이라고 불리는 산책 교육은 인격 형성을 위한 훈육 과정이었습니다. 산책은 정신을 단련시키고 육체를 통제하는 데 긴요한 훈련입니다. 하지만 지금 우리나라에서 저녁 산책을 교육의 일부라고 생각하는 사람은 거의 없습니다. 저녁 산책은 도구적·실용적 지식과 아무 상관없다고 봅니다. 그런데 영적 에너지를 비축하고 인격적 저력을 길러 두어야 할 미래의 목회자나 지도자들에게는 규칙적인 산보나 소요가 중요합니다. 고적한 산길을 걸으며 하나님께 정신을 집중시키고 몸을 고결한 대의명분과 의의 병기로 훈련시키는 사람, 인격 도야와 영성 함양이 무엇인지를 아는 사람입니다. 그런데 그 두 시간 동안 걷는 것도 귀찮아하면서 도서관에 죽치고 앉아 토익·토플 공부한다고 창조의 아름다움과 숲의 맑은 공기를 다 포기하고 사는 청년들이 참 불쌍합니다. 도구적·실용적 지식 획득 시간이 저녁 산책보다 더 중요하다고 생각하는 사람들이 지배하는 세상에서 인격과 영성이 자랄 수 있는 시간과 공간을 자신에게 선사하는 이들은 거룩한 환상을 품고 세상을 새롭게 디자인하는 사람들입니다.

저는 요즘 같은 세상에서는 저녁 산책이 영어 공부나 법전 암기 시간보다 더 중요하다고 믿습니다. 산책은 하나님을 묵상하거나 길고 추상적인 사고를 하는 데 아주 유용합니다. 특히 저녁 산책이나 아침 산책 다음에 매일 클래식 음악을 40분씩 듣는 것도 좋은 훈련이 됩니다. 저는 고등학교 3년 내내 클래식 음악을 한 시간씩 조용히 듣고 즐기는 훈련을 받았습니다. 눈을 감고 음악의 선율을 따라 정신을 유영시키면 고결한 상상력이 자랍니다. 한 악장에 15분 정도 걸리는 음악 세 악장을 듣는 데 40-50분이 걸립니다. 클래식 음악을 듣는 동안은 우리의 야생마 같은 생각도 침묵과 경청 모드로 들어갑니다. 하나님 말씀을 듣기 위해 집중되고 초점 잡힌 수동적 수용 모드가 이런 음악을 들으면 잘 형성됩니다. 클래식 음악을 듣기 위해서 요청되는 수동적 수용 모드가 기도할 때에도 도움이 됩니다. 물론 훌륭한 음악 감상이 주는 영혼 고양적인 감정의 방출은 그 자체가 귀한 것입니다만 말이 없는 기악곡을 오랫동안 듣다 보면 하나님의 말씀에 사로잡히는 훈련에 도움이 된다는 말입니다. 일단 대중가요보다 클래식 기악곡을 듣고 즐기는 데는 추상적 사고가 요청됩니다. 추상적 사고를 하는 데 익숙지 않은 사람들에게 클래식 음악은 잘 이해가 안 됩니다. 추상적 사고가 발달한 범게르만족들 사이에 클래식 음악이 발전한 것도 우연이 아닐 것입니다. 그래서 클래식 음악을 즐겨 듣는 사람은 논리학과 수학과 철학을 잘할 가능성이 많습니다. 왜요? 아무 메시지가 없는 음악을 계속 듣고 즐기는 것은 추상적 사고로 단련된 사람만이 가능하기 때문입니다. 그래서 성격이 굉장히 급하고 실수를 많이 하는 사람들은 15분짜리 기악곡 3악장 음악을 매일 들어야 합니다. 이런 것도 훈련입니다. 그런데 아침에 그런 음악 듣는 것을 훈련이라고 생각하는 사람이 누가 있습니까? 전부 다 영어단어 외우기나 미적분 푸는 데 청년의 가장 고귀한 순간이 탕진되고 있지 않습니까?

여러분, 인생의 전성기 때 우리 자신이 획득한 출세직이나 고위직, 그것을 연속적으로 향유하는 데 결정적으로 중요한 것이 인격과 영성이라는 사실을 아시고, 지금 당장 내게 매력적인 교과과목이 아닐지라도 인격과 영성 함양에 지대한 열정과 에너지를 쏟아야 합니다. 여러분은 항상 윗사람들에게 가르침을 받는 을의 위치에만 놓여 있지 않을 것입니다. 윗사람은 갑이고 여러분은 을이 아닙니다. 순식간에 우리의 갑을위치가 바뀝니다. 학교에 있는 교수님 중에서 몇 분은 여러분을 향해서 머지않아 겸손한 목소리로 "아무개 동문님! 학교발전 기금 좀 부탁합니다"라고 전화를 해야 하는 처지에 놓일 분이 있을 것입니다. 여러분은 매양 점수나 매김을 당하고 평가를 당할 사람이 아니라, 점수 매기고 평가하는 사람으로 올라섭니다. 순식간에 갑과 을의 관계는 바뀝니다. 여러분은 앞으로 영적 지도자가 될 것이기 때문에 스스로 인격 도야와 영성 함양에 정진해야 합니다.

그리스도의 장성한 분량에까지 자라다

저는 이 책을 통해 다섯 사람의 인격과 영성을 집중적으로 살펴볼 것입니다. 아브라함, 야곱, 모세, 베드로, 그리고 바울입니다. 이 다섯 사람을 주목한 이유는 그들이 각각 다양한 방식으로 인격과 영성의 성숙 과정을 파노라마처럼 보여주고 있기 때문입니다. 이 다섯 명의 인물은 인격과 영성이 생물적인 원리로 자라 가고 완성되어 가며, 그 인격과 영성의 성장 과정에서 창조적 고통과 해체와 분리의 고통을 겪었다는 것을 보여줍니다. 우리 또한 영성과 인격의 함양과 도야에서 이 다섯 사람이 겪었던 경험과 유사한 경험을 합니다. 이 다섯 사람의 특징은 모두 초보적이고 소박한 인격과 영성에서 우리 하나님의 은총으로 단련받고 성령의 부단한 감동에 노출되어서 점점 하나님 나라의 방백이 될 만큼 완숙한 단계로 자라 갔다는 데 있습니다. 그래서 우리는 이 다섯 사람의 생애 주기를 단계마다 주목함으로써 청년들이 인격 도야와 영성 함양의 도상에서 만나는 문제들을 해결하는 데 얼마간의 유익과 통찰을 얻기를 원합니다.

인격과 영성이 엉성하고 초라해도 우발적으로 선하고 의로운 일을 할 수 있습니다만 일관성 있게 의롭고 선한 삶을 살아갈 수는 없습니다. 인격은 영적 일관성을 의미하기 때문입니다. 하나님 사랑과 이웃 사랑으로 단련되고 숙달된 사람 됨됨이, 아무런 고통 없이도 선과 의를 행하는 거룩한 습관, 이런 것이 바로 그리스도인의 인격과 영성의 진면목입니다. 하나님이 최후 심판대 앞에서 사람을 평가하실 때는 각 사람의 인격과 영성을 주목하십니다. 인격과 영성은 인간이 하나님께 드릴 최고의 번제물입니다. 인격과 영성이 미래의 출세직이나 영광의 직분을 지키는 데 위력을 드러내는 실용적 지식보다 더 중요한 이유는, 하나님과의 사귐과 이웃과의 사귐에 핵심 통로가 바로 인격과 영성이기 때문입니다.

앞서도 말했듯이 인격과 영성은 20대 때 당장 빛나는 중요한 관심사가 아닐지라도 50대 인생의 전성기 때 결정적으로 중요해집니다. 50대에는 토플 점수가 얼마인지가 중요하지 않습니다. 심지어 50대 때는 성경 요절을 얼마나 외우는지가 중요하지 않습니다. 대신 뇌물을 거절할 수 있는 담력, 우리 자신에게 다가오는 꽃뱀을 알아차릴 수 있는 영적 감별력, 더러운 이익을 미끼로 양심을 매수하는 사람들의 속임수에 넘어가지 않는 단호한 저항 정신, 권력 남용을 억제할 수 있는 지극한 겸손과 같은 덕목들이 50대 이후 가장 중요합니다. 그래서 이 삼십대는 인격과 영성을 함양하여 장차 있게 될 공생애를 대비하는 시절입니다. 우리 각 사람이 내리는 결단이 다른 사람들에게 보편적으로 영향을 끼치는 수준의 삶을 공생애(公生涯)라고 말합니다. 여러분은 지금은 사생애(私生涯)를 살고 있습니다. 왜냐하면 여러분의 결정은 여러분에게만 영향을 끼치기 때문입니다. 그런데 여러분은 앞으로 공생애를 살아 내야만 합니다. 여러분의 개인적인 결단이 많은 불특정 다수의 사람들에게 의도치 않게 이런저런 모양으로 영향을 끼치게 됩니다. 그러므로 여러분은 인격 도야와 영성 함양에 지대한 관심을 쏟아야 합니다.

　　인격과 영성은 과학기술의 진보가 해결할 수 없는 난제입니다. 역사의 진보를 믿는 역사학자들도 인류 문명의 진보가 해결할 수 없는 것은 도덕성 개선, 인격 성숙, 죽음 등 유한성의 해결임을 인정합니다. 외모의 복제는 가능하지만 도덕성을 복제할 수는 없습니다. 외모를 아름답게 가꾸는 성형수술이 가능할지 몰라도, 정신을 아름답고 인격을 향기롭게 바꾸는 내면 성형수술은 없습니다. 그리스도인의 인격과 영성은 근원적으로 아담 인류의 죄성이라는 근원적 제약을 말하지 않고는 다룰 수 없는 주제입니다. 모든 인간은 아담 인류의 보편적 죄성에 매여 있습니다. 자연인은 죄로 물든, 치명적인 자기중심성에 매여 있는 존재입니다. 따라서 그리스도인의 인격과 영성은 둘째 아담 안에서 새롭게 창조된 구원의 감격 속에서만 논할 수 있습니다. 그리스도인의 인격 도야와 영성 함양은 고린도후서 5:17에서 시작됩니다.

그런즉 누구든지 그리스도 안에 있으면 새로운 피조물이라. 이전 것은 지나갔으니 보라, 새것이 되었도다.

여기가 바로 그리스도인의 인격과 영성 논의의 출발점이라고 봅니다. 고린도후서 4:16-18도 같은 취지의 말을 하지만 그리스도인의 인격과 영성 성장은 나날의 실천을 통해 이루어짐을 더 강조합니다.

그러므로 우리가 낙심하지 아니하노니 우리의 겉사람은 낡아지나 우리의 속사람은 날로 새로워지도다. 우리가 잠시 받는 환난의 경한 것이 지극히 크고 영원한 영광의 중한 것을 우리에게 이루게 함이니 우리가 주목하는 것은 보이는 것이 아니요 보이지 않는 것이니 보이는 것은 잠깐이요 보이지 않는 것은 영원함이라.

이것이 바로 그리스도인의 인격은 보이는 것에 매이지 않고 보이지 않는 것의 영속적 가치를 지향한다는 것입니다. 아담 인류의 보편적 죄의 인력권, 곧 죄와 사망의 법에서 생명의 성령의 법이 우리를 해방시켰다는 그 근원적 구원 사건에서 그리스도인의 인격과 영성은 비로소 시작된다는 것입니다. 그래서 우리 안에 아담 인류의 죄성을 결정적으로 극복하게 만든 사건, 죄와 사망의 법에서 우리를 해방시킨 생명의 성령의 해방 사건, 그것이 일어난 사람에게만 그리스도인의 인격과 영성의 논의가 가능합니다. 그러한 근원적인 홍해 도강 경험, 근원적인 죄 용서 경험이 없다면, 그리스도인의 인격과 영성은 논할 수가 없습니다. 그리스도인의 인격은 아담 인류의 죄성을 예수 그리스도 안에서 극복하고 새로운 피조물이 된 지점에서 창조되고 형성되기 때문입니다. 일만 달란트라는 천문학적 액수의 빚을 탕감받는 경험, 곧 아담 원죄로부터 용서받은 구원 감격에서 그리스도인의 인격이 창조되며 그것의 최종 목적지는 그리스도 형상입니다. 로마서 방식으로 말하면 그리스도인의 인격과 영성의 궁극 목표는 칭의·성화·영화입니다.[1]

> 하나님이 미리 아신 자들을 또한 그 아들의 형상을 본받게 하기 위하여 미리 정하셨으니 이는 그로 많은 형제 중에서 맏아들이 되게 하려 하심이니라. 또 미리 정하신 그들을 또한 부르시고 부르신 그들을 또한 의롭다 하시고 의롭다 하신 그들을 또한 영화롭게 하셨느니라(롬 8:29-30).

또한 에베소서 4:13 방식으로 말하면 그리스도의 장성한 분량까지 자라 가는 것이 바로 그리스도인의 인격 도야와 영성 함양의 최종 목표입니다. 그리스도인의 인격의 알파는 로마서 8:1-2이 말한 것처럼 그리스도 예수 안에 있는 생명의 성령의 법이 죄와 사망의 법에서 우리를 해방시킨 사건이며, 그리스도인의 인격의 오메가는 그리스도의 형상을 닮아 끊임없이 부단하게 성장하는 그것입니다.

미국 로스앤젤레스에서 오리건 주 쪽으로 가는 엘에이 북상도로

---

1. 김세윤, 김회권, 정현구, 『하나님 나라 복음』(서울: 새물결플러스, 2013), 93-106.

를 타고 가다 보면 중간에 요세미티 공원보다 유명하지 않은 작은 공원이 하나 있습니다. 그 공원의 이름은 세쿼이아 국립공원입니다. 거기에는 2,600년 이상된, 엄청나게 크고 굵은 나무들이 몇 그루 서 있습니다. 그 공원 입구에 이런 말이 쓰여져 있습니다. "나무는 충분한 햇볕과 영양분과 수분이 공급되기만 하면 끝없이 자란다." 나무의 성장은 제한되어 있지 않다는 것입니다. 그런데 한 나무가 2,600년 이상 되었다는 것을 알 수 있게 된 것은 옆에 쓰러져 있는 나무들의 나이테를 세어 보아서입니다. 그 오래되고 큰 나무들 중에서도 가장 큰 나무가 '제너럴셔먼 트리'입니다. 나무의 높이는 120m를 넘어 꼭대기를 쳐다볼 때 목 디스크가 생기지 않도록 조심해야 합니다. 그래서 천천히 고개를 들어야 합니다. 그렇게 높은 나무입니다. 그 나무 밑둥치 둘레가 30m입니다. 공원 입구의 안내문에 따르면 그 나무는 지금도 자랍니다. 이 말은 그리스도인의 인격도 그리스도의 장성한 분량까지 자랄 수 있다는 사실을 암시합니다. 우리가 충분한 영적 광합성 작용을 하면, 예수 그리스도의 은총의 햇빛에 오래 노출되면, 말씀의 수맥에 뿌리를 깊게 내리는 나무가 되면, 그리스도의 형상을 방불케 하는 큰 나무로 자랄 수 있다는 것입니다. 그리스도의 형상에까지 자라는 거목들이 교회를 가득 채우면 교회는 어느덧 거룩한 재목감들로 가득 찬 원시림이 될 수 있습니다. 그 안에는 성전 기둥이 될 만한 재목감도 자랄 것입니다.

예언자 예레미야와 거의 동시대에 태어난 나무들의 나이테를 보니 약 83번 정도의 산불을 겪었음을 알게 되었습니다. 캘리포니아의 황량한 건조기후가 나무끼리 마찰을 일으켜 자연발화가 발생했습니다. 나무끼리 충돌해 불이 붙어서 그 야생 숲이 2,600년 동안 83번이나 불에 탄 것입니다. 쓰러져 있는 나무들의 나이테는 그 불탄 흔적을 간직하고 있습니다. 2,600년 된 나무들이 83차례의 불을 경험하며 연단을 거쳐 성장하고 성숙했듯이, 우리가 예수 그리스도의 장성한 분량이라는 극한치까지 성장해 가는 과정에는 불에 타는 사건도 있고, 바람에 흔들리는 사건도 만납니다. 불탈 때마다 영적 정련이 이루어지고 흔들릴 때마다 뿌리가 깊숙이 내려가는 그런 경험도 있다는 것입니다. 다시 말해서 우리가 예수 그리스도라는 극한치까지 자라 가는 인격 성장과 영성 성숙 과정에는 불과 바람 같은 파란곡절과 성장통을 많이 거친다는 말입니다. 상처, 이별, 좌절, 정서적 함몰, 열등감, 수치심, 불안감, 이런 인간의 모든 피조물적 연약성을 다 맛보고 경험한 후에 예수 그리스도의 장성한 분량에 이르기까지 자란다는 뜻입니다.

결론

이제 저는 약간의 단순화 오류를 무릅쓰고 인격과 영성을 조금 더 세분해 보기를 원합니다. 인격은 아주 쉽게 설명하면 건물의 큰 골조입니다. 기둥, 골조, 서까래, 주춧돌, 이것이 인격입니다. 영성은 집안을 아름답게 만드는 인테리어입니다. 영성은 집안의 분위기요 향기입니다. 집안의 거실 오른쪽에는 모딜리아니의 그림이 걸려 있고, 왼쪽 벽에는 피카소와 르누아르 그림이 있다면 미술 애호가가 그 집에 살고 있다는 말입니다. 고급 오디오 시설에서 장엄한 음악이 밤낮으로 흘러

나오는 집이 있다면 그 집에는 음악 애호가가 살고 있다는 의미가 될 것입니다. 꽃밭이 인격이라면 그 꽃밭과 정원을 가득 채우는 아름다운 꽃이 영성입니다. 인격은 좋지만 영성이 빈곤하면 매우 건조한 사람이 됩니다. 그런데 인격은 튼튼하지 않아서 영광의 하중을 견딜 만하지 못하지만, 그런 인격에도 나름대로의 영성이 깃들 수가 있습니다. 영성은 영에 지배받는 인격적 성향입니다. 히틀러가 술 담배를 절제하는 영성이 있었고 바그너의 음악(「뉘른베르크의 명가수」, 「탄호이저」 등 투쟁적 애국심을 고취하는 음악)에 심취하는 예술적 영성이 있었습니다만, 그의 인격은 야수적일 정도로 투쟁적이었고 악 수용적이었습니다. 인격과 영성 둘 다 빈곤한 사람도 있습니다. 사이코패스형 인간이 바로 이런 부류의 사람입니다. 마지막으로 인격이 좋고 영성도 좋을 수가 있습니다. 예수 그리스도는 인격과 영성이 100% 성장한 인간의 원형입니다. 사도 바울, 아시시의 프란체스코 등 그리스도의 장성한 분량까지 자란 영적 성자들은 인격과 영성이 균형 잡히게 성숙한 사람들입니다.

이 네 부류 중에서 제일 문제가 되는 유형이 인격은 좀 그렇고 그런데, 영성이 돌출적으로 드러나는 경우입니다. 이 경우 우리는 영적 분별력을 가지고 잘 살펴보고 식별할 수 있어야 합니다. 인격은 엉망인 듯한데 신기(神氣)를 흘리는 사람은 요주의 인물입니다. 인격 성장 과정은 거치지 않고 어느 심령부흥회에 일주일 참석했다가 영적인 감수성을 갖고 돌아오는 사람을 가끔 만납니다. 인격과 삶은 고쳐지지 않았는데 앉은 채로 여덟 시간씩 방언기도 한다고 뭔가를 중얼거리는 청년들도 가끔 봅니다. 그런 사람의 경우 약 일주일간 효력 있는 영성을 드러내며 기도하고 찬송하고 성경도 읽습니다. 하나님의 영에 반응하기 시작한 것입니다. 그런데 이 부흥회 영성은 오래가지 않을 때가 많습니다. 영성은 인격에 비해서는 지속성이 좀 덜합니다. 부흥회의 격앙된 분위기에 젖은 영적 감수성이 일상적이고 비감동적일 정도의 단조로운 습관 형성 훈련으로 이어져야 인격과 영성이 자랍니다. 인격이 장기간 훈련받은 습관의 총화에서 형성된 자질이라면, 영성은 단기간에도 생겨날 수가 있기 때문입니다.

한 달 동안만이라도 기도원에 가서 기도하고 온 사람도 영적인 사람이라는 느낌을 줄 수 있기 때문에 조심해야 합니다. 기도원에서 2주 동안 금식기도하고 나면 사람이 어딘가 약간 영기(靈氣)가 있어 보입니다. 밥 많이 먹고 잠 많이 자고 뒤룩뒤룩 살이 찐 사람보다, 수도사처럼 몸이 마르면서 눈을 지그시 감고 하늘을 우러러보며 다소곳이 기도하는 사람이 영기가 있어 보이죠. 그런데 인격은 남들이 보지 않은 가운데 누적되어 온 장기간의 일상적 순종과 실천이 오랫동안 쌓여 형성됩니다. 인격은 토목공학적 하중을 능히 견디는 집과 같은 구조물입니다. 인격이 반석처럼 튼튼하면 하나님께서 무거운 짐을 지우십니다. 반석과 같은 인격이 있으면, 어떤 조직체나 결사체가 든든함을 느낍니다. 교회나 회사 등 모든 조직은 반석 같은 인격의 소유자가 중심이 될 때 우주적 안전감이 생겨납니다. 하지만 반석과 같은 인격을 세우고도 영성이 빈곤하면 그는 건조한 사람이 되고, 영적 흡인력이 없는 사람이 됩니다. 그래서 우리는 오랫동안의 누적된 실천, 일상적 실천을 통해 반석 같은 인격의 집을 지어야 하겠고, 그 반석같이 세운 집을 아름답게 꾸미기 위해 신령한 영성을 겸비하여야 합니다. 그리스도인의 인격은 엄밀하게 말하면 '영적 인격'입니다. 그리스도인의 인격이 성령에 부단히 노출되고 부단히 감화감동 되어서 성령의 아홉 가지 열매를 맺습니다. 성령의 열매가 곧 영성입니다. 영성은 인격이라는 나무에 열리는 열매입니다.

결론적으로 말해 그리스도의 장성한 분량까지 자란다는 말은 그리스도의 인격과 영성을 극한치까지 모방하고 따른다는 것을 의미합니다. 첫째, 어떠한 영광의 하중도 견딜 수 있을 만큼 겸손과 절제 같은 튼실한 골조, 사람 됨됨이, 인격을 창조하는 것입니다. 둘째, 집안의 인테리어에 해당되는 모든 세밀한 자질과 성품을 두루 갖추어 살아 있는 하나님과 영적으로 교통하고 이웃을 사랑하는 일에 숙달된 품성과 영성의 열매를 가득 맺는 것입니다. 영성은 인테리어, 인격은 골조와 골격이라고 말할 수 있습니다.

셋째, 그리스도인의 인격은 가내수공업적인 모방과 견습을 통해 자랍니다. 책을 통하여 인격을 성장시키는 데는 한계가 있습니다. 가내수공업적 모방과 견습이라는 말은 훌륭한 사람을 본 사람이 훌륭해질 가능성이 더 많다는 것입니다. 이것은 전 세계적으로 보편적으로 입증된 원리입니다. 훌륭한 사람을 옆에서 본 사람이 훌륭해진다는 것은 인격이 갖는 독특한 변혁력(transforming power)입니다. 어떤 사람의 됨됨이는 그가 사귀는 사람에 의해 알려진다는 영국 속담은 이 진실을 말하고 있습니다. 사람 됨됨이는 그가 어울리는 그룹, 그가 어울리는 교제권의 질과 수준에 달려 있습니다. A man/woman is known by the company he/she keeps. 책을 좋아하는 선배를 대학 1학년 때 만나면 책을 좋아하게 됩니다. 책을 싫어하는 선배들과

어울리다 보면 책을 싫어하게 될 가능성이 있습니다. 올더스 헉슬리의
『멋진 신세계』(Brave New World)에 나오는, 책을 미워하도록 훈련받
은 감마 계급처럼 살아갈 가능성이 큽니다.[2]

헉슬리의 『멋진 신세계』에는 런던 회색 고층빌딩 인공부화실험
실에서 이루어지는 조건반사 훈련 장면이 나옵니다. 거기서는 미래 사
회에서 육체노동자로 살 사람들에게 조건반사 훈련을 시키는데, 육체
노동자로 살 생후 8개월 정도 된 감마 계급 아이들이 책을 잡으면 고
통이 몰려오게 조건반사 훈련을 시킵니다. 미래 신세계의 하층 육체노
동자 계급으로 자라갈 감마 계급 어린아이들은 책을 미워하도록 훈련
을 받는데, 꽃을 보고 아름답다고 심미감을 표출하는 순간이나 책을
잡는 순간 22,000볼트 전압의 전류가 그들을 관통합니다. 도서관에
가서 앉자마자 5분 만에 졸음이 오는 사람, 책을 보자마자 고압전류에
감전된 것 같은 사람, 감마나 델타 계급으로 조건반사 훈련을 오랫동
안 받은 사람입니다. 델타 계급의 어린아이들은 자랄 때 알파 계급의
아이들이 마시는 산소의 70%만 공급받습니다. 뇌의 발육을 억제하기
위한 조치입니다. 그렇게 자란 아이는 어떻게 됩니까? 파괴적인 생명
소진 노동을 하면서도 자기가 노예신분인지를 알지 못합니다. 가혹한
육체노동을 마치고 나면 소마라는 마약을 먹습니다. 그것을 먹고 광란

2. 올더스 헉슬리, 『멋진 신세계』(서울: 문예출판사, 1998). 최근 개봉한 영화 「설국열차」의 지배자 윌
포드처럼 소설 속의 세계 지배자 총통은 이상 사회란 철저하게 구분된 계급 사회라고 보고, 소마라
는 약물로 조작된 행복감에 넘쳐 사는 디스토피아 사회야말로 유토피아라고 주장한다. 반면에 이에
맞서는 야만인 존은 셰익스피어의 비극을 읽으며 인간의 자유와 고통 능력을 옹호한다. 이 미래 사
회에서는 인간의 자유 갈망과 비극을 감각하는 능력은 위협적인 악덕으로 간주된다. 국민을 행복하
게 해주겠다는 모든 정부는 무서운 독재정부가 될 씨앗을 잉태하고 있는 법이다.

의 파티를 즐기거나 스포츠 게임을 보다가 집에 돌아가 잡니다. 이런 인생이 델타 계급, 육체노동자 계급의 절망적인 삶입니다. 그런데 우리 미래의 영적 지도자들은 감마 계급과 델타 계급처럼 산소가 70%만 공급된 사람으로 자라서는 안 됩니다. 여러분은 사람의 마음을 읽고 말씀과 삶으로 감화시켜서 섬기고 다스릴 영적 방백입니다. 그래서 대학 들어가자마자 좋은 동아리에 들어가고 좋은 선배를 만나 인격 성장과 영성 도야에 진력해야 합니다. 믿음의 선진들과 위대한 인격자들을 모방하고 흠모해야 합니다. 흠모하고 모방하는 사람은 그들처럼 좋아집니다. 결국 인격과 영성은 가내수공업적인 모방과 견습을 통해서 자라납니다.

넷째, 앞서 말했듯이, 20대 때의 인격은 나에게만 영향을 미치지만, 50대 때의 인격은 사회적 파장이 지대하고 사회변혁적 파급력을 가집니다. 따라서 인격의 힘은 법과 제도보다 더 강력할 때가 많습니다. 정직한 그리스도인들이 사회 각 조직과 여러 이익집단에 들어가 부단하게 자신의 지도력을 발휘하면, 악은 더 이상 이 세상을 지배할 수 없습니다. 아무리 악한 위계질서가 있다 하더라도 그 위계질서의 한복판에 정직하고 선량한 그리스도인이 있다면, 그 정직하고 선량한 그리스도인은 악의 명령체계를 무효화시킵니다. 그것이 바로 영화 「쉰들러 리스트」의 주인공 오스카 쉰들러의 일화입니다.

히틀러가 유대인 모두를 유대인이란 이름으로 몰살하려고 할 때, 쉰들러는 개인적으로 알고 있던 유대인 랍비와 예술가들을 보고 "오! 이렇게 고결한 영혼들이 유대인이라는 이유로 죽으면 말이 안 되지!"라고 하면서 도자기 공장을 만들어 2,000여 명의 유대인을 고용했습니다. 2,000여 명의 유대인을 고용하게 된 결정적 계기는 고결한 랍비들, 고결한 예술가들, 지고한 인격자들을 보면서 그가 감화를 받았기 때문이었습니다. 그는 히틀러의 명령체계를 교묘하게 거부하여 유대인 2,000명 이상을 살렸습니다. 그에 비해서 『예루살렘의 아이히만』으로 유명한 아우슈비츠의 학살 책임자 아돌프 아이히만, 이 사람은 히틀러의 명령체계가 악한 것임에도 불구하고 단순히 명령이라는 이유만으로 유대인들의 가스실 학살을 진두지휘했습니다.[3] 아우슈비츠 수용소의 가스관에서 가스가 잘 나오는지 아침마다 점검하면서 가스 밸브를 열어 숱한 사람들을 죽였습니다. 이런 아돌프 아이히만 같은 사람의 성실성과 오스카 쉰들러 같은 사람의 인격, 이 둘은 천양지차입니다.

여러분, 예레미야 26장을 보세요. 재판에 회부된 예레미야를 변호하는 과정에서 의로운 장로 몇 사람이 히스기야 왕 시절의 예언자

3. 한나 아렌트, 『예루살렘의 아이히만』, 김선욱 역(서울: 한길사, 2006). 폴란드 아우슈비츠 수용소 학살 실무책임자 독일군 중령 아돌프 아이히만의 재판 기록과 유죄 논증 과정을 담은 책이다. 아이히만은 유대인들을 "의학적으로 처리하는" 일을 했음에도 불구하고 그 자신은 정작 무죄를 주장했다. 자신에게 맡겨진 관료적 명령을 성실하게 수행했을 뿐이라는 것이다. 여기에서 유명한 '악의 평범성'(banality of evil) 개념이 나온다. 나치는 아이히만 같은 국민들을 학살에 쉽게 가담시키기 위하여 '언어 규칙'과 관료주의 체계를 이용한다. 언어 규칙은 도저히 용납할 수 없는 잔악한 일을 일상용어로 대체하는 방법이다. 학살은 의학적 처리라는 말로 대체된다. 잔악한 악행도 일상적으로 할 만한 일인 것처럼 호도하기 위한 언어 규칙이었다. 언어 규칙에 가려 "허풍에 젖어 터무니없이 어리석었던" 그는 말하기 무능성, 생각 무능성, 판단 무능성에 빠져 희대의 악행에 가담했던 것이다. 악의 평범성을 이루는 세 가지 요소 중 판단 능력이란 타자 공감 능력이다. 『예루살렘의 아이히만』은 악마를 생산하는 사법 체계에 초점이 맞추어져 있지 개인의 악마적 인격을 논하지는 않는다. 이 책은 성실하고 다정다감한 인격과 예술 애호적인 성격의 소유자가 악역을 맡을 때, 그 인격의 격조가 악행을 막는 데 도움이 되지 못했다는 점을 예시한다. 그런 점에서 인격과 영성 자체가 악한 구조와 관료적 위계질서에 질식당할 때, 순교적 저항을 하지 않으면 인간적 순전성을 지켜낼 수 없다는 암시를 받는다.

미가와 여호야김 왕 시대의 예언자 우리야의 행로를 비교하며 언급합니다. 히스기야는 재난과 심판을 예고했던 미가를 살려 주었지만, 여호야김은 우리야를 기어코 죽이고 말았습니다. 유다 왕실의 고위관리였던 사반의 아들 아히감은 자신의 인격적 충직함과 야웨를 경외하는 일념으로 예언자 예레미야를 살려 냅니다. 악한 군주 아래서도 의로운 신하가 여전히 의를 행할 여지가 있다는 것입니다. 또한 산헤드린 회원이었던 니고데모도 공회 앞에서 예수님을 옹호했습니다. 악한 체제 안에서도 여전히 인격의 힘은 살아 있습니다. 심지어 가장 악한 체제 아래 들어간 사람들도 선한 인격을 가지고 그 악을 일시 마비시킬 수 있고, 악한 지휘명령체계를 무효화할 수 있습니다. 이 말은 무엇입니까? 법과 제도가 구축되어야만 공평과 정의를 실천할 수 있는 것이 아니라는 것입니다. 아무리 악한 체제 안일지라도 선량한 인격과 영성을 가진 사람이 있다면 숱한 사람을 살릴 수 있습니다. 대표적으로 다니엘서 2장이 이 진리를 예증하지요.

바벨론 왕 느부갓네살이 기괴망측한 꿈을 꾸고 나서 꿈 내용도 말해 주지 않고 꿈을 해석하라고 바벨론의 모든 술사와 박사들을 불렀습니다. "내 꿈이 무엇인지 알아맞히고 내 꿈을 해석해 내지 않으면 바벨론 지방의 박사와 술사를 모두 학살하겠다." 엄청난 위기지요? 이때 바벨론 왕실 자문단의 말단 직원이었던 다니엘이 느부갓네살 왕의 꿈을 해석하고 그 악몽이 현실화되지 않도록 하는 처방까지 알려 주었습니다. 무시무시한 명령이 남발되는 악한 이방 군주의 구중궁궐 안에서도 다니엘의 빛나는 지혜와 영성이 위력을 발합니다. 그의 강직하고 의로운 인격과 영성이 직장 동료들을 죽음에서 건져 내었고, 광기 어린 직장 상사를 감화시켜서 오히려 표창을 받기에 이르렀습니다.

여러분, 이처럼 인격과 영성은 직장 동료를 죽음에서 구해 내고 악한 직장 상사를 설복시키며 악한 지휘명령체계마저 무효화할 수 있습니다. 그러므로 아무리 강조해도 인격과 영성의 중요성이 감소될 수 없습니다. 이러한 관점에서 이제 아브라함과 야곱과 모세와 베드로, 그리고 바울의 생애를 살펴보고자 합니다.

2

하나님이 지으시고 경영하는,
진동치 않는 나라를 찾아 나선 순례자

창세기 12:1-3, 히브리서 11:10-16

창세기 12:1-3

여호와께서 아브람에게 이르시되 너는 너의 고향과 친척과 아버지의 집을 떠나 내가 네게 보여 줄 땅으로 가라. 내가 너로 큰 민족을 이루고 네게 복을 주어 네 이름을 창대하게 하리니 너는 복이 될지라. 너를 축복하는 자에게는 내가 복을 내리고 너를 저주하는 자에게는 내가 저주하리니 땅의 모든 족속이 너로 말미암아 복을 얻을 것이라 하신지라.

히브리서 11:10-16

이는 그가 하나님이 계획하시고 지으실 터가 있는 성을 바랐음이라. 믿음으로 사라 자신도 나이가 많아 단산하였으나 잉태할 수 있는 힘을 얻었으니 이는 약속하신 이를 미쁘신 줄 알았음이라. 이러므로 죽은 자와 같은 한 사람으로 말미암아 하늘의 허다한 별과 또 해변의 무수한 모래와 같이 많은 후손이 생육하였느니라. 이 사람들은 다 믿음을 따라 죽었으며 약속을 받지 못하였으되 그것들을 멀리서 보고 환영하며 또 땅에서는 외국인과 나그네임을 증언하였으니 그들이 이같이 말하는 것은 자기들이 본향 찾는 자임을 나타냄이라. 그들이 나온 바 본향을 생각하였더라면 돌아갈 기회가 있었으려니와 그들이 이제는 더 나은 본향을 사모하니 곧 하늘에 있는 것이라. 이러므로 하나님이 그들의 하나님이라 일컬음 받으심을 부끄러워하지 아니하시고 그들을 위하여 한 성을 예비하셨느니라.

아브라함을 등장시키는 긴 서론, 창세기 3-11장

창세기 3-11장은 인류의 원시역사를 압축합니다. 이것은 압축파일입니다.[4] 이 단락은 한 사람 아담에게서 시작된 죄가 전 인류에게 확장되어 퍼졌다는 것을 보여줍니다. 또 다른 한편으로 3-11장은 아브라함을 역사에 등장시키기 위한 일종의 긴 서론입니다. 아브라함이라는 사람이 세계사적, 구속사적 차원에서 얼마나 중요한 지위를 차지하는가를 보여줍니다. 3-11장의 중심 논지는 한 사람이 시작한 범죄가 가정을 덮치고, 부족을 덮치고, 마침내 온 인류를 덮쳤다는 것입니다. 그 결과 인류 공동체 전체를 대표하는 셈과 함과 야벳의 자손 모두가 뭉쳐 하나님에 대항하는 바벨탑을 축조하기에 이르렀습니다. 아담 범죄의 열매는 하나님과 맞서는 바벨탑 축조였습니다. 에덴동산의 금지된 열매를 따먹었던 그 소박한 죄가 자라 바벨탑을 쌓아서 하나님과 겨

---

4. 김회권, 『하나님 나라 신학의 관점에서 읽는 모세오경 1』(서울: 대한기독교서회, 2005), 92-93.

루려고 하는 신성모독적 권력을 출현시켰던 것입니다. 바벨탑 축조 세대는 하나님을 모독하고 하나님과 겨루는 일에 모든 인류를 동원할수 있는 무시무시한 전체주의적 사회를 형성했습니다. 낙원의 목가적인 분위기에서 시작되었던 아담의 소박해 보이는 원죄가 자라서 궁극적으로 하나님께 대항하는 신성모독적 권력을 초래했습니다. 창세기11장은 하나님과 겨루려고 하는 그 신성모독적이고 참람한 권력은 심판을 받아 영원한 미완성이 될 수밖에 없고, 아담의 죄성을 극복한 새인류의 출현만이 하나님의 원래 창조 목적인 하나님 나라를 이 땅에도래하게 할 수 있다는 것을 가리킵니다.

하나님께 맞서서 하나님 나라의 신적 영역을 침범하려는 바벨탑축조 세대는 모든 문명에 나타났고, 모든 인간의 마음속에 나타났으며, 권력의지로 충만한 모든 단위의 인간 결사체에 나타났습니다. 따라서 창세기 3-11장의 이야기는 개인의 생애와 한 민족의 역사에서반복될 뿐만 아니라 이 세상에 출현했다가 명멸했던 모든 문명에서도반복되었던 역사입니다. 한 왕조나 문명이 멸망할 때는 신성모독적 권력이 등장해 왕조나 문명의 몰락을 급속하게 완성시킵니다. 신성모독적 바벨탑 축조 권력은, 하나님과 맞서서 동료 인간들을 노예처럼 부리고 비인간화하는 반인간적 전체주의 권력입니다. 하나님과 맞서는참람한 권력이 개인의 손에 있건 집단의 손에 있건, 그것의 마지막 피해자는 의로운 자들입니다. 의로운 자들만이 신성모독적 권력의 악마적 작동을 멈추게 하려는 용기와 담력을 발하기 때문입니다. 하나님의자녀들을 짓이기고 유린하는 그 악마적 권력 남용이 임계점에 도달할때 문명이나 왕조는 끝납니다.

그래서 전한(前漢) 시대에 등장한 사마천(BC 145-86)의 『사기』(史記)는 중국에 출현했던 모든 중요한 왕조가 망해가는 과정을 원인-결과의 관점으로 자세히 보여주는 책입니다.[5] 모든 왕조의 멸망기에는 반드시 신성모독적 권력 남용자와 잔혹한 압제자가 나타나고, 그들에게 지배를 받는 말할 수 없는 다수의 기층민중 희생자들의 아우성이 하늘에 상달할 정도로 비등합니다. 그때 왕조가 망합니다. 이 원리가 중국 역사 내내 반복됩니다. 우리나라의 역사도 마찬가지 원리로 설명할 수 있습니다. 천년 왕조 신라도 마찬가지로 망합니다. 주전 57년에 박혁거세가 세운 신라는 주후 930년경 쇠락해 고려 왕건에게 흡수·병합됩니다. 통일신라 말에는 무능하고 부패한 왕들의 치세가 이어집니다. 급기야 원종·애노의 난부터 시작해서 온갖 난이 일어났습니다. 고려시대 말이나 조선시대 말도 마찬가지입니다. 모든 왕조가 망할 때는 누가 생각해도 그 나라는 더 이상 존속할 만한 가치가 없다고 믿게 만드는 온갖 종류의 참람한 권력 남용이 나타납니다. 그리고 그것이 바로 바벨탑을 쌓는 것입니다.

그렇다면 개인의 입장에서 바벨탑을 쌓는다는 것은 무엇일까요?

5. 사마천의 『사기』(완역본)는 집문당에서 나온 김병총 역본이나 민음사가 김원중 교수의 번역으로 출간한 책을 보는 것이 좋다. 130권 52만6천5백자의 한자로 전한시대 사마천에 의해 기록된 중국 역사책으로, 본기 12편, 표(연대기) 10편, 서(문화사) 8편, 열전(인물전) 70편, 세가(중심가문과 왕조사) 30편으로 구성되어 있다. 목적론적인 역사서는 아니지만 중국의 역사가 옳음과 뜻, 인민에의 복무 열정, 천하 경영의 권력의지를 가진 인간들의 경륜 경연장이라는 관점에서 역사를 관통하며 기술한다. 주(周)나라 시대에 도입된 인격적 신인 천(天) 개념과 봉선(封禪) 의식 등에는 인격적인 역사의 주재자 신에 대한 희미한 인식을 드러낸다. 역사적 사건이나 영웅호걸들에 대한 도덕적 판단은 자제되어 있지만, 이 책을 다 읽고 나면 중국 역사를 주관하신 분도 성경의 역사를 주재하신 분과 같은 하나님임을 깨닫게 된다. 중국의 역사도 결국 의로운 통치자, 의로운 나라의 출현에 대한 갈망으로 추동된 역사였기 때문이다.

내가 한 가정에서 폭군처럼 가부장적(혹은 가모장적) 권력을 누리며 자녀를 압제하고 배우자를 유린하고, 직장이나 주거지의 이웃을 향해서는 바벨탑 축조 세대만큼 신성모독적인 언동을 일삼는 난동 수준의 삶을 산다면, 그것이 바벨탑 축조 행위입니다. 이런 개인은 반드시 망합니다. 하나님이 살아 계시기 때문입니다. 신성모독적 언동을 하다가 갑자기 망한 대표적 개인이 이집트의 파라오입니다. 또한 다니엘서 7장에 나오는 넷째 짐승에서 나온 문제의 작은 뿔도 하늘의 법정에서 순식간에 유죄 평결을 받고 망합니다. 그 입에서 신성모독적 언사가 쉴 새 없이 터져 나오자 하늘에 법정이 열리고 그것은 멸망당하고 맙니다. 하늘로부터 한 인자 같은 이가 내려와서 그 짐승의 나라를 격파하고 그 나라를 하나님의 백성들에게 위탁합니다. 에스겔서 28장의 두로 왕이나 이사야서 14장의 바벨론 왕도 하나님 보좌와 높이를 다투는 멸망 군주급 인물입니다. 바벨론왕은 "내가 북극성 위에 내 보좌를 높이리라"고 말하면서 하나님 보좌 높이까지 자기 보좌를 높였다가 처참하게 음부에 굴러떨어집니다. 두로 왕은 해상 중개무역으로 엄청난 부를 얻어 부귀영화를 누리면서 하나님과 맞서 겨루겠다는 호기 어린 권력을 뽐내다가 홀연히 망합니다.

이러한 관점에서 쓴 역사책이 자와할랄 네루의 『세계사 편력』입니다. 『세계사 편력』은 네루가 감옥에 갇혔을 때(1930-1933) 아홉 살 딸 인디라 간디를 위해 쓴 책입니다. 그는 아무런 자료도 없이 오직 기억에 의지해 썼습니다.[6] 『세계사 편력』의 핵심은 압제적이고 착취적인 제국주의 필멸론입니다. 많은 양민들을 학살하고 압제하는 영국 제국주의자 같은 악의 세력은 인류 역사 속에서 숱하게 출현했다가 숱하게 멸망당했으니 영국은 반드시 망한다는 신념의 피력입니다. 인도 민족을 이렇게 못살게 구는 영국은 반드시 망한다는 것입니다. 『세계사 편력』과 같은 신념이 편린적으로 나타난 글이 김구의 『백범일지』입니다. 1919년부터 1949년까지 쓰여진 김구의 『백범일지』에도 압제적이고 제국주의적인 약탈 국가는 인류 역사의 대의를 거스르는 세력이기에 반드시 망한다는 신념이 나타나 있습니다.[7] 창세기 3-11장의 종결 이야기인 바벨탑의 붕괴 원리를 터득한 글인 셈입니다.

아브라함 등장의 구속사적 의미

아브라함을 역사에 등장시키는 긴 서론인 창세기 3-11장은 아담 인류의 원죄가 질적으로나 양적으로 팽창되고 확장되는 과정을 자세히 보여줍니다. 아담 안에서 시작된 범죄의 종국이 바벨탑을 쌓다가 망하는 악순환은 개인의 생애에서, 한 조직의 생애에서, 한 공동체나 민족의 생애에서, 한 문명의 역사에서 모두 나타나기 때문에 3-11장은 문

---

6. J. 자와할랄 네루, 『세계사 편력』, 장명국 역(서울: 석탑, 1997). 행동하는 지성인의 역할을 강조하고 반제국주의적·역사변혁적 참여 정신을 북돋우는 교양서적이다.

7. 김구, 『백범일지』, 도진순 역(서울: 돌베개, 2002). 실제 저작은 1929년부터 상권이, 1943년부터 하권이 쓰여졌다고 알려진다. 30여 년의 긴 세월 동안 망명정부를 이끈 독립운동가의 마음을 스쳐갔던 사상들과 상념들을 때로는 격정적으로, 때로는 이지적으로 피력하고 있다. 겨레의식을 일깨우는 데 최적의 입문서 중 하나다. 네루의 『세계사 편력』과 마찬가지로 어린 아들 둘에게 남겨 줄 유서처럼 작성한 글이 『백범일지』로 발전되었다. 자유민주주의 옹호, 독재정치 배격, 제국주의 배척, 공산주의 경계 등의 입장이 여러 가지 방식으로 표출되고 있다.

명사를 압축적이고 상징적으로 보여주는 그림언어라고 볼 수 있습니다. 그 사건 하나하나의 의미가 심장합니다. 이처럼 인류는 아브라함이 등장하기 전에, 죄와 벌의 악순환 속에 빠져 있었습니다. 아브라함은 죄와 벌의 악순환 구조가 끝없이 이어질 것 같은 역사 속에서 등장했습니다. 창세기 11:25부터 읽습니다.

> 데라를 낳은 후에 백삼구 년을 지내며 자녀를 낳았으며 데라는 칠십 세에 아브람과 나홀과 하란을 낳았더라. 데라의 족보는 이러하니라. 데라는 아브람과 나홀과 하란을 낳고 하란은 롯을 낳았으며 하란은 그 아비 데라보다 먼저 고향 갈대아인의 우르에서 죽었더라. 아브람과 나홀이 장가 들었으니 아브람의 아내의 이름은 사래며 나홀의 아내의 이름은 밀가니 하란의 딸이요 하란은 밀가의 아버지이며 또 이스가의 아버지더라(창 11:25-29).

드디어 30절에 긴장 어린 논평이 나옵니다. 그동안은 낳고 낳고 낳았는데, 드디어 낳지 못하는 돌출적 불임자가 나옵니다. "사래는 임신하지 못하므로 자식이 없었더라." 이 논평이 굉장히 중요합니다. 창세기 10장부터 11장을 자세히 읽어 보면, 그 열국 목록에 등장하는 나라가 일흔 나라입니다. 움베르토 카수토(Umberto Cassuto)라는 이탈리아의 유대계 학자는, 70나라는 지중해를 중심으로 전개된 문명 세계에 나타난 모든 나라를 망라하는 숫자라고 보았습니다. 이스라엘이 등장하기 전부터 수천 년 동안 융성했던 고대문명의 주요 나라가 모두 망라된 열국 목록이라는 것입니다.[8] 이스라엘보다 훨씬 먼저 태어났다가 망한 메소포타미아와 이집트 문명권 나라들의 이름이지요. 이것은 무슨 의미입니까? 창세기 10장의 열국 도표는 아브라함으로부터 시작된 이스라엘이라는 나라는 당시의 화려한 선진 문명국가들에 비하여 너무나 보잘것없는 최신 국가라는 것입니다. 그러니까 아브라함의 나라 이스라엘은 고대 메소포타미아나 이집트에서 문명 융성기를 구가했던 그런 70나라에 끼지 못했다는 말입니다. 아브라함에서 시작된 이스라엘은 완전히 새로운 국가였습니다. 이스라엘의 출발은 화려하지 않고 소박했다는 것입니다. 아브라함이 앞으로 이루게 될 큰 민족(고이 가돌[gôy gādôl]), 이스라엘 민족은 고대문명의 뿌리와 이어져 있지 않고, 완전히 새로 출발한 나라라는 말입니다. 고대문명의 지류에서 흘러나와 자연적으로 형성된 국가가 아니라는 것입니다. 아브라함과 이삭과 야곱이 이룬 나라는 셈족의 족보에서 그냥 자연스럽게 흘러나온 나라가 아니라 셈족의 자연적인 생장(生長) 계보를 끊고 새로 출범하는 나라라는 것입니다. 아브라함과 사라가 하나님의 약속을 받은 후 25년을 기다려 낳은 이삭은 그저 단순히 자연적 의미의 셈족이 아니며, 따라서 생물학적으로도 셈족이 아니라는 것입니다. 할머니같이 늙은 사라가 낳았던 그 아이는 셈족의 족보가 아니라, 하늘의 신령한 씨앗을 지상에 이식시킨 새 계보의 시조라는 것입니다. 이러한 메시지를 전하기 위하여 이렇게 긴 셈족의 족보, 그중에서도 데라의 족보가 길게 나열된 것입니다.

8. Umberto Cassuto, *A Commentary on the Book of Genesis, Part Two: From Noah to Abraham*(trans. Israel Abrahams; Jerusalem: The Magnes Press, 1964). 10-11장 주석을 참조하라.

아브라함과 그 부친 데라가 살았던 갈대아 우르가 어디입니까? 수메르 문명의 중심지 우르이지요? 수메르 문명은 주전 22세기까지 거슬러 올라가는 문서로 우리에게 남겨진 가장 오래된 문명입니다. 수메르 문명이 남긴 오래된 유물 중 하나가 「길가메시」 서사시 설형문자 토판입니다. 그런 자료를 보면 당시 기준으로 2,000년 전을 말합니다. 그러니까 수메르 문서는 주전 4,000년의 인류 역사를 기억하는 것이지요. 인류 역사는 최소한 6,000년의 역사 기록을 확보한 셈입니다. 스페인의 알타미라 동굴벽화가 20,000년 전의 유물이라는 주장도 있지만 정확하게 언제쯤의 작품인지는 모릅니다.

수메르 문명 중심으로 보면 아브라함은 최신 인물입니다. 인류 문명의 최전성기를 구가했던 수메르 문명이 종료된 시점에 아브라함이 등장하기 때문입니다. 아브라함은 고(古)바빌로니아 제국의 함무라비 대제보다 약 100년 또는 200년 후에 역사에 등장했습니다. 함무라비가 주전 1740년경에 함무라비 법전을 선포했습니다. 함무라비 대제 등 고바빌로니아의 영웅호걸들의 역사에 명함을 내밀기는커녕 당대의 대물림에도 실패한 불임 가족의 가장 아브라함이, 바벨탑을 쌓아 하나님의 심판을 받았던 수메르 문명의 발상지였던 갈대아 우르에서 탈출해 가나안 땅으로 옵니다. 즉 아담 인류의 보편적 죄성이 활개치던 본거지 갈대아 우르에서 창조적 탈출을 감행했습니다. 자, 이것이 바로 죄 사함의 경험과 같습니다.

골로새서 1:13-14은 죄 사함의 경험을 하나님 나라에로의 이주 사건으로 설명합니다. "하나님께서 우리를 흑암의 권세에서 건져내사 그의 사랑의 아들의 나라로 옮기셨다." 즉 우리를 흑암의 권세에서 건져내서 사랑의 아들 안으로 이주시킨 사건은 죄 사함, 곧 속량이라는 것입니다. 로마서가 말하는 이 죄 사함은 골로새서 1:13-14에 빗대어 해석해 보면 인간을 흑암의 권세에서 건져내서 하나님의 사랑의 아들의 나라로 이주시킨 사건입니다. 이러한 관점에서 보면 아브라함은 창세기 3-11장에서 반복되는 죄와 벌의 악순환이 넘치는 아담 인류의 동아리에서 아브라함형 인류를 창조하려는 하나님의 나라로 이주한 사람입니다.

그래서 그리스도인의 인격을 말할 때 생각나는 최초의 모본(模本)은 아브라함입니다. 아브라함이 믿음의 조상이라는 말을 할 때, 우리는 로마서 4:17-18을 생각하게 됩니다. 그는 "없는 것을 있는 것처럼 부르시는 하나님"을 믿고 갈대아 우르를 떠났습니다. 희망을 거스르는 희망 속에서 "네가 100세에 아이를 낳으리라"는 하나님의 약속을 믿었습니다. 아브라함의 인격은 신실하신 하나님의 약속에 대한 믿음과 희망에서 형성됩니다. 100세에 약속의 아들을 낳으리라는 그 약속을 믿고, 이제는 늙어 버려 죽은 자와 방불케 된 자신의 생물학적 초라함을 보며 생기는 의심과 냉소를 이겨낸 것입니다. 25년 후에 자녀를 낳으리라는 하나님의 약속을 조롱할 것 같은 자신의 육체적 쇠락함 앞에서도 믿음이 약해지지 않고 약속하신 이를 믿어 아브라함은 모든 믿는 자의 조상이 됩니다. 믿음으로 사는 그리스도인의 인격의 토대는 하나님의 약속에 대한 신뢰로 단련된 신실성입니다. 아브라함은 신실함의 표상이자 하나님의 친구로 불리는 의로움의 화신입니다. 하나님의 약속을 믿으면 하나님처럼 신실해집니다. 하나님처럼 신실한 사람은 자신의 독자를 번제로 바치라는 하나님의 요구에도 그 명령 이상의 속 깊은 뜻에 대한 감응적인 이해로 응답합니다.

이처럼 하나님은 아브라함형 인류를 탄생시키기 위해 창세기 3-11장의 죄와 벌의 악순환으로부터 아브라함을 구출해 내셨던 것입니다. 아담의 원죄부터 바벨탑 축조 세대의 참람하고 극한 죄까지, 계속되는 죄와 벌의 악순환에 빠져 있던 갈대아 우르 공동체에서 하나님은 아브라함을 창조적으로 분리시켰습니다. 오늘 이 말씀을 듣고 있는 여러분도 아브라함의 발자취를 따르고 있습니다. 창세기 3-11장의 어딘가에서 방황하던 여러분을 하나님께서 창세기 12장으로 불러내셨기에 여러분은 이 자리에 와 있게 된 것입니다. 여러분은 더 이상 죄와 벌의 악순환에 매몰되어 있지 않습니다. 그리스도 예수 안에 있는 자는 창세기 3-11장에서 반복되는 죄와 사망의 이항대립적 악순환에 매이지 않고, 생명의 성령의 법으로 말미암아 죄와 사망의 법에서 해방되었습니다.

율법이 육신으로 말미암아 연약하여 할 수 없는 그것을 하나님은 하시나니 곧 죄로 말미암아 자기 아들을 죄 있는 육신의 모양으로 보내어 육신에 죄를 정하사 육신을 따르지 않고 그 영을 따라 행하는 우리에게 율법의 요구가 이루어지게 하려 하심이니라(롬 8:3-4).

아브라함에게 일어난 구원은 바로 이런 것입니다. 하나님의 율법을 따라 살 수 있는 방법을 터득한 것입니다. 창세기 3-11장의 아담 인류는 갈라디아서 5:16-21이 말하는 육체의 소욕을 따르는 인생입니다. 그에 비해 아브라함은 아담 인류의 본성을 극복하고 말씀에 따라 사는 인생, 하나님의 신적 지침과 영감 어린 추동에 이끌려 사는 사람이 되었습니다. 이것이 바로 흑암의 권세에서 건져냄을 받아 하나님의 사랑의 아들의 나라로 옮겨진 사람의 삶입니다.

그래서 창세기 12:1은 매우 중요합니다. 여호와께서 데라의 족보를 잇지 못하는 불임 가족의 가장 아브라함에게 본토 친척 아비집을 떠나라고 명하신 것은 구원의 나라, 하나님의 말씀에 순종하는 독생자의 나라로 초청하신 사건입니다. 셈족 데라의 자연적 족보를 잇지 못하고 분투하던 갈대아 우르(또는 하란)의 아브라함에게 주신 명령이자 초청인 "너는 본토 친척 아비집을 떠나 내가 네게 보여줄 땅으로 가라"는, 기독교 신앙의 알파와 오메가를 보여줍니다. 이 명령은 창세기 전체, 아니 성경 전체의 열쇠입니다.

그리스도인의 전범(典範), 믿음의 조상 아브라함이 가진 믿음의 본질

창세기 12:1-3은 창세기 1장부터 신명기 34장까지 이어지는 모세오경의 핵심 구절입니다. 본토 친척 아비집을 떠나 하나님이 지시하는 땅으로 이주하는 아브라함의 순종이 모세오경을 관통하는 구원사의 시작이기 때문입니다. 문제는 하나님이 지시하신 땅이 한군데가 아니라 번지수가 계속 바뀌기에 아브라함의 거주지 탐색을 위한 이주도 계속된다는 점입니다. 그래서 아브라함의 생애는 끊임없는 순례자적 이동으로 점철되어 있습니다. 히브리서 11:8-10은 아브라함의 생애를 하나님이 지으시고 경영하시는 성읍을 찾아 나선 창조적 방황 여정이라고 규정합니다.

믿음으로 아브라함은 부르심을 받았을 때에 순종하여 장래의 유업으로 받을 땅에 나아갈새 갈 바를 알지 못하고 나아갔으며 믿음으로 그가 이방의 땅에 있는 것 같이 약속의 땅에 거류하여 동일한 약속을 유업으로 함께 받은 이삭 및 야곱과 더불어 장막에 거하였으니 이는 그가 하나님이 계획하시고 지으실 터가 있는 성을 바랐음이라.

아브라함은 시내산처럼 하나님의 강림으로 흔들리고 요동하는 성이 아닌, 하나님의 거룩한 심판으로 재기불능의 파괴를 당한 소돔과 고모라 같은 성이 아닌, 진동하지 않고 영원히 견고한 하나님의 도성을 찾아 나선 것입니다(히 12:28).

하나님의 도성을 찾아 나선 아브라함의 창조적 방황 여정을 살펴보기 위해 창세기 15:1-7을 볼까요? 아브라함이 처음 부르심을 받은 곳은 하란이 아니라 갈대아 우르입니다. 그런데 아브라함이 75세 때 어디를 떠났습니까? 하란입니다. 아브라함은 갈대아 우르에서 한 번, 하란에서 또 한 번, 적어도 두 번이나 가나안 땅을 향해 본토 친척 아비집을 떠나라고 명을 받은 것입니다. 다만 아브라함이 갈대아 우르를 떠났을 때의 나이는 알려져 있지 않습니다. 갈대아 우르는 티그리스 강과 유프라테스 강 상류의 도시이며 하란은 시리아 북부의 도시입니다. 아브라함 일행은 역포물선 모양으로 움직였습니다. 아브라함이 75세 때에 떠났던 그 도시 하란, 아브라함의 아버지 데라가 주도해서 장기 체류했던 그 성읍 하란은 갈대아 우르에서 일찍 죽은 데라의 아들 하란의 이름으로 불리던 성읍입니다(창 11:28). 이 하란의 아들이 아브라함과 함께 가나안 이주에 동참한 롯입니다.[9]

　언뜻 보면 갈대아 우르에서 하란까지 가는 여정은 데라가 주도하는 자연스러운 가나안 이주 계획의 일환인 것처럼 보입니다. 아버지 데라의 주도 아래 이루어진 가나안 이주길에 아브라함의 가솔이 동참한 것입니다(창 11:31). 적어도 창세기 11-12장에는 갈대아 우르에서 아브라함을 불러내시는 장면은 없습니다. 그런데 창세기 15장은 하나님이 아브라함을 부를 때 하란에서 부르는 것이 아니라 갈대아 우르에서 먼저 불러내셨다고 말합니다. 데라가 주도하는 가나안 이주 계획과 하나님이 주도하시는 아브라함-가나안 이주 계획이 서로 맞물리면서 진행되었음을 짐작해 볼 수 있습니다. 두 가지 해석이 가능합니다. 하나님은 데라의 자연적인 가나안 이주 계획 일부를 활용해 아브라함을 불임의 땅이었던 갈대아 우르에서 하란 땅으로 옮겼다고 말할 수도 있습니다. 또 다른 한편 하나님께서 아브라함을 가나안 땅으로 인도하기 위하여 그 아버지 데라의 마음속에 가나안 이주 소원을 불러

---

9. 생물학적으로는 하란이 아브라함의 형일 가능성이 많다(비교. 창 11:26 "데라는 칠십 세에 아브람과 나홀과 하란을 낳았더라"). 아브라함이 하란의 아들, 곧 자신의 조카 롯과 거의 대등하게 움직이는 것을 보면 하란이 장자일 가능성도 적지 않다. 창세기 11:26 구절 때문에 아브라함이 장남일 가능성도 있지만, 데라 가족이 오랫동안 머물렀던 성읍을 하란이라고 부르는 것을 보아서는 하란이 장자일 가능성도 배제할 수 없다는 것이다. 아브라함과 조카 롯의 권력관계가 조장하는 긴장의 다이내믹스가 창세기에 나타난다. 롯의 목자들과 아브라함의 목자들이 서로 싸웠다는 언급이 그것이다. 아브라함의 목자와 롯의 목자가 서로 다투었다는 것은 양자의 엇비슷한 관계에 비추어 볼 때 더 쉽게 이해가 되는 상황이다. 이런 점을 고려해 볼 때 조카 롯이 하란의 아들로서 아브라함과 나이가 꽤 비슷했던 조카였을 가능성이 많다는 것이다. 여기서 물론 중요한 것은 아브라함과 하란의 장유 관계가 아니라 아브라함에게 임한 두 차례의 부르심이다.

일으키셨다고 볼 수도 있습니다. 어떻게 해석하든 핵심은 데라의 자연적인 이주 계획 일부를 발판 삼아 아브라함을 개별적으로, 그리고 반복적으로 부르셨다는 것입니다.

이 말은 무슨 함의를 갖고 있습니까? 여러분이 지금 그 자리에 있는 것은 여러분이 충분히 주체적으로 숙고하지 않고 동의하지 않았지만 하나님 아버지의 계획 때문일 수도 있다는 뜻입니다. 여러분을 그곳으로 이끄시기 위해 하나님께서 여러분 부모님의 마음속에 여러분을 어느 학교에 입학시킬 소원을 고취하셨을 수도 있다는 말입니다. 물론 어떤 사람은 네이버 지식검색창에 점수를 넣고 "어떤 대학, 어떤 학과에 합격 가능할까요?"를 물어서 온 사람도 있을 수 있습니다. 20대에는 학교나 전공을 마치 운명을 가르는 별자리처럼 생각하는데 사실 그렇지 않습니다. 하나님과의 동행을 연습하며 지성과 인문교양, 그리고 전공지식 습득을 극대화시킬 수 있는 학교와 학과가 최선의 대학입니다. 각 사람마다 자신에게 맞는 최고·최선의 대학이 다를 수 있습니다. 획일적인 비교 의식으로 우열승패의 감정에 사로잡히는 것은 지혜롭지 못합니다.

문제는 실제로 이제까지의 여러분 인생은 부모님의 인생 프로젝트의 일부라는 사실입니다. 아브라함도 아버지의 가나안 이주 계획에 참여하면서 하나님의 가나안 이주 계획에 아멘으로 응답했습니다. 여러분이 지금 특정 대학, 특정 학과에서 공부하는 것은 여러분 부모님의 커다란 자연적인 계획의 일부일 수 있다는 것입니다. 그런데 부친 데라의 '가나안 이주 계획' 속에 아브라함의 가나안 이주를 주도하신 하나님의 계획이 숨어 있었듯이, 여러분 부모님의 인생 순례 계획 속에 여러분을 향한 하나님의 계획이 숨어 있을 수 있다는 사실이 중요합니다. 부모의 가나안 이주 계획에 참여한 아브라함에게 하나님은 개인적인 가나안 이주 계획을 알려 주시고 순종을 기대하셨습니다. 여러분이 어느 곳에서 공부하더라도 하나님이 여러분을 개인적으로 부르셨을 가능성을 염두에 두면서 공부하라는 말입니다.

한 가지 예를 들어 보면 이런 것입니다. 미국에 가 보면 주간 고속도로(Interstate Highway)가 있습니다. 주(州)와 주를 관통해 달리는 가장 큰 고속도로입니다. 그런데 어떤 지역에서는 지방국도가 이 큰 고속도로와 중첩되어 달릴 때가 있습니다. 이 경우에는 지방국도에서도 주간 고속도로 수준으로 자동차가 달립니다. 하나님의 뜻은 Interstate Highway입니다. 아브라함을 갈대아 우르에서 하란 땅으로 불러낸 것은 하나님의 Interstate Highway였습니다. 이에 비해 아버지 데라의 가나안 이주 프로젝트는 지방국도라는 것입니다. 따라서 하나님은 우리의 생물학적 부모의 뜻 안에 나를 향하신 당신의 뜻을 포함시켜서 우리 삶의 근거지를 얼마든지 옮기실 수 있습니다. 부모님의 뜻에 포섭되어 미국으로 이민갈 수도 있고, 아버지에 이끌려서 정선 탄광에서 어린 시절을 보낼 수도 있고, 격오지 선교지로 다닐 수도 있다는 것입니다. 여러분 중에는 아버지가 목회지를 다섯 번 옮겼기 때문에 초등학교를 다섯 번 옮겼다는 간증을 가진 분도 있을 수 있습니다. 물론 이런 이야기가 요즘은 잘 없지만, 옛날에는 참 많았습니다.

아버지의 뜻이 아들의 소명에 영향을 주듯이, 데라가 하란까지 왔을 때 아브라함도 따라왔습니다. 그런데 이유를 알 수 없지만 데라는 가나안 땅까지 가지 못하고 하란에 머물다가 죽었는데 아브라함에게는 두 번째 부르심이 임했습니다.[10] 창세기 12:1의 "내가 네게 보여 줄 땅"은 아버지 데라가 머물기로 작정한 하란 땅과는 다른 땅입니다. 하란은 아브라함에게 이미 본토 친척 아비집이 되었습니다. 나중에 야곱이 자신의 아내를 구하기 위해 갔던 땅 밧단아람이 바로 하란입니다. 그곳에는 아브라함의 형제 나홀 가문이 크게 번성합니다(창 28:10, "야곱이 하란으로 향하여 가더니"). 나홀은 자신의 조카이자 형 하란의 딸인 밀가와 결혼하여 하란에서 터를 잡고 삽니다. 나홀 가문의 브두엘은 야곱의 장인이 되는 라반, 곧 라헬과 레아의 아버지를 낳은 사람이기도 합니다.

어느새 아브라함에게 하란 땅은 아버지 데라와 형제들이 거주하는 본토 친척 아비집, 곧 아브라함이 분리되어 나와야 할 낡은 세계였습니다. 그래서 하나님은 아브라함에게 "네 아버지 데라가 지시하는 땅 말고 내게 네게 지시하는 땅으로 가라"고 명한 것입니다. 하나님이 지시할 땅은 본토 아비 친척의 땅을 떠나야 갈 수 있는 곳입니다. 실로 아브라함의 생애는 하나님이 지시할 땅을 찾아 가는 순례의 연속이었습니다. 하나님이 지시할 땅은 계속 변한다는 말입니다. 갈대아 우르에서는 하란이 하나님이 지시하는 땅이었겠지만, 하란에서는 가나안이 하나님이 지시하는 땅이었습니다.

---

10. 사도행전 7장 스데반의 설교에 따르면 아브라함은 아버지 데라 사후에 하란을 떠난 것으로 되어 있지만, 창세기 11-12장에 따르면 데라가 아브라함을 70세에 낳았으니 아브라함이 75세에 하란을 떠났을 때 데라는 145세였다. 205세에 죽었다고 말해지는 데라는 아브라함이 떠나고 하란에서 60년을 더 살다가 죽은 셈이다. 이런 차이는 성경에서 자주 발견되는 난제들 중 하나다.

이에 아브람이 여호와의 말씀을 따라갔고 롯도 그와 함께 갔으며 아브람이 하란을 떠날 때에 칠십오 세였더라. 아브람이 그의 아내 사래와 조카 롯과 하란에서 모은 모든 소유와 얻은 사람들을 이끌고 가나안 땅으로 가려고 떠나서 마침내 가나안 땅에 들어갔더라(창 12:4-5).

가나안 땅으로 가려고 작정하고 길을 떠났지만 하란에 주저앉은 데라와 달리 아브라함은 마침내 가나안 땅으로 들어갑니다. 당시에는 메소포타미아에서 하란을 거쳐서 이집트로 가는 셈족의 자연적인 이주 물결이 대세를 이루기도 했습니다. 수메르 문명의 발상지였던 메소포타미아에서 시리아와 가나안을 거쳐서 이집트로 이주하는 이 길은 유명한 이주 여행로였습니다. 메소포타미아 지역의 식량 사정과 기후가 나빠지면 메소포타미아 사람들은 이집트로 이주를 하고는 했습니다. 그런데 아브라함은 이집트가 최종 목적지가 아니라 이집트를 갈 때 거쳐 가는 중간지역인 가나안을 하나님께서 자신에게 지시하신 땅으로 알고 떠나갔습니다. 그리고 그 가나안에는 이미 원주민들이 살고 있었습니다.

아브람이 그 땅을 지나 세겜 땅 모레 상수리나무에 이르니 그 때에 가나안 사람이 그 땅에 거주하였더라(창 12:6).

여기서 "모레 상수리나무"가 아주 중요한 표현입니다. 모레 (moreh)는 히브리어 동사 야라(yārah)에서 나왔습니다. 히브리어 야라 동사에 멤(mem)이라는 접두어가 붙으면 명사형이 됩니다. *Tanak*

Hebrew-English, NASB 등과 같은 영어성경을 보면, 모레 상수리나무를 oak(terebinth) of Moreh라고 번역합니다. 한글성경은 모레 상수리나무라고 번역합니다. 둘 다 '모레'를 지역명으로 보는 번역인 셈입니다. 그런데 BDB에서는 이 '엘론 모레'를 teachers' oak tree라고 번역합니다.[11] "선생님 상수리나무"라는 뜻입니다. 상수리나무가 선생님의 역할을 했다는 뜻입니다.[12] 사람들이 이주나 정착지를 택할 때 신들에게 물으면 신들이 가르쳐 주었음을 암시합니다. 결국 모레 상수리나무는 가나안의 토착 성소를 에둘러 표현하는 말입니다. 가나안 사람들의 예배당이 상수리나무를 중심으로 형성되었기 때문입니다. 상수리나무는 호세아서(4:12-13), 이사야서(1:29), 예레미야서(3:1-6) 등에서 이스라엘의 행음이 이루어지는 자리로서, 풍요와 다산을 기원하는 가나안 토착종교의 예배 처소를 가리킵니다. 이 말은 아브라함이

---

11. 엘론 모레('elon moreh)는 거룩한 성소에 관련된 거룩한 나무 전통, 곧 신과 인간의 만남을 매개하는 나무들의 성소를 가리키는 말로 보는 것이 가장 자연스럽다. 구약성경에는 풍요 다산 제의와 상수리나무의 관련을 말하는 곳이 여러 군데다(신 11:30; 12:12, 왕상 14:23, 렘 2:20, 겔 6:13. 엘론과 다른 용어가 관련된 경우는 창 13:18, 수 19:33, 삿 9:6, 38, 삼상 10:3. 신 16:21은 제단 경내에 나무 심는 것을 금지한다). 구약성경은 특히 세겜이 성스러운 나무와 관련이 깊다는 점을 다른 데서도 언급한다. 야곱은 트라빔(이방 신상)을 상수리나무 아래에 묻는다(창 35:4). 여호수아는 세겜 성소 경내 '알라'(상수리나무) 아래에 돌을 세운다(수 24:26). 기드온의 패륜 자식 아비멜렉은 세겜 성소 돌기둥의 상수리나무에서 왕으로 선포된다(삿 9:6). 사사기 9:37은 거기에 점치는 자들의 상수리나무가 있었다고 증언한다(terebinth of soothsayers). 여기서 엘라/알론(총칭적인 용어 엘론)은 제의 관련 용어들과 함께 성스러운 장소를 표현하는 나무다.

12. '모레'를 단순한 지역명이 아니라 신적 스승을 가리키는 것으로 해석하는 입장을 지지할 수 있는 부가적 증거는 창세기 12:6의 히브리어 표현에서도 찾을 수 있다. 창세기 12:6(봐야보르 아브라함 바에레츠 아드 머콤 쉐켐 아드 엘론 모레 뷔하커나아니 아즈 빠에레츠)에는 '머콤 쉐켐'이라는 말이 나온다. 머콤은 신명기나 여러 곳에서 성소의 존재를 알리는 단어다(신 12장). 이 단어가 도성의 이름과 같이 나오는 경우는 특히 그렇다(삼상 7:16의 벧엘, 길갈, 미스바의 성소들[shrines]을 지칭. 사 26:21; 66:1, 미 2:1-3, 시 132:5, 대상 16:27 참조). 이 단어는 모레 상수리나무가 가

자기 종교가 확고부동하게 형성되기 전, 곧 하나님을 아는 지식이 온 전해질 때까지는 가나안 토착민들이 예배드리는 곳에 가서 하나님께 단을 쌓았다는 말입니다. 아브라함의 종교가 완전히 하늘에서 바로 뚝 떨어진 순혈주의적인 계시종교가 아니라는 말입니다. 아브라함은 가나안 토착 세력들이 예배드리는 예배 처소와 종교적인 심벌(symbol)을 이용하여 하나님과 교통했다는 말입니다.

여기서 우리는 최근 세계교회협의회(WCC)를 종교 다원주의라고 공격하는 사람들의 비판에 응답할 수 있는 실마리를 발견합니다.[13] WCC를 종교 다원주의라고 공격하는 사람들의 약점은, 이스라엘 종교를 인근 토착종교와의 어떠한 접촉도 없이 하늘에서 뚝 떨어진 완제품 계시종교로만 알고 있다는 사실입니다. 이것은 전혀 사실이 아닙니다. 아브라함이 하나님을 알아 가는 과정에서 그는 이미 존재하던

나안의 성소였음을 알려 주는 더욱 결정적인 증거가 된다. 아브라함은 가나안 북부 인구 밀접 지역, 지중해 해변, 이스르엘 평원이나 요단 계곡 곡창지대를 멀리 피하여 중부 가나안 산지와 네게브 지역, 곧 인구가 희박하지만 목축에는 유리한 지역을 중심으로 움직였을 것이다. 도시 근교 지역을 배회하면서 물물거래를 할 수 있는 지경을 따라 움직이는 과정에서 가나안 토착성인 '머콤 쉐켐'을 발견하고, 거기서 하나님의 나타남(계시)을 경험하고 단을 쌓았을 가능성이 크다. 머콤 쉐켐에 간 아브라함에게 하나님의 밤 계시가 임한 것이다. 경건한 유대교 주석가들 중 더러는 아브라함이 기존의 가나안 성소를 이용했다는 증거는 없다고 강변하지만(Nahum M. Sarna, *The JPS Torah Commentary Genesis*[Philadelphia et al.: The Jewish Publication Society, 1989], 91), 창세기 저자가 머콤 쉐켐이라는 표현을 한 것을 보면 아브라함이 가나안에 들어가 의도적으로 머콤 쉐켐을 찾은 것으로 보인다. 결국 아브라함은 이미 존재하던 가나안 토착민들의 성소에 들어가 단을 쌓았던 것이다.

13. 「뉴시스」 김정환 기자는 한국기독교보수교단협의회의 세계교회협의회(WCC) 제10차 한국 총회 반대운동 경과를 소상하게 보도했다(2013년 8월 1일). 보수교단협 산하 WCC대책위원회는 WCC 주최측에 7개항에 달하는 공동질의서를 전달했다. 내용을 요약하면 WCC의 종교 혼합주의와 종교 다원주의에 대한 문제제기다. 제7차 호주 캔버라 총회 석상에서 실연한 초혼제(招魂祭) 등 WCC는 제3-9차 총회에 이르기까지 종교 혼합을 통한 종교 통합운동을 전개해 왔다는 것이다.

가나안 토착종교의 심벌과 예배 처소를 선용했고 심지어 살렘 왕 멜기세덱으로부터 "지극히 높은 하나님"(엘 엘리온)을 배웠습니다. 구약 성경 자체가 숱한 융합과 통섭의 결과입니다.[14] 아브라함에게서 시작된 구약종교는 이방 민족과의 숱한 접촉과 융합과 통섭을 거치는 동안에 일어난 하나님의 구원사와 구원계시의 동력으로 발전과 성숙을 거듭했습니다. 아브라함 종교는 다신교와 기타 이방의 여러 자연종교들과의 접촉을 통해 절충·종합·배척·폐기 등의 과정을 거치면서 절대적 유일신 종교로 진화되어 갑니다.

WCC를 종교 다원주의나 혼합주의라고 규정하는 사람들은 구약의 구원계시가 얼마나 유기적이고 점진적인 발전과 진화를 거듭했는지를 잘 모릅니다. 게르할더스 보스(Geerhardus Vos)가 잘 말했듯

WCC 반대측은 이러한 노선이 고린도후서 6:14-18에 비추어 타당한지 밝히라고 촉구한다. 특히 동단체는 1990년에 발표된 바아르 선언문은 결정적으로 종교 다원주의를 표방하고 있다고 공격하며, 이러한 종교 다원주의 행위는 예수님께서 십자가에 못 박히고 피 흘려 우리의 죄를 사하심과 대속적인 죽으심을 헛된 것으로 만들고, 성경 말씀을 부정하는 행위이며, 갈라디아서 1:6-9에 비추어 보면 저주받을 행동이라고 단죄한다. 이 단체의 WCC 반대운동에 신학적 근거를 제시하는 인물은 부산 브니엘신학교의 최덕성 교수이며 그는 『신학충돌: 기독교와 세계교회협의회』(서울: 본문과 현장 사이, 2012), 『신학충돌 2: 한국 교회와 세계교회협의회』(서울: 본문과 현장 사이, 2013)라는 책을 출간하여 WCC의 종교 다원주의와 혼합주의를 체계적으로 단죄한다. 최덕성의 WCC 종교 혼합주의 비판에 대한 나의 응답은 2013년 추계 구약학회(10월 4일, 이화여대)에 발표된 나의 논문 「'WCC 종교혼합주의'의 성서신학적 근거와 그 한계: 아브라함 종교의 발전과정 연구」에 자세히 실려 있다(2013년 구약학회 학술대회자료집). 이 논문은 타종교로부터 하나님에 대한 앎을 배워 그 앎을 심화시켜 가는 정도의 종교 교섭과 대화는 성경에서도 인증되고 있음을 주장한다. 다만 WCC가 타종교에도 구원이 있으며 그리스도의 주되심에 대한 고백이 없는 곳에서도 성령이 독자적으로 활동하는 것처럼 진술하는 점은 비판의 여지가 있음을 밝혔다.

14. 이런 논지를 종교사학파적인 입장에서 잘 연구한 책이 Patrick D. Miller, *The Religion of Ancient Israel*(Louisville, KY. et al.: Westminster John Knox Press, 1989)이며, 그중에서도 1장("God and the Gods: Deity and the Divine World in Ancient Israel," pp. 1-45[특히 23-29])은 아주 견실한 논문이다.

이 구원계시는 점진적이고 유기적으로 발전되고 성숙되어 왔습니다. WCC가 인도의 힌두교 영성이나 인디언 토착 영성을 호의적으로 바라보고 대화를 시도하거나 복음과 토착종교와의 상호이해를 위한 전략적 대화를 시도하기만 해도 종교 다원주의라고 공격하는 것은 지나칩니다. 다종교 상황을 인정하는 것과 예수 그리스도의 구원의 배타적 유일성을 포기하는 것은 전혀 다른 문제입니다. WCC가 일부에서 종교 포용주의적 입장, 전통종교 존중, 타종교와의 대화적 분위기를 띠면서 오해를 살 수는 있지만 아예 한마디로 종교 다원주의라고 규정하는 것은 지나친 비판으로 보입니다. 타종교에 대한 극단적 혐오와 적의를 드러내는 사람들은 자신들을 기독교 진리 수호의 최후 십자군이나 템플 기사단으로 자임하며 가나안 종교에 대한 신명기의 호전적인 단죄 용어를 빌어 범이방종교에 대한 우상 시비를 촉발하는데, 이것은 기독교와 그리스도에 대한 광범위한 오해를 낳을 수 있습니다. 그들은 대체로 성경의 종교와 구원계시가 어떻게 현재의 모습을 갖추게 되었는지에 대한 이해의 부족을 드러냅니다. 2013년 WCC 부산대회를 주도하는 통합측이 신학적 이해가 다소 다른 교단들로부터 십자포화를 맞고 있는데, 여러분들이 성경 계시사에 대한 균형 잡힌 이해를 바탕으로 한국 교회가 균형감각을 회복하도록 도와줄 수 있기를 바랍니다.

아브라함은 모레 상수리나무 아래에 단을 쌓고 하나님께 물었을 것입니다. "하나님, 제가 지금 도착한 이 땅이 당신께서 지시하신 땅이 맞습니까?" 모레 상수리나무, 곧 "선생님 상수리나무" 아래 단을 쌓고 물었습니다. 앞서 말했듯이 상수리나무는 가나안 토착민들의 성소 존재를 알리는 나무입니다. 상수리나무가 고대 가나안 족속의 토착 성소였다는 말입니다. 사사기 6:11-12에도 여호와의 사자가 오브라의 상수리나무 아래 있는 성소에서 기도하고 있는 기드온을 주목하는 상황이 나옵니다. 아브라함은 결국 가나안인들의 토착 성소에 가서 하나님께 기도하고 응답을 받은 것입니다. 가나안 토착민들의 성소에 와 단을 쌓는 아브라함에게 하나님은 응답하십니다.

> 여호와께서 아브람에게 나타나 이르시되 내가 이 땅을 네 자손에게 주리라 하신지라. 자기에게 나타나신 여호와께 그가 그곳에서 제단을 쌓고(창 12:7).

아! 아브라함은 제대로 가나안 땅, 하나님이 지시하는 땅에 당도한 것입니다. 우주선이 지구에서 출발해 지상 400km에 떠 있는 우주 정거장과 도킹하는 장면 같은 느낌을 줍니다. 하나님께서 "내가 네게 지시할 땅"이라는 말만 하셨지 그곳의 주소를 알려 주신 적은 없었습니다. 아브라함이 영적 더듬이를 이용한 네비게이션에 도움을 받아 가나안 땅에 도달한 후 모레 상수리나무 아래 있는 성소에 가서, "주님! 제가 머문 이 땅이 주님이 지시한 땅이 맞습니까?"라고 물었을 때 하나님은 그 성소에 단을 쌓은 아브라함에게 나타났습니다. "내가 이 땅을 네 자손에게 주리라"고 응답하심으로써 아브라함의 질문에 "예스"라고 답해 주신 셈입니다. 여기서부터 가나안 땅이 하나님께서 아브라함에게 주신 땅이 되었습니다(이 하나님의 영원한 약속 때문에 중동의 갈등은 계속되고 있습니다. 이 약속 때문에 지금 이스라엘 사람들이 힘들어하고 팔

레스타인 사람들 또한 덩달아 힘들어합니다). 약속의 땅에 온 아브라함은
그 땅 경계 안에서 자유롭게 거주지를 선택합니다.

거기서 벧엘 동쪽 산으로 옮겨 장막을 치니 서쪽은 벧엘이요 동쪽은 아
이라. 그가 그곳에서 여호와께 제단을 쌓고 여호와의 이름을 부르더니
점점 남방으로 옮겨 갔더라(창 12:8-9).

아브라함은 가는 곳마다 하나님께 제단을 쌓으며 하나님의 인도
를 받고 살아갑니다. 하지만 그는 점차 남방으로 이동하는 경향을 보
여주고 있습니다. 왜 점점 남방으로 장막터를 옮겨 갔을까요? 아브라
함이 거주지를 옮긴 이유는 기근을 피하기 위함이었습니다. 가축의 목
초지를 찾아야 하는 이유 또한 그의 남방 이주를 불가피하게 했을 것
입니다. 그런데 아브라함의 남행은 영적 위기를 자초했습니다. 남방의
끝은 이집트를 의미합니다. 이집트는 아브라함의 영적 탈구가 일어나
는 곳입니다. 탈구라는 말은 뼈가 위골되는(out of joint) 것입니다. 영
적 위골, 곧 아브라함이 일탈한다는 것입니다.
　가나안 중심부인 벧엘과 아이 사이에 제단을 쌓고 기도하고 예배
드렸지만 아브라함은 계속 기근을 경험했습니다. 그래서 여호와의 이
름을 부르면서 점점 남방으로 옮겨 갔습니다. 남방 이주의 종착지는
풍요가 약속된 땅, 이집트였습니다. 이처럼 약속의 땅에 기근이 들면
성도들은 '풍요로운 남방'에 관심을 갖게 됩니다. 아브라함의 최초 정
착지 세겜 땅은 지금도 척박합니다. 그 세겜 땅 모레 상수리나무 아래
서 "내가 이 땅을 네게 준다"는 약속을 받았지만, 아브라함은 많은 식

솔과 가축들을 그곳에서 먹여 살릴 수 없어 이리저리 이주할 수밖에 없었습니다. 이런 잦은 이주를 믿음 없는 행위라고 쉽게 판단할 수 없습니다. 생존의 위기에는 가장 능동적인 응전이 필요합니다. 아브라함은 나름대로 최선을 다한 것입니다. 아브라함의 이주 행렬은 그렇게 소박하지 않았습니다. 주일학교 공과책을 보면 아브라함과 사래 두 명이 달랑 괴나리봇짐을 들고 약속의 땅으로 올라가는 그림이 나옵니다. 그런데 실은 그렇지 않았습니다. 아브라함을 가부장으로 하는 한 가문이 움직였습니다. 작은 씨족이 움직이고 있다고 보아야 합니다(창세기 14장에 나오는 아브라함의 사병 318명을 보라!). 이런 씨족 전체가 움직일 때는 가축과 사람을 먹이는 것이 너무 중요했습니다. 실제로 아브라함에게 먹고사는 문제는 씨족 전체의 명운이 걸려 있었습니다. 그래서 아브라함은 남방으로 옮겨 갔습니다. 약속의 땅에 기근이 들었으므로 이집트에 거주하려고 내려갔습니다.

이집트는 어떤 곳인가요? 에덴동산처럼 항상 물이 가득하고 풍요로운 곡식이 있는 곳입니다. 약속의 자녀인 우리는 호구지책을 해결하기 위하여 먹을 것이 풍요로운 이집트로 내려가려는 이집트행 지향성이 있습니다. 약속의 땅에는 하나님의 약속은 있지만 기근이 있고, 이집트는 약속의 땅이 아니지만 풍요가 있습니다. 이처럼 기근이 있는 약속의 땅에서 계속 살 것인가 아니면 잠시나마 하나님을 경외하지는 않으나 풍요를 보장해 주는 이집트 남행을 결정할 것인가, 그것이 문제입니다. 역설적으로 전개되는 이러한 현실은 하나님 자녀들에게 믿음의 분투를 요청합니다. 그런데 아브라함은 믿음의 분투가 필요 없고 손 뻗으면 먹을 것이 있는 이집트 땅으로 내려갔습니다.

그러나 이집트는 아내의 순결을 해칠 수 있는 땅, 하나님에 대한 두려움이 없는 무신론의 영토였습니다. 하나님을 두려워하지 않는 이집트인들의 무법천지의 야만 사회에서 생존하기 위해 아브라함은 자기 아내를 누이동생이라고 속이기로 하고 이집트에 입국합니다.

내가 알기에 그대는 아리따운 여인이라. 애굽 사람이 그대를 볼 때 이르기를 이는 그의 아내라 하여 나는 죽이고 그대는 살리리니 원하건대 그대는 나의 누이라 하라. 그러면 내가 그대로 말미암아 안전하고 내 목숨이 그대로 말미암아 보존되리라 하니라(창 12:11-13).

남편과 아내 사이였던 아브라함과 사라가 남매로 위장해서 호구지책을 개척하자고 서로 언약을 맺는 장면입니다. 창세기 20:13이 이 사실을 더욱 명료하게 밝혀줍니다.

하나님이 나를 내 아버지의 집을 떠나 두루 다니게 하실 때에 내가 아내에게 말하기를 이후로 우리의 가는 곳마다 그대는 나를 그대의 오라비라 하라. 이것이 그대가 내게 베풀 은혜라 하였었노라.

아브라함과 사라가 서로를 남매로 가장하는 것은 우발적인 임기응변이 아니라 실제로 주도면밀한 숙고 아래 나온 생존 지략이었다는 것입니다. "두루 다니게 하시다"는 말은 히브리어로 히트우입니다. 하바(ḥāwāh) 동사의 강세사역형입니다. 보금자리를 찾아 이리저리 "방황하게 하다"는 말입니다. 아브라함이 정착지를 찾는 과정에서 많은 고생을 겪었음을 암시합니다. 이 구절의 마지막 소절은 더욱 중요합니다. "이것이 그대가 내게 베풀 은혜라"(제 헤드세크 아쉐르 타아시 임마디). "은혜"로 번역된 단어가 히브리어 헤세드(ḥesed)입니다. "헤세드"라는 말은 계약상의 친절실행 의무를 가리키는 말입니다. 다시 말해서 아브라함과 사라는 이방 땅에 가서는 서로를 남매로 대우하기로 계약을 맺었다는 것입니다. 그 이유는 사라가 너무 아름다워서 약탈 대상이 되었기 때문입니다. 고대사회에는 근대적 인권법이 없었습니다. 아름다운 여인은 심지어 다른 사람의 아내라도 약탈 대상이 되었습니다. 중근동에서는 아름다운 여인을 약탈하는 야수성이 너무 컸기 때문에 지금도 여자의 얼굴을 다 가립니다. 단지 여성의 인권을 억압하려고만 가린 것이 아닙니다. 셈족 남성의 야만성으로부터 여성을 보호하기 위해서 여성의 얼굴을 가리기 시작했습니다.

아름다운 여인의 얼굴을 보자마자 약탈해 버리는 이집트적 야만성 때문에 아브라함은 자기 아내를 누이라고 속이며 겨우 살아가는 방식을 택했습니다. 아니나 다를까 아브라함이 이집트에 이르렀을 때 이집트 사람들이 사라의 비상한 아름다움을 보았고, 파라오의 고관도 그녀의 아름다움을 파라오 앞에서 칭찬함으로 파라오는 사라를 자신의 궁전으로 끌어들입니다. 파라오는 마음에 원하는 모든 것을 가질 수 있는 절대권력자입니다. 오늘날에도 이런 파라오가 너무 많습니다. 그래서 실제로 웬만한 중소도시에 가면 나이트클럽 이름 중에 빈번한 이름 하나가 파라오입니다. 그곳은 돈을 가진 자들이 어떤 여인이든지 궁으로 끌어들여서 파라오처럼 마음대로 농락하는 처소이기 때문입니다.

파라오가 후궁 삼기 위해 사라를 가로챈 것은 하나님의 약속을 무효로 돌릴 수 있는 중대 사태였습니다. 아브라함과 사라를 통해 약속의 자녀를 낳게 하셔서 큰 민족을 이루게 하겠다는 하나님의 약속이 미궁에 빠질 수 있는 사태였던 것입니다. 약속의 자녀를 낳기 위해 보존하신 사라의 태가 위험에 처하자 하나님께서는 즉각 개입하십니다.

여호와께서 아브람의 아내 사래의 일로 바로와 그 집에 큰 재앙을 내리신지라. 바로가 아브람을 불러서 이르되 네가 어찌하여 나에게 이렇게 행하였느냐. 네가 어찌하여 그를 네 아내라고 내게 말하지 아니하였느냐. 네가 어찌 그를 누이라 하여 내가 그를 데려다가 아내를 삼게 하였느냐. 네 아내가 여기 있으니 이제 데려가라(창 12:17-19).

파라오는 사라가 아브라함의 아내라고 미리 밝혔더라면 후궁으로 삼는 허물을 범하지 않았을 것이라고 변명합니다. 결과적으로 사라 사건은 유사 꽃뱀 사건(?)으로 바뀌어 아브라함은 많은 위자료를 받기에 이르렀습니다. 성경은 이 위자료 때문에 불어난 아브라함의 재산을 강조합니다.

바로가 사람들에게 그의 일을 명하매 그들이 그와 함께 그의 아내와 그의 모든 소유를 보내었더라. 아브람이 애굽에서 그와 그의 아내와 모든 소유와 롯과 함께 네게브로 올라가니 아브람에게 가축과 은과 금이 풍부하였더라(창 12:20-13:2).

위기와 파란 속에서 성장하는 아브라함의 인격과 영성

먹고사는 문제를 스스로 해결하려다가 위기를 자초했던 아브라함과 사라를 하나님이 친히 구출해 주심을 통해 아브라함의 인격은 비약적으로 성장합니다. 먹고살기 위하여 불법천지의 땅으로 내려가는 아브라함의 균형감각 상실은 그 인격의 미숙성을 보여줍니다. 성숙한 인격은 위기의 순간마다 창조적으로 그리고 자동적으로 응답합니다. 인격이 형성된 사람은 매 위기의 상황마다 행동 준칙을 가지고 대처합니다. 그러나 인격이 미숙한 사람은 잔머리를 굴리는 기회주의적 임시방편에 호소합니다. 자기 아내의 순결을 손상시킬 수 있는 위험한 계약을 맺고 불법천지의 땅으로 가서 살겠다는 것은 기회주의적인 처신이었고, 더 나아가 극단적인 하나님 시험이었습니다. 하나님이 만일 즉각 개입하지 않았다면 약속의 자녀는 사라를 통해 태어나지 못했을 것입니다.

그런데 창세기 13장에 가면 아브라함의 성격이 완전히 바뀝니다. 하나님은 이집트 사람들을 통해 아브라함에게 가축과 은과 금이 풍성해지도록 역사하셨습니다. 일차원적인 호구지책 욕구가 하나님의 은혜로 채워지는 것을 경험하자마자 아브라함은 이 문제에서 해방되었습니다. 이 해방으로 아브라함은 갑자기 양자물리학적인 큰 비약을 경험합니다. 양자물리학적 비약이란 점진적으로 발전하다가 임계점에 도달하면 질적으로 전혀 다른 수준의 성장을 이룰 때 쓰는 말입니다.[15] 창세기 13장에서는 돈과 재산 문제에 초연한 사람이 되고, 14장에서는 자기 아내를 지키지 못하여 아내를 팔아먹으려는 그 심약한 아브라함이 맥아더나 아이젠하워처럼 강인한 장군이 되어 버립니다. 양자역학적인 비약적 성장을 이룹니다.

하지만 13-14장에서의 영적 상승 이후 15-16장에서 다시 영적 침체와 쇠락을 겪습니다. 15장에서 축 처지고, 16장에서는 영적 잠을 자다가 하갈을 통해서 이스마엘을 낳기도 합니다. 17장에서 약간 회복되기 시작하여 18-19장에서는 또다시 비약적인 성장을 합니다. 멸망하는 소돔을 향해서 중보하는 기도의 사람으로 바뀝니다. "하나님, 하나님께서는 공의로운 하나님이신데, 옥석을 구분하지 않고 의인과 악인을 동시에 불태워 죽임이 마땅합니까? 그것이 하나님 당신의 명성에 맞는 겁니까?" 이렇게 기도를 통해 하나님과 협상을 벌이는 논쟁적인 중보자로 바뀝니다. 그런데 다음 20장에서 또 한번 실수합니다. 아비멜렉에게 아내를 팔아먹을 뻔하다가 하나님의 도움으로 곤경에서 해방됩니다. 21장부터는 계속 성장합니다. 22장에서 영적 성장과 성숙의 최고봉을 이룹니다. 이처럼 아브라함의 생애는 다양한 변곡점을 그리며 인격 성장과 영적 성숙의 과정을 잘 예시합니다.

아브라함은 죄와 벌의 악순환 속에 살던 갈대아 우르에서 불임의 세월을 겪다가 하란 땅으로 올라왔습니다. 하란에서 두 번째 부르심을 받고 가나안 땅에 왔습니다. 세겜에서 하나님께 제단을 쌓고 가나안 땅을 선물로 준다는 약속을 받았습니다. 가나안이 약속의 땅인 것은 알았지만, 기근이 심하자 이집트로 내려갑니다. 이집트 내려갔다가

---

15. 쉽게 말하면, 양자물리학적(혹은 양자역학적) 비약은 급작스러운 큰 폭의 변화를 가리킨다. 더 자세한 설명을 원하면 이 책 7강의 질의응답 13번째 질문에 대한 답변을 참조하라.

엄청난 위기를 겪고 하나님 앞에서 물질적으로 관대한 사람이 됩니다. 돈과 재산의 집착에서 벗어납니다. 돈과 재산의 법칙에서만 벗어나지 않습니다. 목숨을 잃을 수 있는 위험한 상황에 자신을 내던지면서 그 돌라오멜 동맹군 세력과 전쟁을 벌여서 수백 킬로미터 멀리 떨어진 전장까지 318명의 가신을 이끌고 갑니다. 비겁하고 심약했던 아브라함이 용맹무쌍한 장군이 된 것입니다. 자기 아내도 지키지 못해 벌벌 떨던 사람이 조카 롯을 위하여 그렇게 위험한 전쟁에 뛰어들었던 것입니다. 아브라함은 셈족의 문화 기준으로 볼 때 가장 완전한 인간형을 보여주었습니다. 셈족 문화에는 "형은 아우를 지키는 자다"라는 공리가 지배합니다. 조카 롯을 구하기 위해서 318명을 데리고 가서 전쟁을 한 아브라함의 행동은 셈족의 형제우애 문화의 정수를 보여줍니다.

아브라함의 인격과 영적 성장은 여기서 그치지 않습니다. 14장에서 아브라함은 전리품을 다 양보합니다. 전리품을 양보하고 멜기세덱이라고 하는 기가 막힌 영적 멘토를 만납니다. 아브라함이 멜기세덱을 만난 이 사건은 굉장히 중요합니다. 멜기세덱이라는 인물은 정경인 시편 110편, 히브리서 7장 외에 오히려 외경과 위경에 자세히 나옵니다. 멜기세덱은 이스라엘의 가나안 정착 이전 시대에 예루살렘을 다스린 전설적인 왕이자 제사장이었습니다. 그의 통치는 온전한 공평과 정의의 다스림이었습니다. 그돌라오멜 동맹군을 쳐부수고 개선하는 아브라함 일행을 마중하러 나온 소돔 왕과 함께 개선군을 맞아들였습니다. 멜기세덱은 다윗 왕이 이상적인 선배로 삼았던 의의 왕이자 제사장 왕이었습니다. 후대에 예루살렘을 차지한 다윗 왕은 이상왕의 통치 원형을 멜기세덱에게서 찾았습니다. 그래서 자신을 멜기세덱의 반차를 따르는 왕이라고 말합니다.

예루살렘 왕 멜기세덱은 공평과 정의의 왕이자 제사장입니다. 시편 110편은 먼저는 다윗과 솔로몬을, 종말론적으로는 그리스도 예수를 멜기세덱의 반차를 따르는 왕을 겸하는 제사장이라고 말함으로써, 이스라엘 선민역사 이전의 시대를 통틀어 멜기세덱을 지상에 출현한 가장 이상적인 군주로 봅니다. 아브라함이 그 멜기세덱을 만나 비약적으로 영적 성장을 이룹니다. 아브라함이 그돌라오멜 동맹군을 무찌르고 왔을 때 개선 현장에서 멜기세덱을 만납니다. 이때 아브라함 생애에서 멜기세덱을 만난 사건은 양자역학적 대비약을 성취한 시점이었습니다. 아브라함의 인격 성장의 특징은 지속적으로 완만하게 성장하다가 어느 순간에 비약적으로 성장했다는 것입니다. 그래서 아브라함의 생애는 야곱의 생애보다 사실감이 조금 떨어집니다. 아브라함의 생애는 너무 압축되어 있어 약간 동화적인 구성 요소를 보여주고 있는데 비해, 야곱의 생애는 사실주의적 필치로 세부적으로 기술됩니다. 야곱 이야기는 산문적이고 세부 묘사에 치중합니다. 그래서 야곱을 다루는 성경 본문은 근대소설 같은 구성을 가졌고, 아브라함 이야기는 약간 이광수 소설 같은 양상을 보여줍니다. 영웅시대의 글 같은 인상을 주며 그만큼 사실감이 떨어집니다. 왜냐하면 압축을 했기 때문입니다.

그렇지만 분명한 것은 아브라함은 하나님의 구원 간섭을 경험할 때마다 성장하는 사람이라는 사실입니다. 아브라함은 돈과 양식과 가축이 풍부해지자, 그 호구지책을 위해 신앙적 순결까지 도외시하던 문제로부터 자유로워졌습니다. 또한 롯의 가족과 아브라함의 가족 사이에 재산과 목초지 영역 문제로 갈등이 불거졌을 때 그는 기꺼이 가장 좋은 땅을 롯에게 양보했습니다. 조카 롯의 목자와 자신의 목자가 서로 다툴 때 조카 롯을 불러 말합니다. "롯아, 너와 나는 한 골육지친인데, 싸우면 안 된다. 네 재산도 많아지고 내 재산도 많아졌으니, 우리가 한집에 살기는 힘드니 네가 땅을 먼저 선택하여라. 네가 땅을 먼저 선택하고, 나는 네가 선택하고 남은 땅을 선택하마." 이렇게 마음씨가 착합니다. 조카 롯은 어떤 사람입니까? 눈앞의 이익을 보고 큰 것을 잃은 사람입니다. 롯이 선택한 요단에는 소돔과 고모라라고 하는, 라스베이거스 같은 방탕과 호색의 성읍이 있었습니다. 그는 재산을 얻고 하나님과의 친밀성이라는 영적 자산을 잃게 됩니다. 롯은 소탐대실의 사람입니다. 롯이 이집트의 풍요로운 곡창지대 같은 요단 들판을 다 선택하니까 아브라함에게는 헤브론 산지 정도의 척박한 땅이 남게 됩니다.

이에 아브람이 장막을 옮겨 헤브론에 있는 마므레 상수리 수풀에 이르러 거주하며 거기서 여호와를 위하여 제단을 쌓았더라(창 13:18).

여기서 마므레 상수리 수풀도 중요합니다. 아브라함은 또 토착 가나안 종교의 성소에서 하나님께 예배를 드렸습니다. 마므레는 가나안 사람으로서는 경건하고 의로운 사람으로, 아브라함과 동맹을 맺은 사람입니다. 그는 자신의 동맹자 마므레의 상수리 수풀에 하나님을 위해 단을 쌓았습니다. 아브라함의 영적 성장과 인격적 성숙에는 가는 곳곳마다 단을 쌓았던 경건 실천이 결정적이었음을 알 수 있습니다. 13장에서 양자물리학적으로 영적·인격적 대진보를 이루었던 아브라함은 14장에서 또 한번 놀라운 영적·인격적 성장을 이룹니다. 조카 롯

이 살던 소돔과 고모라 지역이 메소포타미아 시날 왕의 지배를 벗어
나기 위해 반란을 일으켰고 요단은 전쟁터로 변했습니다.

> 당시에 시날 왕 아므라벨과 엘라살 왕 아리옥과 엘람 왕 그돌라오멜과
> 고임 왕 디달이 소돔 왕 베라와 고모라 왕 비르사와 아드마 왕 시납과
> 스보임 왕 세메벨과 벨라 곧 소알 왕과 싸우니라(창 14:1-2).

양측 군대가 싯딤 골짜기에서 싸웠는데, 소돔 왕의 동맹 세력이
패하여 조카 롯이 소돔 사람들과 함께 포로로 잡혀갔습니다. 아브라함
은 자기 아내를 지키지도 못한 비겁하고 소심한 자였지만, 형제를 지
켜야 한다는 대의명분으로 아브라함 가문의 독특한 공공 윤리의식에
충만하여 318명을 데리고 조카 롯 구출작전을 주도했습니다. 자기에
게 어떤 유익도 되지 않는 전쟁에 참여했습니다. 좋은 땅을 다 차지하
고 요단으로 떠났던 다소 이기적이고 얄미운 조카 롯을 위해서 아브
라함은 살신성인적 모험을 감행한 것입니다.

> 아브람이 그의 조카가 사로잡혔음을 듣고 집에서 길리고 훈련된 자 삼
> 백십팔 명을 거느리고 단까지 쫓아가서 그와 그의 가신들이 나뉘어 밤
> 에 그들을 쳐부수고 다메섹 왼편 호바까지 쫓아가 모든 빼앗겼던 재물
> 과 자기의 조카 롯과 그의 재물과 또 부녀와 친척을 다 찾아왔더라(창
> 14:14-16).

아브라함의 이 행동이 당시 기준으로 얼마나 훌륭한 행동이었는

가를 알아야 합니다. 물론 이것은 지금 기준으로도 감동적인 선행이지만, 그 당시 기준으로 보았을 때 가장 온전한 의인의 모습입니다. 당시 문명의 기준으로 보았을 때 아브라함은 완소남이었습니다. 하지만 이 완소남의 이야기는 여기서 끝나지 않습니다. 아브라함은 당시의 영적 지도자였던 멜기세덱을 만나면서 전리품 모두를 국제 구호재단에 기부해 버립니다. 세상에서 전쟁을 이렇게 하는 사람은 없습니다. 아브라함이 그돌라오멜 동맹군을 무찌르고 돌아오자 연합군 사령관 아브라함의 개선을 축하하는 환영식을 하는데, 그 환영식을 집행하는 사람이 멜기세덱입니다. 멜기세덱이 와서 아브라함을 위해 복을 비는 기도를 합니다.

> 그가 아브람에게 축복하여 이르되 천재의 주재이시요 지극히 높으신 하나님이여, 아브람에게 복을 주옵소서. 너희 대적을 네 손에 붙이신 지극히 높으신 하나님을 찬송할지로다(창 14:19-20).

이 멜기세덱의 축복기도를 받고 난 후 아브라함은 그에게 십일조를 바칩니다. 아브라함이 드린 십일조는 전쟁 때문에 가산을 적몰당하고 가족을 잃었던 사람들을 위한 사회 구호기금 성격이었을 가능성이 큽니다.

멜기세덱은 갑자기 창세기 14장에 나왔다가 사라지는 독특한 인물입니다. 그에 대해 자세히 말하는 성경은 히브리서 7장입니다. 예수님이 어떠한 점에서 대제사장이 되시는가를 설명하는 히브리서 7장은 예수님을 아론 계열의 제사장이 아닌 멜기세덱 계열의 제사장이라고 말합니다. 히브리서 7장 주석서를 보면 멜기세덱이 등장하는 위경과 외경 이야기가 소개되어 나옵니다. 멜기세덱은 태고적 시절의 예루살렘 지역 왕으로서 제사장과 왕을 겸하던 인물이었고 그 이름의 뜻은 "의로운 왕"(멜키+제덱, king of righteousness)입니다. 아브라함을 통해 이스라엘 구원사에 소개된 멜기세덱은 다윗 왕이 흠모하는 이상왕의 지상적 원형이었습니다. 멜기세덱은 자기 공동체의 환란 당하는 자와 삶의 곤경에 찌든 자들을 돌보아 준 왕입니다(사 1:21-26 참조). 아모스 5:24은 "공의와 공법을 하수 같이, 정의를 강 같이 온 산천 개울에 흘러넘치게 하라"고 말합니다. 여기서 "정의"라는 말로 번역된 단어가 체데크입니다. 체데크는 언약 공동체의 연약한 자들을 공동체 안에 머물도록 지탱시켜 주는 신적 친절과 의리를 가리킵니다. 여러 가지 이유로 삶의 벼랑 끝에 밀린 자들을 다 품어 안으라고 요구하는 말씀이 아모스 5:24입니다. 아모스 5:24이 말하는 공평과 정의를 이스라엘에서 다윗 왕 이전에 완벽하게 먼저 시행한 사람이 멜기세덱입니다. 그래서 멜기세덱의 아바타가 바로 다윗이라는 뜻입니다.

따라서 시편 110편에서 멜기세덱의 반차를 따른 왕은 우선은 다윗과 솔로몬을 가리키는 말이요, 종말론적으로 하나님의 보좌 우편에 앉으신 그리스도를 가리킵니다. 부활 승천하여 하나님 보좌 우편에 앉으신 그리스도가 멜기세덱의 반차를 따르는 제사장이 등장할 것이라는 예언의 완성자입니다. 멜기세덱은 다윗이 예루살렘을 의롭게 통치할 날을, 그리고 다윗의 후손 그리스도가 온 세상을 의롭게 통치할 날을 예기케 하는 예표적 인물이었다는 말입니다. 이사야 1:21은 예루살렘을 "공평과 정의가 한때 거주했던 성읍"이라고 말합니다. 의로운 다윗이 예루살렘 성을 차지했다는 말은 의의 왕 멜기세덱의 후계자가 되었다는 뜻입니다. 그래서 사무엘하 8:15에 "다윗이 모든 백성에게 정의와 공의를 행할새"라는 구절이 나옵니다. 다윗은 이스라엘을 공과 의로 통치한 공평과 정의의 화신이라는 말입니다. 그 의로운 다윗이 멜기세덱의 후계자로서 예루살렘을 차지했다는 말입니다. 그 멜기세덱의 중간 단계의 적분체가 다윗이라면, 멜기세덱-다윗의 무한 적분체가 누구입니까? 공평과 정의를 무한대로 적분하면 누가 나와요? 예수 그리스도입니다! 예수 그리스도를 미분하면 누가 나와요? 다윗, 아브라함, 멜기세덱 등이 나옵니다.

여러분, 멜기세덱에게 아브라함이 받은 감화는 두 가지입니다. 첫째, 십일조를 바치는 관습을 배웁니다. 둘째, 멜기세덱이 드린 기도를 통해 하나님을 아는 지식에서 비약적 진보를 이룹니다. 멜기세덱이 하나님을 어떻게 부르는지를 잘 보세요. "지극히 높으신 하나님, 엘 엘리온"입니다. 아브라함은 엘 엘리온이라는 하나님의 이름을 멜기세덱에게서 배웁니다.

아브람이 소돔 왕에게 이르되 천지의 주재이시요 지극히 높으신 하나님 여호와께 내가 손을 들어 맹세하노니(창 14:22).

아브라함은 멜기세덱에게 하나님 이름을 배우고 즉각 자신의 기도를 드릴 정도가 되었습니다. 자신의 전리품을 양보하겠다는 맹세를 할 때 엘 엘리온을 부릅니다. 이 말은 아브라함의 하나님을 아는 지식은 하늘로부터 바로 직통계시를 받아서 완성한 것이 아니라, 이미 그 땅에서 존재하던 토착종교 중에서 가장 좋은 것들을 통섭하고 융합하여 재창조하는 과정에서 생겨났다는 것입니다. 아브라함이 엘 엘리온이라는 하나님의 이름을 부르며 맹세하고 기도했다는 말은, 아브라함 종교는 지평융합주의적 재가공의 산물이라는 것입니다. 아브라함은 자신을 부르신 여호와 하나님을 살렘 왕이 엘 엘리온이라고 부른다는 것을 깨닫고 (이전까지 아브라함은 하나님을 엘 샤다이라고 불렀다!) 자신도 기꺼이 엘 엘리온이라고 불렀습니다. 그는 가나안 토착종교의 하나님 이름을 자신이 이미 알고 있던 하나님 지식에 첨가시켜 물리화학적으로 재창조한 것입니다.[16] 아브라함의 하나님 이해는 통섭적인 과정을 통해 깊어지고 풍요로워졌습니다. 아브라함은 고립주의적인 사람이 아니라, 주변과 통섭하면서 아울러 주체성을 곧게 세워간 사람이었습니다. 아브라함의 인격 성장과 영적 성숙에는 동시대의 또 다른 거룩한 하나님의 사람들과의 교섭이 일정 영향을 끼쳤다는 사실이 중요합니다.

이처럼 우리도 주변 세계와 통섭하면서 영적 주체성과 독립성을 구축해야지, 고립주의적인 폐쇄주의로 빠지면 안 됩니다. 아브라함은 기꺼이 자신의 동맹자 마므레의 상수리 수풀에 가서 하나님께 단을 쌓았습니다. 그러한 인격적 교제를 통해 조카 롯을 구출하러 갈 때 가나안 토착 동맹자들을 참전시킬 수 있었습니다. 아브라함은 자기 사병 318명 외에 마므레, 아넬, 에스골의 군대를 데리고 참전했습니다. 이

---

16. Roland de Vaux, *Ancient Israel: Its Life and Institutions*(trans. John McHugh; London: Barton, Longman and Todd, 1961), 289-294; Frank M. Cross, *Canaanite Myth and Hebrew Epic*(Cambridge, MA.: Harvard Univ. Press, 1973), 13-75.

말은 가나안 땅에 들어가서, "아, 나는 거룩한 백성이야. 나는 이스라엘의 조상이야. 홀로 독존적으로 살아야지" 하지 않고, 주변에 있는 통섭 가능하고 연합 가능한 모든 토착 세력들과 창조적 동맹 관계를 맺고 살아갔다는 말입니다. 그래서 그는 멜기세덱에게서도 영향을 받습니다.

그리스도인의 인격과 영성 성장 과정에서도 이 점이 중요합니다. 위로부터 오는 하나님의 계시도 중요하지만 옆으로부터 오는 하나님의 일반은총과 자연계시 또한 중요합니다. 따라서 한국 교회가 한국 토착종교로부터 좋은 것을 배운다고 해서 조금도 굴욕이 아니며 조금도 나쁜 것이 아닙니다. 한국과 동양에서 신학을 하는 우리처럼, 라틴 교부들과 희랍 교부들은 그리스 철학과 로마 시인들의 영향을 받아서 신학을 했습니다.

가톨릭교회의 연옥설은 외경 마카베오서(마카베오하 12:43-46)에도 언급되지만 좀 더 민속학적인 견지에서 보면 로마의 국민시인 베르길리우스의 「아이네이스」에서도 다뤄지고 있습니다.[17] 그의 연옥설은 외경 마카베오서 외에 베르길리우스의 「아이네이스」를 탐독했던 라틴 교부 성 어거스틴의 『하나님의 도성』으로 자연스럽게 연결됩니다. 우리가 아는 기독교 사상은 주변 문화와 통섭하고 교통하며 그 결과 얻어진 하나님 아는 지식을 재가공하는 과정에서 창조된 결과물입니다.

---

17. 베르길리우스의 「아이네이스」는 일종의 로마 제국의 출애굽기 같은 민족 서사시로서, 트로이 전쟁에서 패한 트로이 왕국의 유민들이 로마를 건설했다는 이야기를 전개한다.

아브라함은 엘 엘리온이라는 하나님과 자신을 이제까지 인도해 오신 하나님이 같은 하나님임을 믿었습니다. 그는 자신 외에도 하나님을 아는 사람이 있다는 점을 인정했고 멜기세덱이 부르는 하나님 이름 '엘 엘리온'을 부르면서 하나님과의 영적 교통을 심화시켜 갑니다. 아브라함이야말로 통섭적이고 사회적인 관계 맺기에 능숙했다는 것을 알 수 있습니다. 그는 기꺼이 가나안 사람 마므레의 상수리 수풀에 단을 쌓아 가며 하나님께 기도했고, 마므레, 아넬, 에스골 등과는 동맹을 구축했습니다. 우리 그리스도인들도 공평과 정의 위에 통일된 조국을 재구축하는 일에 있어서는 타종교인이나 하나님을 믿지 않는 사람들과도 전략적 동맹을 해야 할 신학적 근거와 본보기를 여기서 봅니다. 1919년 기미삼일운동 때 독립선언서 서명자 33인 중에서 16명이 기독교인이었지만 15명 정도는 천도교인 아니었습니까?[18] 그런데 오늘날 우리 기독교가 마치 이 세상의 어떠한 것과도 접촉 없이 하늘에서 뚝 떨어진 계시를 믿는다고 생각하는 것은 학문적인 것도 영적인 것도 아닙니다.

아브라함 인격과 영성의 정수(精髓)

이제 아브라함의 인격 성장과 영적 성숙의 절정 단계를 살펴보고자 합니다. 아브라함의 인격 성장과 영적 성숙은 비약적 성장이자 비약입

---

18. 신복룡, 『한국사 새로보기』(서울: 도서출판 풀빛, 2001).

니다. 창세기 13장에서 아브라함은 물질적인 집착에서 성장했습니다. 14장에서는 자기의 1인분 일생을 지키기 위해서 두려워하고 자기 아내를 누이라고 팔아먹던 그 비겁함에서 벗어나 용감한 국제연합군 사령관이 되었습니다. 그는 사회적 관계 맺기에도 능숙해서 토착 세력 중에서 동맹자들을 찾아 유대를 다졌고, 영적 멘토인 멜기세덱에게 배움으로써 양자물리학적 성장을 했습니다. 물론 이런 순조로운 성장 과정에서도 그는 15장에서 다시 영적 우울증에 빠집니다. 왜냐하면 그가 동맹 세력으로부터 공격을 받을 것에 대한 두려움이 있었고, 모든 전리품을 양보했기 때문에 자신이 받을 상급은 무엇인가 하는, 상급 콤플렉스에 빠졌기 때문입니다. 그때 하나님께서 아브라함의 속생각을 아시고 정곡을 찔러서 말합니다.

> 이 후에 여호와의 말씀이 환상 중에 아브람에게 임하여 이르시되 아브람아 두려워하지 말라. 나는 네 방패요 너의 지극히 큰 상급이니라. 아브람이 이르되 주 여호와여, 무엇을 내게 주시려 하나이까. 나는 자식이 없사오니 나의 상속자는 이 다메섹 사람 엘리에셀이니이다(창 15:1-2).

아브라함은 드디어 속마음을 털어놓습니다. 여기서 아브라함의 제2차 사춘기 반항기적 반응이 나타나기 시작합니다. 성도들이 하나님을 향해 순종 모드를 계속 유지했는데, 자신들의 개인사가 형통하지 못할 때 냉담과 이탈 모드가 등장하는 것과 같은 원리입니다. 아브라함은 냉담 상태에 빠져 있습니다. 그래서 하나님께서 다양한 시청각 교육을 실시하십니다. "아니다. 네 상속자는 다메섹의 엘리에셀이 아니다. 네 상속자는 네 몸에서 날 자야!" 여기서 하나님께서는 중대한 의도적 누락을 하십니다. "네 몸에서"라는 말에 "네 아내의 몸에서"라는 말도 추가했더라면 16장의 사태는 벌어지지 않았을 것입니다. 16장 하갈-이스마엘 사태는 사라의 몸에 대한 언급 누락을 듣고 사라가 주도적으로 기획한 일이었습니다. "네 몸에서"라는 말만 하시고 "네 아내의 몸"은 언급하지 않자 사라는 특단의 조치를 취할 생각을 합니다. 하나님은 우리의 중심을 테스트하기 위해서 우리에게 중요한 정보나 사실을 의도적으로 누락하고 생략하시는 분입니다. 하나님은 아브라함의 믿음 교육에만 집중하시다가 사라를 충분히 배려하지 않은 것처럼 보입니다.

> 그를 이끌고 밖으로 나가 이르시되 하늘을 우러러 뭇별을 셀 수 있나 보라. 또 그에게 이르시되 네 자손이 이와 같으리라. 아브람이 여호와를 믿으니 여호와께서 이를 그의 의로 여기시고(창 15:5-6).

이 구절은 로마서 4:17-19에 잘 해설되어 있습니다. 아브라함이 바랄 수 없는 중에 바랐고, 죽은 자와 방불할 자기 몸을 통하여 억만 숫자의 후손을 주겠다는 그 약속을 의심하지 않고 믿어서 약속의 사람이 되었다고 말합니다. 아브라함은 이때에도 비약적 성장을 이룹니다. 아브라함은 먼 미래의 후손들이 당할 사태를 깊은 잠 속에서 내다보는 조상입니다. 자기 당대의 대물림도 못하는 아브라함에게 후손들의 고난 가득한 미래가 환상 중에 보였습니다. "해 질 때에 아브람에게 깊은 잠이 임하고 큰 흑암과 두려움이 그에게 임하였더니"(12절).

여기서 출애굽이 예고됩니다. 아브라함은 별처럼 많은 숫자의 자기 후손이 400년간 이집트에서 엄청난 불의 연단과 징계를 받을 것을 예고받고 죽음의 잠에 빠집니다. 여기서 아브라함은 출애굽의 환상을 미리 보면서 영적인 감수성이 약간 둔탁해집니다. 별처럼 많은 후손들을 낳기 위한 조바심이 생겨났습니다.

아브라함이 영적으로 감수성이 둔탁할 때, 아브라함은 자신이 하나님 약속을 믿고 가나안 땅을 방황한 지 13년이 된 것을 알았습니다. 아브라함이 86세였습니다. 13년째 하나님이 자녀를 주지 않아서 아브라함의 아내 사라는 출산하지 못하지만, 그때 갑자기 그녀의 애굽 여종 하갈이 약속의 자녀를 낳아 줄 여인으로 부상되었습니다. 사라는 자신의 몸을 언급하지 않은 하나님을 야속하게 생각하며 여종 하갈을 아브라함의 품에 안겨 보냈습니다. 하갈은 아브라함의 품에 안기자마자 아이를 덜컥 낳아 버립니다. 이것이 일탈입니다. 아브라함 생애 최대의 실수입니다. 아브라함은 영적 견고성과 믿음의 일관성에서 실수해 버렸습니다. 그것이 86세에 일어난 사태였습니다. 그러니까 약속의 땅에 온 지 13년 만인 86세에 아브라함은 이스마엘을 낳았고, 그 결과 아브라함의 집안 전체가 가정불화의 폭풍으로 휘말려 들어갑니다. 이때 아브라함이 고개 숙인 남자가 됩니다. 이 16장의 영적 침륜으로부터 아브라함을 구출하시기 위해 하나님께서 개입하십니다. 위기 탈출은 이번에도 하나님의 몫입니다. 하나님께서 하갈과 이스마엘에게도 한몫의 복을 예비해 주겠다는 약속으로 아브라함이 가정불화를 극복하도록 도우셨습니다.

이스마엘이 태어난 지 13년 만에, 곧 아브라함이 99세에 여호와께서 나타나 그에게 이르시되, "나는 전능한 하나님이라. 너는 내 앞에서 행하여 완전하라"(창 17:1)고 말씀하십니다. "나는 전능한 하나님이기 때문에 너는 내 능력에 대한 신뢰를 철회하지 말아라. 네가 100세든 또 네 아내가 90세든, 너희 부부의 늙은 몸을 통해 아이를 낳게 해주겠다는 약속을 의심하지 말아라. 내 능력을 끝까지 신뢰하여라." "행하여 완전하라"는 말은 "일관성 있게 신뢰하라"는 말입니다. 믿음의 여정에서 이탈하지 말라는 말입니다. 이때 드디어 하나님께서 "네 아내의 몸"을 통해 약속의 자녀가 태어날 것을 약속하십니다. 사라의 몸을 통과하지 않고 나온 이스마엘은 약속의 자손이 될 수 없다는 사실을 분명하게 밝힙니다. 아브라함과 사라는 17장에서 다시 한번 하나님의 신실하심을 경험하며 인격적으로 영적으로 크게 성장합니다. 가장 중요한 사실은 사라도 약속의 아들을 낳는 약속 성취의 잔치에 동참할 것임을 확실히 예고 받는다는 점이었습니다. 할례 언약을 맺으면서 이제 아브라함-사라 두 사람 사이에서의 후손 출생은 기정사실이 됩니다. 아브람과 사래라는 이름도 각각 아브라함과 사라로 재명명되며, 그들은 하나님과 쌍무적 언약 관계로 진입합니다. 여기서 또다시 비약적 신앙 성장과 인격 성숙이 일어납니다. 과연 아브라함과 사라는 약속의 자녀를 잉태하자마자 하나님과의 영적 친밀성이 크게 신장되었습니다. 하나님과 아브라함 사이는 매우 절친한 사이로 바뀝니다.

18장에서 여호와께서 마므레 상수리나무들이 있는 곳에 나타나십니다. 여호와께서 마므레 상수리나무에 나타났다는 말은 아브라함이 마므레에서 기도 중에 나타나셨다는 말입니다. 기도 중에 천사의 방문을 받습니다. 하나님의 천사가 와서 아브라함에게 소돔을 멸망시키겠다고 합니다. 소돔은 멸망하겠지만 소돔을 대신할 아브라함의 후손이 이제 가나안 땅의 중심 세력으로 떠오를 것을 말씀하십니다. 그동안 가나안 땅의 문명의 대세였던 소돔과 고모라는 재기불능의 파멸을 당하겠지만, 아브라함과 사라의 몸에서 난 후손이 의와 공도를 실천하는 큰 민족을 이루어 가나안 땅의 대세가 된다는 것입니다.

> 내가 그로 그 자식과 권속에게 명하여 여호와의 도를 지켜 의와 공도를
> 행하게 하려고 그를 택하였나니 이는 나 여호와가 아브라함에게 대하여
> 말한 일을 이루려 함이니라(창 18:19).

소돔과 고모라는 멸망하고, 소돔과 고모라가 대표했던 가나안에는 소돔과 고모라의 정반대인 공평과 정의의 도시 예루살렘이 대세가 될 것이라는 예고입니다(그러나 이사야 1:10-12의 슬픈 탄식을 보라!). 소돔과 고모라 성과 정반대의 도성, 공평과 정의가 지배하는 새로운 도성이 아브라함의 후손을 통해서 일어난다는 것입니다. 아브라함과 사라의 후손이 가나안 문명의 새로운 대표자가 된다는 것입니다. 이때 아브라함의 사회의식이 엄청 성장합니다. 이 또한 완전히 비약적 성장입니다. 이제 아브라함과 그 후손이 어떤 방식으로 의와 공도를 이룰 것인가, 이 질문만 남아 있습니다. 그래서 소돔을 멸망시키겠다는 하나님 앞에서 하나님의 공의를 끝까지 촉구하며 중보기도하는 아브라함은 참 대단한 중보자입니다.

하지만 이 엄청난 성장 후에도 또다시 작은 실수가 있습니다. 20

장에서 아브라함의 아내를 아비멜렉에게 빼앗깁니다. 이삭이 태어나기 직전입니다. 이 사건이 아브라함 99세 전후에 일어난 사건인지 젊은 날 일어난 사건인지는 불확실합니다. 아마도 아브라함과 사래가 비교적 젊었을 때 일어난 사건이었을 텐데 후대에 일어난 것처럼 재편집된 것이 아닌가 하는 추측이 가능합니다. 이 말은 아브라함이 이방인 군주나 고관들에게 아내를 빼앗길 위기에 여러 번 처했음을 보여 줍니다. 한 번 실수했던 문제에서 또다시 넘어질 수 있다는 것입니다. 만일 이 사건이 아브라함 생애 후기에 일어난 사건이었다면 20장 사건은 엄청나게 위험한 사태였습니다. 아브라함은 아내를 다시 한번 빼앗겨서 아기 낳기 직전에 순결을 잃을 수 있는 위기를 자초함으로써, 사라의 몸을 통해서 약속의 자녀가 나올 것이라는 하나님 약속의 실현 가능성을 의심하게 만드는 서스펜스를 일으킵니다. 그래서 20장의 위기에서도 하나님이 주도적인 해결자가 되어 주심으로 전화위복의 길이 열립니다. 아브라함은 하나님의 징벌로 태의 문이 닫힌 아비멜렉 왕국의 태문을 열어 달라고 기도하여 응답 받음으로써 하나님의 방백이라는 명성을 얻었습니다. 아비멜렉에게 아내를 빼앗긴 사건은 역설적으로 아브라함의 영적 영향력과 지도력이 이방인들에게까지 발휘되는 사건이 되었습니다.

우여곡절 끝에 마침내 21장에서 약속의 자녀가 태어났습니다. 이삭이 태어났을 때 100세 할아버지와 90세 할머니 같은 아빠 엄마만 있었습니다. 이삭이 "할아버지, 우리 아빠 어디 갔습니까? 할머니, 우리 엄마 어디 갔어요?"라고 물었을지도 모릅니다. 그렇게 할아버지 할머니처럼 늙은 부모 밑에서 자란 이삭은 순박하고 온유한 아들로 잘 자라났습니다. 그래서 창세기 22장에 가 보면, 이 이삭은 아버지가 자기 온몸을 묶어 번제단에 올려놓아도 묵묵히 견디는 온유와 순종의 화신이 되어 있습니다. 25년 태교의 결과 태어난 아이라서 그런 것이 아닌가라고 믿습니다. 25년 만에 나온 아이는 아버지가 자신을 번제물로 바치더라도 묶여 주고 번제단에 가만히 올려져 주는 아이입니다. 독자를 번제로 바치라고 요구한 하나님도, 그 명령을 수행하는 아브라함도 이 무시무시한 절대온유 모드를 유지하며 절대순종을 바치는 이삭 앞에 전율합니다. 마침내 번제단에 묶인 아들을 향해 칼을 내리치는 아브라함의 우직한 순종에 놀란 하나님이 다급하게 아브라함의 순종을 제지시킬 수밖에 없었습니다. 랍비들은 창세기 22장을 정확히 유대교의 본질을 드러낸 아케다(속박) 본문이라고 부릅니다. 유대교는 하나님의 속박에 묶인 채 번제단에 바쳐지는 현실을 받아들이는 순종을 최고의 신앙으로 간주합니다. 주의 형제 야고보는 창세기 15장이 아브라함 신앙의 진수가 아니라 22장의 모리아 번제 사건이 아브라함 신앙의 정수라고 말합니다(약 2:21). 엘리 위젤(Elie Wiesel) 등이 대표하는 동유럽 출신의 하시딤 분파는 칼로 자기 독자를 내려쳐서 번제로 바치는 것이 유대교 신앙의 정수라고 봅니다.

이렇게 모리아산에서 아들을 번제로 바치는 행동에서 "내가 네게 지시할 땅으로 가라"는 명령을 듣고 약속의 땅을 찾아 나선 아브라함의 순례가 끝납니다. 우리 하나님은 아브라함의 인생 경주의 목적지를 계속 옮기심으로써 그가 성장해야 할 인격과 영성 항목을 부단히 점검하십니다. 아브라함의 인격 성장의 마지막 영역은 혈육에 대한 집착을 끊는 것입니다. 하나님이 주신 축복 자체를 도살하는 훈련이었습니다. 여러분, 우리가 받은 축복을 번제단에 올려놓지 못하고 그 축복 자체에 매몰된다면 그것은 "하나님을 경외한다"는 최종 평결을 받지 못합니다. 우리 자신이 받은 축복을 사랑해 그것에 탐닉한다면 참된 의미에서 하나님을 경외하는 것이 아닙니다.

하나님을 경외하는 것이 무엇일까요? 우리가 받은 축복의 아들을 번제단에 바쳐 이웃과 함께 나누는 것입니다. 하나님의 제단에 바쳐진 제물은 세상 만민에게 나눠지는 제물입니다. 아브라함과 이삭의 이런 급진적인 순종을 통하여 창세기 22:18에 "네 씨로 말미암아 천하 만민이 복을 얻을 것이라"는 복된 말씀이 나옵니다. 이러한 순종의 원본이 누구죠? 자신의 독자를 아끼지 않고 하나님의 제단에 번제로 바친 저 아브라함 순종의 종말론적인 완성자가 누구입니까? 하나님 아버지와 하나님 아버지께 순순히 속박당하여 제단에 바쳐진 하나님의 어린양 예수입니다. 요한복음 8:55-58을 이 점을 잘 해설하고 있습니다. 여기서 예수님은 "아브라함은 나의 때를 볼 것을 즐거워했다"라고 말합니다.[19] 독생자를 아끼지 않고 주신 사랑의 원형은, 독생자 예수 그리스도를 내어 주신 하나님 아버지의 십자가 사랑입니다. 물론 독자 이삭을 아끼지 않고 번제단에 바쳤던 아브라함의 하나님 경외의 원본은 독생자를 화목의 제단에 번제로 바치신 하나님 아버지의 사랑입니다. 아브라함의 하나님 경외와 순종은 하나님께서 인류에게 기대

---

19. 『70인역』(The Septuagint) 창세기 22장에 따르면 아브라함은 크리오스(양)가 이삭을 대신할 제물이 될 날을 보았다. 결국 하나님의 번제단에 바쳐질, 하나님이 친히 준비하신 어린양을 볼 날을 기뻐하며 기대했다는 것이다. 김회권, 「70인역과 기독교의 기원」, 『신약논단』 16/3(2009), 925-964. 이 논문에 실린 David P. Moessner의 「70인역」 창세기 22장 논문 요약을 참조하라.

하신 이상적인 인격입니다. 이제 아브라함의 후손이 온 세상을 복되게 할 일만 남아 있게 됩니다. 그래서 아브라함은 다음과 같은 복 선언을 듣습니다.

내가 네게 큰 복을 주고 네 씨가 크게 번성하여 하늘의 별과 같고 바닷가의 모래와 같게 하리니 네 씨가 그 대적의 성문을 차지하리라. 또 네 씨로 말미암아 천하 만민이 복을 받으리니 이는 네가 나의 말을 준행하였음이니라(창 22:17-18).

즉, 아브라함(그리고 이삭)과 같은 순종을 바친 아브라함의 후손이 천하 만민을 하나님의 복으로 다시 인도할 것이라는 선언입니다. 자기가 받았던 축복마저도 하나님 사랑과 이웃 사랑을 위해 번제단에 바칠 수 있는 새로운 인간형이 대세를 이룰 때 온 천하 만민이 복을 받게 된다는 것입니다. 아브라함과 이삭의 순종이 하나님 나라가 이 땅에 도래하는 통로가 된다는 것입니다. 여기 창세기 22장 아케다 본문에서 아브라함의 인격 도야와 영성 함양의 긴 여정이 끝납니다.

결론

아브라함의 생애는 인격 성장과 영성 함양의 고전적인 사례입니다. 그는 하나님이 지시하시는 땅을 쉴 새 없이 이동하면서 인격 성장과 영성 수련 수업을 받았고, 그의 인격과 영성은 하나님의 은혜를 경험할

수록 갱신되고 쇄신되었습니다. 먹고살기 위해서 비굴한 호구지책에 의존하던 노예근성에서 벗어나 물질 문제에 관대한 양보와 온유의 사람이 되었습니다. 비겁과 두려움의 사람이었던 아브라함은 조카 롯을 위해 용감한 야전군 사령관으로 변화되었고, 멸망당할 소돔과 고모라의 운명을 두고 하나님과 협상을 벌이는 중보기도자가 되었습니다. 그 결과 아브라함은 소돔과 고모라 성을 대신할 새로운 왕국을 건설하는 사회의식 가득한 예언자적 영성에 입문했고, 마침내 25년을 기다려 낳았던 자기 독자를 하나님의 번제단에 바치는 순종을 감행함으로써 하나님을 참으로 경외하는 순종의 화신이 되었습니다. 이러한 순종의 화신이자 아담형 인류의 죄를 극복한 새 인류의 조상인 아브라함의 후손이야말로 전 세계 만민에게 구원의 복을 회복시켜 줄 자라는 복 선언을 듣게 되었습니다. 아브라함과 이삭의 순종의 모범을 완성하시는 분이 아담 인류의 인간성에 작동하는 악을 극복하시고 새 피조물의 첫 열매가 되신 예수 그리스도입니다. 아브라함의 생애는 상처와 파란곡절과 좌절을 겪으면서 비약적 전진과 성숙을 끊임없이 이룬 과정입니다.

젊은 청년 여러분, 여러분의 생애도 이렇게 파란만장, 파란과 곡절과 좌절, 또는 때때로 실수와 일탈이 뒤범벅되는 과정일 것입니다. 아마도 직선으로 굴절 없이 성장할 사람은 아무도 없을 것입니다. 역포물선과 포물선을 동시에 그리면서 여러분의 인격은 때때로 위태로운 서스펜스를 감내해 가면서 성장할 것입니다. 이러한 성장의 마지막 궤도까지 남아서, 우리 생애의 마지막은 우리의 물과 피를 주님처럼 쏟게 될 것입니다. 요한복음 19:34("한 군인이 창으로 옆구리를 찌르니 곧 피와 물이 나오더라")의 주님처럼 우리 또한 우리가 받은 모든 축복을 물과 피로 쏟게 될 날이 올 것입니다. 물과 피를 쏟는 십자가 시점은 우리가 받은 축복을 하나님의 번제단에 바쳐서, 하나님 사랑과 이웃 사랑의 제물로 바치는 시점이 아닐까요? 이 십자가 종점이 그리스도인의 인격과 영성 모두에서 그리스도의 장성한 분량까지 자라감이 아닐까요? 여러분과 제가 감히 꿈꿀 수 없지만, 아브라함처럼 순례하면서 진동치 않을 나라, 절대로 흔들리지 않을 나라를 사모하며 믿음의 경주를 계속합시다. 왕이신 하나님의 아들이 자신의 모든 생명을 바쳐서 으뜸이 되고자 했던, 가장 낮은 자 중 낮은 자가 되어서 발을 씻겨 주는 나라, 어떤 쿠데타의 위험도 없는 나라, 누구도 그 나라를 침탈할 마음이 없는 나라, 그런 진동치 않는 나라를 향한 순례가 우리 가운데 부단히 이루어지길 바랍니다. 여러분의 남은 생애가 여러분이 받았던 축복을 번제로 바칠 수 있는 장성한 분량까지 자라는 부단한 성장과 성숙의 시간이 되길 간절히 기도합니다.

아버지 하나님, 아브라함의 파란만장한 생애를 보면서 하나님과 동행하는 인간의 그 숨 막히는 서스펜스와 긴장과 감동을 봅니다. 그는 갈대아 우르에서 모리아 산정까지 쉴 새 없이 움직이고 실험하면서 순종했습니다. 그 모리아 산 번제단에서 공포와 전율을 삼켜 가면서 하나님께 순종했던 아브라함을 통하여 세계 만민의 운명을 복의 영토로 불러오신 것처럼, 오늘 우리 젊은 청년들이 끊임없이 이동하며 제단을 쌓으면서 하나님께 영광을 돌리며 자신의 인생을 경영할 때, 이들이 만민에게 복의 근원이 되게 하여 주시옵소서. 예수님의 이름으로 기도합니다. 아멘.

3

야곱에게 돋는 새 날, 새 태양

창세기 32:13-31

창세기 32:13-31

야곱이 거기서 밤을 지내고 그 소유 중에서 형 에서를 위하여 예물을 택하니 암염소가 이백이요 숫염소가 이십이요 암양이 이백이요 숫양이 이십이요 젖 나는 낙타 삼십과 그 새끼요 암소가 사십이요 황소가 열이요 암나귀가 이십이요 그 새끼 나귀가 열이라. 그것을 각각 떼로 나누어 종들의 손에 맡기고 그의 종에게 이르되 나보다 앞서 건너가서 각 떼로 거리를 두게 하라 하고 그가 또 앞선 자에게 명령하여 이르되 내 형 에서가 너를 만나 묻기를 네가 누구의 사람이며 어디로 가느냐, 네 앞의 것은 누구의 것이냐 하거든 대답하기를 주의 종 야곱의 것이요 자기 주 에서에게로 보내는 예물이오며 야곱도 우리 뒤에 있나이다 하라 하고 그 둘째와 셋째와 각 떼를 따라가는 자에게 명령하여 이르되 너희도 에서를 만나거든 곧 이같이 그에게 말하고 또 너희는 말하기를 주의 종 야곱이 우리 뒤에 있다 하라 하니 이는 야곱이 말하기를 내가 내 앞에 보내는 예물로 형의 감정을 푼 후에 대면하면 형이 혹시 나를 받아 주리라 함이었더라. 그 예물은 그에 앞서 보내고 그는 무리 가운데서 밤을 지내다가 밤에 일어나 두 아내와 두 여종과 열한 아들을 인도하여 얍복 나루를 건널새 그들을 인도하여 시내를 건너가게 하며 그의 소유도 건너가게 하고 야곱은 홀로 남았더니 어떤 사람이 날이 새도록 야곱과 씨름하다가 자기가 야곱을 이기지 못함을 보고 그가 야곱의 허벅지 관절을 치매 야곱의 허벅지 관절이 그 사람과 씨름할 때에 어긋났더라. 그가 이르되 날이 새려하니 나로 가게 하라. 야곱이 이르되 당신이 내게 축복하지 아니하면 가게 하지 아니하겠나이다. 그 사람이 그에게 이르되 네 이름이 무엇이냐. 그가 이르되 야곱이니이다. 그가 이르되 네 이름을 다시는 야곱이라 부를 것이 아니요 이스라엘이라 부를 것이니 이는 네가 하나님과 및 사람들과 겨루어 이겼음이니라. 야곱이 청하여 이르되 당신의 이름을 알려 주소서. 그 사람이 이르되 어찌하여 내 이름을 묻느냐 하고 거기서 야곱에게 축복한지라. 그러므로 야곱이 그곳 이름을 브니엘이라 하였으니 그가 이르기를 내가 하나님과 대면하여 보았으나 내 생명이 보전되었다 함이더라. 그가 브니엘을 지날 때에 해가 돋았고 그의 허벅다리로 말미암아 절었더라.

야곱의 생애는 아브라함의 생애만큼이나 파란만장합니다. 그의 어머니가 그를 잉태하고 받은 태몽 계시를 보면 야곱의 운명이 어떤 여정을 거칠지 짐작할 수 있습니다(창 25:22-23). 야곱은 다섯 곳을 중심으로 파란만장한 인생살이를 경영했습니다. 그것은 브엘세바 시기, 밧단아람 시기, 얍복강 순간, 벧엘과 브엘세바 시기, 그리고 이집트 시기입니다. 브엘세바 시기는 사기꾼적 경쟁자로 살아간 시절입니다. 밧단아람 시기는 종처럼 고된 연단과 노동 훈련으로 속사람이 강건해지는 시절입니다. 벧엘과 브엘세바 시기는 영적 환골탈태와 성숙, 이집트 시기는 예언자적인 영성가로 자라 가는 때입니다.

1. 브엘세바 시기: 사기꾼이자 겨루는 자로서의 야곱

야곱은 엄마 뱃속에서부터 청년기까지 브엘세바에서 보냈습니다. 브엘세바 시기에는 운명적인 문제와 분투하면서 살았습니다. 야곱은 태어날 때 형 에서보다 먼저 나가기 위하여 발뒤꿈치를 잡았던 아이입니다. 야곱 안에는 먼저 나와서 장자권을 선점하려는 분명한 목적의식이 있었습니다. 그는 목적에 집착하고 그것에 이끌리는 아이였습니다. 그래서 발꿈치를 잡고 분초를 다투면서 세상을 향해 출발했지만 먼저 머리를 집어넣고 태를 열고 나간 에서를 따라잡기란 힘들었습니다. 여기서부터 야곱의 인생이 구겨지기 시작합니다. 청소년기 내내 야곱을 사로잡은 장자권에 대한 집착과 열망은 태내에서부터 시작되었습니다. 야곱은 실로 좌절된 꿈을 안고 태어난 것입니다.

그가 뱃속에 있을 때부터 장자권을 어떻게 알고 좋아했는지 알 수는 없습니다. 하지만 어떤 사람은 자신의 운명에 대한 동물적 감각을 가지고 태어나기도 합니다. 스스로 리더십을 가지고 태어났다는 동물적 자의식을 가지고 자신도 모르게 행동거지 자체에서 지도자 행동을 드러내는 사람들이 있습니다. 야곱은 고대 메소포타미아 셈족 사회에서 장자권이 가지는 의미를 아는 것처럼 장자권에 집착했습니다. 리브가가 쌍둥이를 뱄을 때 들었던, "둘째 아들이 큰아들보다 더 큰 자가 된다"는 알쏭달쏭한 예언이 야곱에게 영향을 준 것 같습니다. 작은 자가 큰 자를 지배하고 큰 자가 작은 자를 섬긴다는 이 신비스러운 태몽 구절이 야곱에게 부담이 되었습니다. 작은 자가 큰 자를 지배하고, 큰 자가 어린 자를 섬기는 이 태몽 계시가 그에게서 장자권에 관한 집착을 촉발시켰을 가능성이 있습니다. 하지만 실제 현실에서 야곱은 장자가 아니었습니다.

그래서 청소년기의 야곱과 에서는 전형적인 차자와 장자의 길을 걸어갑니다. 장자였던 에서는 능숙한 사냥꾼이 되었으므로 들사람이 되었고, 야곱은 조용한 사람이 되어 장막에 거주했습니다(창 25:27). "장막에 거주했다"는 것은 어머니의 활동 반경 안에 머물렀다는 것을 의미합니다. 장막은 여성의 중심 활동 공간이고 들판은 남자의 공간이었습니다. 에서는 남자답고 사교적이었으며 야곱은 어머니의 행동 반경 안에서 어머니로부터 하나님과 세상을 이해하는 틀을 배웠습니다. MBTI로 말하면 INTP 정도 된다고 볼 수 있습니다. 내면 지향적인 청소년으로 자란 야곱은 종종 어머니가 팥죽 끓이는 것을 도우며 "장자란 무엇일까?"에 대하여 묵상에 묵상을 거듭합니다.

드디어 그는 장자권 매입 관습이 있다는 것을 알게 되었습니다. 시리아-메소포타미아 문명의 고고학 유물들에 따르면 실제로 장자권 매매 풍습이 존재했습니다. 협상을 통해 장자권을 사고파는 관습이 있다는 것을 알게 된 야곱은 어느 순간 에서로부터 장자권을 사들일 생각을 합니다. 야곱은 형의 약점을 정확히 분석했습니다. 들사람, 사냥에 능함, 활쏘기 능함, 그러나 EQ가 심하게 낮음, 배고픔을 참지 못함, 배고플 때는 제정신이 아님 등 에서의 약점을 노려서 하루 종일 사냥하느라 탈진한 형 앞에 붉은 팥죽을 놓고 형을 유혹했습니다. 형이 팥죽 한 그릇 달라고 요구하자 야곱은 장자권을 팔면 주겠다는 말로 응수했습니다. 에서는 장자로 컸기 때문에 장자권은 이미 그의 기득권이라고 생각하는 데 익숙했을 것입니다. 그래서 별 생각 없이 장자권을 야곱에게 구두로 매각했습니다.

구두로 장자권을 매입하자마자 야곱은 장자권의 완전 이전을 위해서 아버지가 유언을 할 때 침상 머리에서 내리는 장자 안수기도를 받을 생각에 골몰했습니다. 장자의 축복이 법적으로 상속되기 위해서는 안수기도라는 가부장의 기도가 중요했습니다. 그래서 이번에는 아버지를 속이는 과정에서 아버지의 약점을 이용했습니다. 아버지가 혀는 살아 있지만 눈은 어두워진, 그래서 맛있는 음식을 주는 사람에게 모든 것을 내주려는 경향이 있다는 것을 잘 아는 야곱은 어머니가 요리해 준 고기를 가지고 자신이 마련한 사냥 고기인 것처럼 속여 그 별미를 아버지 이삭에게 갖다 주었습니다. 그리고 모발 이식수술을 하고 목소리를 약간 변조해서 에서인 것처럼 속여 아버지의 안수 축복기도를 받았습니다. 장자가 마땅히 받아야 할 축복기도를 받았습니다. 그렇게 장자권 매입은 완료되었습니다.

이것이 야곱이 브엘세바에서 이룬 위대한(?) 성취였습니다. 야곱은 속도에 인생을 걸었습니다. 먼저 태어나려 속도에 인생을 걸었고 장자권에 인생을 걸었습니다. 인위적인 방식으로라도 야곱을 장자로 만들려는 어머니의 교육이 그에게 큰 영향을 끼친 것 같습니다. 마침내 야곱은 형과 아버지를 따돌리고 장자권을 차지했습니다. 그런데 이를 알아차린 에서의 불같은 분노를 피해 브엘세바에서 밧단아람으로 망명을 떠나게 됩니다.

밧단아람으로 도망가는 첫날 밤에 벧엘에서 야곱은 돌베개를 베고 자다가 천사들이 오르락내리락하는 사닥다리 환상을 보았습니다. 창세기 28장에 기록된 이 사건은 정교한 해석이 필요한 상황입니다. 다만 간단하게 해석하면 그것은 야곱의 마음속 깊은 소원이 성취되는 꿈입니다. 1900년에 오스트리아 외과의였던 프로이트가 『꿈의 해석』이라는 책을 썼습니다.[20] 이 책의 1-7장은, 꿈이란 소망의 다채로운 충족 과정이라는 명제를 논증하려고 합니다. 프로이트 이전에는 꿈에 대해서 온갖 잡설이 난무했는데, 프로이트가 『꿈의 해석』이라는 책을 통해 꿈도 여전히 의식 활동의 연장이며 의식 활동에서 생긴 소원이 충족되는 과정임을 밝혔습니다. 현실의 일상생활 속에서 꿈꾸는 자를 집착시켰던 그 소원이 다채로운 방식으로 충족되는 현상이라는 것입니다. 『꿈의 해석』을 읽어야만 제임스 조이스의 『율리시즈』라는 소설도 읽을 수 있고 자크 라캉이나 슬라보예 지젝도 이해할 수 있습니다. 오늘날 세계의 중요 사상가들은 프로이트에서 파생된 아류 사상가들이라고 볼 수 있습니다. 그래서 오늘날 예술, 인문학, 심리학, 철학 등 모든 문과학문이 프로이트와 음으로 양으로 관련이 있습니다. 이 책에서 꿈은 소원의 충족 과정이라는 사실을 입증하는 꿈 사례들이 2-3장에 나오는데 이런 관점에서 야곱의 꿈을 해석할 수도 있겠습니다.

야곱은 브엘세바에서 하란의 밧단아람으로 망명 가다가 첫날 밤에 돌베개를 베고 잠을 잡니다. 이 자세는 꿈을 꿀 수 있는 가장 최적의 자세입니다. 가장 고독한 잠이 돌베개 베고 자는 잠입니다. 사람이 돌베개 베고 잠을 자 보아야 꿈이 얼마나 위로가 되는지 압니다. 지리산 1,500m 노고단 산마루 고목 아래서 야영하며 돌베개 베고 잠을 자면 따뜻한 화롯불이 지펴진 방에서 산해진미를 먹는 꿈을 꾸게 됩니다. 야곱은 극한 고독과 신적 유기감(하나님께도 버림받았다는 의식) 속에 노숙 첫 밤을 보냈습니다. "이제 내가 어머니 아버지의 사랑의 모태에서 절연 당했구나. 나는 불확실한 미래를 향해서 나아가고 있다. 밧단아람까지 얼마나 걸어가야 할까?" 온갖 불안과 불확실성이 그를

20. 지그문트 프로이트, 『꿈의 해석』, 김기태 역(서울: 선영사, 2011).

지배했을 때 그는 돌베개를 베고 잠들었습니다. 돌베개를 베 보면 알 겠지만 너무 차가워서 잠이 안 옵니다. 인생의 몸부림치는 한계를 느낀 사람에게 그 인생을 대반전으로 이끌 꿈이 잉태된다는 원리가 돌베개 잠에서 나옵니다. 독립운동가 장준하 선생이 『돌베개』라는 항일 독립운동을 반추하는 수기집을 썼죠? 통일 찬송가 364장 「내 주를 가까이 하게 함은」이라는 찬송은 야곱의 고독을 잘 표현하고 있습니다. 야곱은 여기서 이런 심정으로 기도했을 것입니다.

하나님 아버지, 저는 형의 장자권을 탈취하다가 망명자가 되어서 천 길 낭떠러지로 떨어졌습니다. 제 인생은 이제 깊이를 알 수 없는 심연으로 집어던져졌습니다. 저는 아무도 알 수 없는 곳에서 노숙을 하고 있습니다. 저는 아버지도 잃고 형도 잃어버린 천애 고아입니다. 아무도 돌보아 줄 사람이 없는 절대 고독자입니다. 하나님이 저를 돌보아 주셨으면 좋겠습니다. 하나님이 저에게 천군 천사를 보내 주셨으면 좋겠습니다.

이렇게 무시무시한 고독 속에서 잠을 잤더니 하나님께서 그에게 하늘에 잇닿은 사다리 환상을 보여주셨습니다. 여러분이 인위적으로 이런 고독한 환경을 만들 필요는 없습니다. 그런데 이렇게 고독한 밤에 잠들 때 천군 천사가 하늘로 뻗은 사다리를 오르락내리락하는 꿈을 꿀 가능성이 많습니다. 여러분, 우리가 보내는 시간이 모두 똑같지 않습니다. 어떤 사람은 별 고민 없이 부유하게 젊은 인생을 삽니다. 그런데 어떤 사람들은 너무나 극한 고난과 고독에 굴러떨어져 겨우 존재하듯이 그 때를 삽니다. 저는 20대 또는 청년의 때에 신적 유기감

(방치를 당했다는 느낌)이 들 만큼 고독의 심연 가운데 굴러떨어지더라도, 꿈을 꿀 수 있는 여러분이 되기를 간절히 바랍니다. 이 꿈은 천문학적 액수의 돈보다도 더 위대한 정신적 무형자산이 될 수도 있습니다. 여러분은 돈이 많은 사람을 부러워하지 말고 꿈이 큰 사람을 부러워해야 합니다. 천군 천사가 자신의 고독한 망명지의 첫 밤에 나타나 자신이 누워 자는 자리에서 하늘로 오르락내리락하는 환상을 품은 사람이 큰 사람이 됩니다. 여러분 인생 전체를 향도하거나 조타할 천군 천사의 무리가 여러분 하늘 위를 아우른다는 확신을 주는 꿈을 꿀 수 있기를 바랍니다.

야곱의 벧엘 환상의 핵심은 두 가지입니다. 첫째, 야곱은 아브라함과 이삭을 뒤이을 장자가 되었고, 둘째는 야곱이 밧단아람에서 가나안 땅으로 돌아올 때까지, 곧 하나님이 야곱에게 주신 꿈을 다 이루어 주실 때까지 절대로 야곱을 떠나지 않으실 것이라는 임마누엘의 약속입니다(창 28:15). 야곱 자신도 모르게 벧엘에서 본 이 천군 천사의 사다리 환상이 그 자신을 성실하게 만들었습니다. 자신을 그토록 못살게 군 외삼촌 라반을 미워하지 않고 참을 수 있었던 것도 하나님의 임마누엘 때문이었을 것입니다.

2. 밧단아람 시기: 종과 노예 노동으로 연단 받는 야곱

그래서 야곱은 천군 천사의 가호를 믿으며 밧단아람에서 두 번째 시기를 보내게 됩니다. 첫 번째 시기를 보냈던 브엘세바에서 야곱은 임기웅변과 사기로 살았습니다. 그 야곱이 밧단아람에서는 시리아 최고 사기꾼인 라반에게 농락당하면서, 사기 치는 인생의 쓴맛을 20년 동안 맛봅니다. 눈이 나빴던 아버지를 속였더니 첫 아내로 눈 나쁜 레아가 왔습니다. 이 비례적 정의를 보십시오. 눈이 나쁜 아버지를 속였더니 눈이 나쁜 레아가 첫 잠자리에 누워 있는 것입니다. 그래서 그때부터 야곱은 사기란 어떤 이름으로도 안 되겠구나를 깨닫고 정직 모드로 돌아갔을 가능성이 큽니다. 야곱이 얼마나 정직했는지 보려면 창세기 30-31장을 자세히 읽어야 합니다. 특히 31:38-41을 보십시오.

> 내가 이 이십 년을 외삼촌과 함께 하였거니와 외삼촌의 암양들이나 암염소들이 낙태하지 아니하였고 또 외삼촌의 양떼의 숫양을 내가 먹지 아니하였으며 물려 찢긴 것은 내가 외삼촌에게로 가져가지 아니하고 낮에 도둑을 맞았든지 밤에 도둑을 맞았든지 외삼촌이 그것을 내 손에서 찾았으므로 내가 스스로 그것을 보충하였으며 내가 이와 같이 낮에는 더위와 밤에는 추위를 무릅쓰고 눈 붙일 겨를도 없이 지냈나이다. 내가 외삼촌의 집에 있는 이 이십 년 동안 외삼촌의 두 딸을 위하여 십사 년, 외삼촌의 양떼를 위하여 육 년을 외삼촌에게 봉사하였거니와 외삼촌께서 내 품삯을 열 번이나 바꾸셨으며.

여기 나타나는 야곱은 초정직과 성실 근면의 사람입니다. 야곱과 같은 사람이 회사에 한 명 들어오면 그 회사는 엄청 성장합니다. 야곱의 대표적 특성은 감정통제지수가 매우 높았다는 데 있습니다. 한번 마음에 들은 이스마엘의 딸과 헷 족속의 여인들을 보자마자 바로 그들과 어울렸던 에서와 달리, 야곱은 라헬을 좋아하는 연애 감정을 7년 동안 품으며 기다리다가 7년 만에 사랑을 완성합니다. 감정통제지수가 높은 사람들은 내일 시험이 있을 때 오늘 반드시 공부합니다. 그런데 감정통제지수가 낮은 사람은 내일 분명 종말환난에 버금가는 중요한 시험이 있는데도 전날 밤에 놀거나 애인과 데이트하는 데 시간을 다 써버립니다. 오늘 밤의 데이트를 위해서 내일 시험을 망치는 것입니다. 단순화시켜 말하면, 이것이 에서의 길이었습니다.

야곱의 길은 사순절 기간 40일 내내 어떤 흥행 영화가 나와도 보지 않을 뿐만 아니라 사순절 이후 애인과 볼 것을 생각하며 참습니다. 좋아하는 게임도 하지 않고 드라마도 보지 않고 40일을 절제하면서, 40일 이후의 변화된 자기 모습을 생각하면서 40일 동안 고도의 자기 응축 시간을 가지는 사람, EQ가 매우 높은 사람입니다. 아이비리그의 졸업생을 중심으로 성공한 사람들을 조사해 보니 IQ가 높은 사람이 아니라 EQ가 높은 사람이 성공한 확률이 높았습니다. EQ가 높은 사람은 재미없는 과목도 끝까지 경청해 좋은 성적을 냅니다. 강의 못하는 교수님도 계속 사랑하기를 힘쓰면서 끝까지 개근합니다. 첫 시간 강의 들어 보고 "이 과목 배울 것 없네" 하면서 마음속으로 그 교수님을 아웃하면서, "교수님, 저에게 F학점으로 응징하십시오. 저는 마음속에서 교수님을 지웠습니다"라고 생각하는 학생은 EQ가 나쁜 사람입니다. 이런 사람은 겨우 회사에 취직이 되더라도 잘 못 견딥니다.

어떤 사람들은 성적을 가지고 회사 취업 여부를 결정하는 것은 옳지 않다고 말합니다. 그런데 성적만큼 합리적이면서 통계적으로 신실한 자료가 별로 없습니다. 사람이 A학점을 받으려면 EQ가 높지 않으면 안 됩니다. 왜냐하면 A학점 받으려면 매일 성실하게 그 자리에 출석을 해야 하고, 지루해도 어쨌든 배우고 익힌 바를 필기해야 하고, 정한 시간에 시험공부를 해야 하고, 책임감의 사슬로 자신을 동여매야 합니다. 이런 건조한 공부로 지루한 일을 견디는 연습을 해놓지 않은 사람은 회사조직 같은 데서 일하기가 쉽지 않습니다. 공부가 지루하고 재미없다지만, 공부보다 더 재미없는 것이 회사 일일 때가 많기 때문입니다. 회사 같은 조직에서 부과하는 지루한 일을 잘할 가능성은 지루한 학교 교과목을 어떻게 견디었는가를 반영하는 학교 성적을 통해 짐작해 볼 수밖에 없습니다. 성적은 IQ에 대한 평가가 아니라 EQ에 대한 평가입니다. 그래서 성적 나쁜 사람들은 나쁜 머리를 물려준 조상을 탓하면 안 되고 EQ가 에서 수준으로 떨어진 자신의 인간성을 탓해야 합니다. 그래서 4학기 내내 또는 8학기 내내 A학점을 한 번도 구경하지 못하면서 B학점이 최고인 줄 아는 사람은 EQ를 높이면 성적이 올라갑니다. "아무개야, 너 성적에는 왜 B밖에 없니?" "어머니, 모르셨어요? B가 최고예요." "그런데 너는 왜 장학금을 한 번도 못 타니?" "어머니, 모르셨어요? 이번 정부 들어서면서 장학금 다 없어졌어요." 이렇게 말하면 안 됩니다. 확실한 것은 8학기 내내 한 번도 장학금을 타지 못하는 사람은 IQ가 나쁜 사람이 아니라 EQ가 나쁜 사람일 가능성이 큽니다. EQ가 낮은 사람은 교회 전도사로 취직해도 비나눈이 오는 날은 교회 가기 싫어질 수 있으니 각별히 유의하시기 바랍니다. "에스프레소를 마시고 배가 아파서 못 가겠습니다. 선처를 바랍니다"라고 문자 보낼 가능성이 있습니다.

야곱에 비해 에서는 EQ가 낮았습니다. 헷 족속의 딸들을 보자마자 즉각 결혼해 버리는 에서에 비해서, 야곱은 한 번 마음의 연인으로 영접한 후 7년을 한결같이 기다릴 수 있는 완소남이었습니다. 외삼촌이 임금협상에서 열 번이나 사기를 쳤지만 야곱은 한 번도 파업한 적이 없습니다. 자신이 돌보던 외삼촌 양떼가 감기나 신종 인플루엔자에 걸려 죽었을 때는 자신의 양으로 바로 벌충해 넣었습니다. 그리고 낮이나 밤이나 뙤약볕 아래서나 폭풍한설 맞으며 외삼촌의 양떼를 잘 먹이고 잘 지켰습니다. 한 번도 외삼촌의 양을 몰래 바비큐해서 먹지 않았습니다. 잠잘 때도 부릅뜬 눈으로 양떼를 지켰습니다. 그래서 하나님께서는 정직과 성실로 인생을 대했던 야곱에게 두 가지 복을 주었습니다. 우선 외삼촌 자체의 재산을 늘게 만들었고, 그 자신의 재산도 늘게 만들었습니다. 제일 눈물 나는 장면이 창세기 31:40입니다.

내가 이와 같이 낮에는 더위를 무릅쓰고 밤에는 추위를 당하며 눈 붙일 겨를도 없이 지냈습니다. 내가 외삼촌의 집에 있는 20년 동안 외삼촌의 두 딸을 위해서 14년을 봉사했거니와 외삼촌은 내 품삯을 10번이나 임의로 바꿨습니다.

그런데도 야곱은 복수심에 불타지 않았습니다. 왜냐하면 하나님이 야곱과 함께 계셨기 때문입니다. 하나님이 함께 계셨기 때문에 야곱은 선으로 악을 갚았습니다. "외삼촌은 나름 사기꾼으로 살아온 나에게 사기 쳐서는 안 된다는 역설적 교훈을 심기 위해서 열 번 사기 치시고 결혼까지 총 열한 번 사기 치셨지만 나는 사기로 응대하지 않았습니다. 하나님께서 나를 외삼촌의 교활한 사기에 농락당하도록 내버려 두지 않으시고 나를 보호하셨기 때문에 나는 고향에 돌아갈 마음이 생겼습니다. 그리고 어제 하나님께서는 외삼촌을 책망하셨습니다." 이 감동적인 간증을 듣고 나서 두 부인 레아와 라헬이 아버지 편에서 완전히 남편 편으로 바뀌었습니다.

그래서 야곱의 이 감동적 고백은 모든 직장인들이 주목해 보아야 할 그런 설교라고 생각입니다. 실로 야곱은 초정직·초근면·초성실의 사람이었습니다. 여러분, 야곱이 장자권을 매입해서, 장자권의 신비한 마력으로 성공하였습니까? 아니면 초정직·초성실·초근면의 높은 EQ 감성지수로 성공하였습니까? 장자권은 숭고한 책임감으로 뒷받침되는 책임감의 세계입니다. 하나님이 우리를 장자로 부르셨다는 말은 내게 약간 예외적으로 성공하는 비책을 주신다는 말입니까? 아니면 모든 만민이 거쳐 가는 성공의 법칙을 성실하게 알아가며 성공하게 하신다는 말입니까? 야곱의 성공은 '은총으로 완성되는 자연'이라는 중세 신학을 예증합니다. 이것이 바로 비유적으로 말하자면 토마스 아퀴나스가 말하는 "은총이 자연을 완성한다"는 명제의 의미입니다. 이성적인 방법으로 성공을 위해 최선을 다하는 야곱의 노력을 하나님의 은총이 열매 맺게 했다는 말입니다.[21]

사도 바울도 에베소 사역에서 희한한 능력을 행했습니다. 사도 바울이 에베소에서 2년 동안 매일 성경을 가르쳤습니다. 사도 바울은 2년 동안 낮에는 일하며 밤에는 장시간 성경을 가르쳤습니다. 자비량

---

21. 토마스 아퀴나스, 『신학대전: 자연과 은총에 관한 주요 문제들』, 손은실, 박형국 역(서울: 두란노아카데미, 2011), 79-80; 후스토 L. 곤잘레스, 『기독교 사상사 II』, 차종순 역(서울: 한국장로교출판사, 1988), 323.

선교라고 부르는 '텐트 메이킹 미니스트리'라는 말이 여기서 나왔습니다. 바울은 자신의 생계를 위해 천막제작 공장에서 일하면서 밤에 성경을 강의했다는 말입니다. 바울은 모루를 놓고 앞치마를 두르며 손수건으로 땀을 닦으면서 8시간 노동하고 나서 밤에 성경을 가르쳤습니다. 그러니까 하나님께서는 밤 성경공부 시간이나 기도집회 시간이 아니라 낮 시간의 노동 현장에서도 희한한 축사나 치유 능력이 나타나게 하셨습니다. 바울의 땀 닦는 손수건과 앞치마가 치유 능력을 발휘하게 하심으로써 바울이 흘렸던 땀이야말로 축사와 치유 기적의 원천임을 선포하셨습니다. 땀이 기적의 원천이라는 것입니다. 지금 우리가 도서관에서 흘리는 땀이 초자연적인 기적의 원천이라는 것입니다. 이것이 바로 은총이 자연을 완성한다는 말의 뜻입니다. 우리 하나님은 초자연적인 은총을 자연적인 노동 원칙에 성실한 사람에게 허락하신다는 것입니다.

그러므로 우리가 하나님의 뜻에 의해 시험 잘 보는 것은, 공부 열심히 해서 시험 잘 보는 것입니다. 실컷 놀다가 다음 날 찍은 문제가 나와서 시험 잘 보았다고 자랑하는 것은 하나님의 영광을 가리는 간증입니다. 이런 간증은 교회에서 영원히 추방해야 합니다. "할렐루야! 하나님 아버지, 저는 밤새도록 명동에서 탱자탱자 춤을 추었습니다. 친구 철수는 도서관에서 꼬박 밤을 새웠습니다. 철수는 F 받고 저는 A 받았나이다. 찍은 것이 바로 시험에 나왔나이다. 할렐루야!" 이렇게 간증하면 큰일 납니다. 왜냐하면 공부하지 않고도 시험 잘 본 그 사람은 다음에도 또 공부하지 않고 시험 볼 가능성이 크기 때문입니다. 철수는 이번에 실패했지만 계속 성실히 공부하는 능력과 성격은 철수의 자산입니다. "공부도 별로 안 했는데 장학금 탔어." 이런 간증은 안 좋습니다. 그러므로 게으르게 공부하고 학점 잘 받는 것은 하나님의 영광을 가리는 것입니다.

야곱이 장자권을 매입해서 장자권이 갖는 마술적 힘으로 성공한 것이 아니라 자신을 장자라고 믿고 장자답게 행동했다는 사실 때문에, 그리고 하나님이 함께하신다는 그 믿음 때문에 성공했다는 것입니다. 야곱에게 장자권은 책임과 동시에 명예의 세계였지 단지 특권과 부귀영화의 세계가 아니었습니다. 그에게 장자권은 초성실·초정직·초근면·초감성지수로 채워 가야 할 빈 상자 같은 것입니다. 야곱은 자신의 일상적 정직과 성실한 삶으로 장자권의 내용을 채워 가야만 한다는 것을 안 사람입니다. 그래서 그는 에서보다 장자권을 잘 소화한 것입니다. 에서는 장자권을 경솔하게 매각한 후에 망령된 자라는 말을 들었습니다. 하나님께서는 야곱이 장자권을 매입하고 탈취하는 과정은 문제 삼았지만 그가 장자권을 열망했던 것 자체를 책망하지는 않았습니다. 장자권은 그 당시 관습으로도 교환과 양도가 가능했던 것입니다.

메소포타미아의 셈족 문명에서 장자권은 가문의 땅을 상속하여 가문과 씨족 전체에 제사장적 중보자가 되는 것, 그리고 그 가문에 전승되어 온 하나님의 축복을 상속하여 후손에게 물려주는 책임 수용과 권위 행사를 의미했습니다. 일종의 정치적 권력과 경제적 권력과 영적 권력을 다 합해 놓은 것을 장자권이라고 합니다. 그런데 장자권의 목적은 홀로 땅을 차지하는 데 있지 않고 씨족과 가문의 존속과 번영을 담보하는 공적인 지도력을 행사하는 데 있습니다. 장자가 땅을 가지는 목적은 그 씨족 사회에 일어나는 모든 일들을 돌보되, 특히 가난한 피붙이를 잘 돌봄으로써 그들이 씨족과 가문 안에 머무르게 만드는 복지 정책을 실행하기 위함이었습니다. 좋은 장자는 그 씨족 사회와 가문의 번영을 촉진하는 자였습니다. 그런 장자의 위치를 야곱이 열망했다는 것 자체는 도덕적으로 악한 것도 아니고 나쁜 것도 아닙니다. 그는 책임과 명예와 특권 모두가 한꺼번에 연동되는 지위를 바란 것입니다.

우리 사회의 공동 번영과 이웃들과의 공존공영을 꿈꾸며 지도력을 행사하기 원하는 모든 사람은 야곱의 장자권 매입 열망을 가진 자라고 볼 수 있습니다. 오늘날 장자권을 열망한다는 것과 가장 유사한 열망은 "하나님, 제가 리더로 살고 싶습니다"라고 말하는 것입니다. "하나님, 제가 영적 지도자로 살고 싶습니다. 제가 하나님 나라의 통치를 이 땅에 오게 하는 영적 통로로 살고 싶습니다." 이렇게 말하는 것은 모두 장자권을 열망하는 것입니다. 그래서 여러분 안에도 장자권을 열망하는 야곱 DNA가 모두 들어 있습니다. 목사들은 어떤 직업군보다 리더십이 강합니다. 아무리 작은 교회 목사님이라도 리더 기질이 다분합니다. 목사가 어느새 마이크를 잡고 섭니다. 이것은 예비군 훈련 가도 그렇고 배를 타도 그렇고 비행기를 타도 그렇습니다. 목사들은 리더 기질이 다분한 사람들입니다. 장자권을 열망하는 사람들이라는 것입니다. 아마 여러분도 영적 장자가 되기를 원할 것입니다. 그런데 그 장자권 행사는 고난과 굴욕과 파란만장한 낮아짐의 훈련을 거친 후에야 이루어집니다. 그래서 야곱은 20년간의 굴욕과 파란만장한 연단을 받은 것입니다. 이 말은 누구든지 으뜸이 되고자 한다면 모든 사람의 종이 되어야 한다는 주님의 말씀을 상기시킵니다.

> 너희 중에 누구든지 으뜸이 되고자 하는 자는 모든 사람의 종이 되어야
> 하리라(막 10:44).

> 하나님이 미리 아신 자들을 또한 그 아들의 형상을 본받게 하기 위하여
> 미리 정하셨으니 이는 그로 많은 형제 중에서 맏아들이 되게 하려 하심
> 이니라(롬 8:29).

모든 그리스도인에게 참된 장자는 그리스도 예수, 우리 주이십니다. 하나님이 우리를 부르신 목적은 맏아들 되신 예수님을 본받게 하기 위함입니다. 하나님 아버지의 맏아들 되신 예수님께서 장자권이란 무엇인가를 온몸으로 보여주시기 위해 자기를 비워 친히 종의 형체를 입으셨습니다. 예수님의 장자권 행사는 십자가의 죽음과 굴욕과 고난을 참아 내며 십자가에 들리는 자가 된 것입니다. 주님은 모든 사람을 자기에게로 이끌기 위하여 들리는 자가 되었습니다. 이러한 주님의 원형 장자권에 비추어 보면 결국 우리 하나님의 장자가 된 야곱이 어떤 인생을 살기 원했는지가 드러납니다. 땅과 재산만 많이 차지하고 대접받는 장자권이 아니라 예수님과 같은 책임과 특권과 숭고한 희생정신이 어우러진 장자권을 기대하신 것입니다. 이와 같은 장자권을 열망하지 않는 에서는 망령된 자, 믿음 없는 자로 평가되었고, 이러한 장자권을 믿음으로 얻기 위하여 분투했던 야곱은 믿음 있는 자로 평가되었다는 사실에 정신을 차려야 합니다. 야곱은 장자권, 곧 책임감과 섬김

과 명예의 리더십을 향한 집착을 놓지 않다가 위법과 탈법을 저질러서 20년 망명 생활을 했습니다. 전체적으로 이 오랜 밧단아람 망명 시절은 굴욕, 징계, 그리고 연단의 세월이었습니다. 그 긴 연단과 고난의 시기 마지막에 운명의 밤이 찾아왔습니다.

3. 얍복강 순간

야곱은 얍복강 나루터에서 세 번째 단계의 인생을 맞이합니다. 야곱은 태내에서 청년 시기까지는 브엘세바에서 겨루는 자, 속이는 자로 살았습니다. 두 번째로 그는 이기는 자, 속여서라도 이기는 자의 인생을 지난하게 살다가 더 이상 속여서 이기는 인생을 싫어하는 사람으로 거듭나는데 그것은 밧단아람에서 보낸 20년이 가져다준 교훈이었습니다. 거기서 강력한 적수, 인생 천적을 만납니다. 라반을 만나서 그는 다시는 이기는 자, 속도에 목숨을 거는 자가 되지 않아야겠다고 결심하며 귀향길에 오릅니다.

밧단아람에서 보낸 20년 동안 하나님이 하늘에서 야곱의 근면 성실과 정직을 감찰하고 계셨습니다. 저는 성경 전체 인물 가운데 초강력 성실의 사람은 야곱밖에 없다고 생각합니다. 한때는 사기꾼처럼 기회주의적이고 편법 의존적으로 인생을 경영하던 야곱이 참 사기꾼 외삼촌 라반에게 열 번이나 품삯 속임을 당하며 자기 인생을 비판적으로 성찰하게 되었습니다. 그래서 야곱은 사기 세계에서 조기 은퇴를 하고 정직과 성실로 인생을 개척하기 시작했습니다. 그 결과 그는 네 아내와 열한 명의 자녀들을 데리고 20년 만에 고향으로 돌아가는 여정에 돌입합니다.

야곱이 밧단아람에서 나름대로 환골탈태의 기틀을 마련할 수 있었던 이유는 벧엘의 사닥다리 환상에서 주신 하나님의 임마누엘 약속이 있었기 때문입니다. 하나님이 함께하셨기 때문에, 곧 하나님의 후견을 믿었기 때문에 외삼촌에게 사기 결혼을 당해서 원치 않던 아내를 얻고 열 번이나 임금 사기를 당하고도 견디어 낼 수 있었습니다. 하지만 야곱은 라헬로부터 요셉을 얻자 귀향하기로 작정했습니다. 외삼촌과의 싸움 때문에 지친 그에게 하나님의 귀향 명령이 떨어진 것입니다. 야곱은 갑자기 망명 생활을 끝내고 야반도주를 했습니다. 하지만 라반까지는 제쳤으나 20년 전의 기억으로부터 순식간에 뛰쳐나오는 에서는 피할 길이 없었습니다.

이번 본문은 귀향 여정의 마지막 단계에서 큰 문제에 직면한 야곱을 보여줍니다. 형과 아버지를 속이고 적개심에 벌벌 떨던 에서를 피해 도망친 지 20년 만에 고향으로 발길을 돌렸지만 가나안 땅에 에서가 버티고 있었습니다. 지팡이 하나를 들고 걸어갔던 야곱이 두 떼의 가솔을 거느린 가장이 되어 고향으로 돌아오고 있습니다(창 32:10). 그러나 자신이 20년 전에 떨쳐 버리고 도망쳤던 에서가 400명의 남자를 거느리고 야곱을 맞이하러 나온다는 전갈이 들려왔습니다. "맞으러 나오다"를 표현하는 히브리어 동사 카라(qārā')는 호전적인 조우를 가리킬 때 많이 사용되는 단어입니다. 야곱은 형 에서가 복수를 하기 위해 400명의 용사를 대동하고 자신을 맞으러 나온다고 지레짐작하고 불안에 떨며 하나님께 긴급 구조기도를 드립니다.

내가 주께 간구하오니 내 형의 손에서, 에서의 손에서 나를 건져내시옵소서. 내가 그를 두려워함은 그가 와서 나와 내 처자들을 칠까 겁이 나기 때문이니이다(창 32:11).

죄책감이 엄청난 장벽을 이룬 것입니다. 여기서 우리는 하나님 나라에 들어갈 때 죄 문제가 해결되지 않으면 지상에서 이루는 모든 성공이 아무것도 아니라는 단순한 사실을 깨닫게 됩니다. 우리가 이 세상에서 급행출세를 했거나 사기와 편법을 통해서 엄청난 대성공을 거두었다 할지라도 우리는 심판의 강을 건너야 합니다. 얍복강은 우리의 지나간 삶의 모든 행적을 물거품이 되게 만들 수 있는 심판의 강입니다. 우리의 죄 문제를 깨끗이 해결해 주는 통과의례가 없다면 우리의 모든 성공은 물거품이 된다는 사실입니다. 죄 문제를 해결하지 않고서는 인생의 어떠한 성공도 참된 성공이 아니라는 말입니다. 사기, 편법, 그리고 탈법에 의존하면서 속도에 목숨을 걸어가며 엄청난 경제적 번영을 이루었다손 치더라도 모든 사람은 심판의 강을 건너야 합니다. 얍복강의 진실은 조금도 훼손되지 않습니다. 따라서 죄 문제 해결이 우리에게 절대적으로 중요한 이유가 여기 있다고 봅니다.

저는 17년 동안 한 대기업의 비자금을 관리하던 상무를 압니다. 굴지의 대기업 비자금을 관리한 상무는 생애 대부분을 인터폴에 지명수배당하여 쫓기며 외국에서 보내야 했습니다. 왜냐하면 그 비자금은 주주들에게 돌려주어야 하거나 세금으로 국가에 귀속시킬 돈이었는데 회사가 착복한 돈이기 때문입니다. 비자금은 투명한 회사 경영을 하는 곳에는 생성될 수 없는 돈이기 때문입니다. 비자금은 회사의 블랙박스이자 더러워진 양심의 지성소입니다. 깨끗한 양심의 지성소가 아니라 더러운 양심의 지성소입니다. 그것이 비자금입니다. 이 비자금을 가진 사람은 회사의 명령체계 때문에 비자금 관리를 위탁받았을 것입니다. 이때까지는 비자금 담당 상무 역할은 중립적인 일로 보였을 수도 있습니다. 그런데 그가 비자금이 부당하게 생성된 돈임을 알고도

자수하지 않고 그것을 관리하면서 17년 동안 인터폴에 쫓겨 다닌 삶은 그의 책임 아래 이루어진 일이었습니다. 인터폴이 미국 사우스 다코다, 캘리포니아에까지 수사망을 펼치고 자신을 찾아다니니까 그 비자금 상무는 캐나다의 깊은 에스키모 영역에까지 도망쳐 살기도 했습니다. 이런 과정에서 그는 병들었습니다. 병이 들어서 뉴저지에 있는 여동생의 집으로 기어들어 갔습니다. 뉴저지에 있는 여동생 집에 와서 몸이 아파 병원에 가 보니 폐암 말기였습니다. 비자금 장부와 함께 그의 인생이 폐암으로 끝났습니다. 이제 17년 동안 보지 못했던 아들을 보기 위해 모든 것을 포기하고 임종 석상에서 비행기를 타고 가서 아들을 만나고 죽습니다. 17년 동안 아들을 만나지 못했던 그는 죽음을 불사하고 한국에 들어와 아들 품에서 죽습니다. 이런 인생이 바로 하나님 앞에서 죄 문제가 해결되지 않은 사람의 전형적 인생입니다.

죄도 문제지만 죄책감도 죄 못지않게 우리 인생을 병들게 합니다. 십여 년 전에 일어난 일입니다. 경기여고를 나온 한 미국 교포가 아이들을 학교에 데려다 주기 위해서 자기 집 앞에서 운전하다가 미국 여성을 치어 죽였습니다. 치과의사 남편과 아들딸을 두고 단란한 가정생활을 해 오던 그녀는 교회도 이따금 다니던 착한 사람이었습니다. 그녀는 운전 사고로 사람을 죽였지만 그것은 단순 과실치사였기 때문에 감옥에 가지 않아도 되었습니다. 피해자 가족 보상은 보험회사가 다 해결했습니다. 그런데도 그녀는 감옥 가지도 않고 몸은 자유했지만, 자기가 운전을 부주의하게 해서 생사람을 죽였다는 사실을 받아들이지 못하고 자책에 자책을 거듭 쌓았습니다. 사고로 죽은 여인의 남편이 사는 비참한 가정 형편을 알고 나서부터는 더 심각한 죄책감에 빠져들기 시작했습니다. 특히 죽은 여자가 남겨 놓은 자녀들의 슬픈 탄식을 목격한 후 지울 수 없는 죄책감에 척추가 부서지는 듯한 타격을 받았습니다. 그것이 죄책감입니다. 2년 7개월 동안 기도원에 들어가 기도를 하기도 하고, 유명한 권사님에게 안수기도도 받고, 죄가 용서되었다는 말을 수없이 들었건만 척추를 부서뜨리는 듯한 죄책감을 극복하지는 못했습니다. 죄책감은 그 착한 여인을 2년 7개월 만에 암으로 죽게 만들었습니다.

이처럼 죄책감의 문제는 그냥 나두면 안 됩니다. 죄책감이 내리막길로 달리는 눈덩이처럼 가속도가 붙어 순식간에 짐질 수 없을 정도로 커져 버립니다. 아무리 작은 죄라도 용서되지 않은 채 내버려 두면 그것은 계속 눈덩이처럼 커져 마침내 죄책감에 묶인 그 사람을 파멸시키고야 맙니다. 죄책감은 절대로 방치해서는 안 됩니다. 무서운 가속도가 붙어서 우리를 파멸의 구렁텅이로 빠뜨리기 전에 압복강의 기도 혈투를 통해 해결 받아야 합니다. 우리 인간존재의 가장 근원적인 행동 배후에 죄책감이 있습니다. 죄책감을 해결할 수 없다면 꾸준한 성실과 명랑 쾌활함의 인생을 살아갈 수가 없습니다.

이와는 반대로 죄와 죄책감을 극복한 청년도 있습니다. 고등학교 때 문과였다가 자연계로 대학에 입학한 한 여학생이 1학년 2학기 때 기초화학이라는 과목의 시험을 보는데, 화학에 대한 지식과 선이해가 없어 화학을 잘하는 친한 친구에게 대리 시험을 요청했습니다. 그 친구가 대리 시험을 잘 봐준 덕분에 그녀는 기초화학 과목에서 A학점을 받았습니다. 하지만 그때부터 그녀는 이후 이어지는 대학생활 6학기 내내 괴로웠습니다. 너무나 괴로워한 나머지 그녀는 교무처장, 학생처장, 그리고 교목실장에게 시말서를 써 와서 자신을 차라리 징계해 달라고 요청했습니다. 아무도 모르고 자신과 하나님만 아는 비밀 금고에 있는 그 진실을 외면하지 못하여 빛 가운데로 나오기를 결단한 것입니다. "교수님, 저를 벌주십시오. 저는 도저히 못 살겠습니다. 기초화학 A학점을 보는 순간 내 존재가 너무 초라하게 느껴지고 내가 없는 것처럼 느껴집니다. 저를 살려 주십시오. 저를 징계해 주십시오." 이 시험 부정행위는 영혼이 수정같이 맑은 20대 때에 일어난 일입니다. 학생처장과 교목실장은 그녀의 사연을 듣고 불러 죄 용서를 선언하고 기도를 드렸습니다. "자매님, 자매님의 죄는 용서받았지만, 그 용서를 완성하기 위해 양심에 가해진 상처를 치유하여야 합니다. 자매님의 양심에 진 부채는 갚아야 합니다. 그것은 부정으로 받은 A학점은 취소하고 그 과목을 새로 수강하는 것입니다." 그래서 그 A학점을 취소하고 그녀로 하여금 기초화학을 새로 듣게 했습니다. 자기의 죄값을 치르기 위해 같은 과목을 새로 수강하며 자신의 실력으로 A학점을 받기 위해 분투에 분투를 거듭했습니다. 그녀는 해맑은 영혼으로 거듭나 행복하게 살아가고 있습니다. 죄책감을 돌파하는 길은 진실과 마주 대하며 자신의 잘못을 고백하고 죄가 파괴한 양심을 치유하기 위해 배상과 보상을 하는 것입니다.

그래서 하나님께서도 얍복강 그 운명적인 밤에 야곱의 죄와 죄책감을 해부하며 진실 대면을 통해 죄책감을 극복하게 하십니다. 자신을 보호하기 위해 홀로 얍복강에 남아 기도 혈투를 벌이면서도 야곱은 얍복강을 건너지 못했습니다. 에서와 대면할 용기를 갖추지 못했기 때문입니다. 자신의 죄와 허물로 피해를 받은 형 에서를 만날 용기를 낼 수 없었기 때문입니다. 얍복강 나루를 건너지도 못한 채 형이 내리치는 진노의 복수 칼날에 몸 전체가 도륙당하는 악몽에 시달리며 자신을 쓰러뜨리려는 한 기묘한 씨름꾼과 씨름합니다. 엄밀하게 말하면 자신과 겨루어 밤새도록 씨름을 걸어오는 그 낯선 씨름꾼에게 지지 않으려고 혼신의 대결을 펼치면서도 야곱은 "형 에서의 손에서 나를 건져 주시옵소서. 그가 나를 칠까 겁납니다"라는 기도만 반복했을 것입니다. 이처럼 우리가 젊은 시절에 범한 죄와 그로 인해 생겨난 죄책감은 하나님 나라로 도강하는 것을 막는 결정적인 장애물입니다.

실제로 우리가 지상에서 빛나는 성공을 거두었다 하더라도 하나님의 심판대 앞에서는 전혀 도움이 안 됩니다(고후 5:10). 우리가 행한 것들을 직면하는 그 순간 우리가 숨겨 왔던 납덩이처럼 무거운 죄들이 우리를 하나님 앞에서 기소할 텐데 어떻게 할 것입니까? 우리가 도구적·실용적 지식을 가지고 편법과 사기술 또는 신속한 임기응변에 의지해서 잠시 위대한 성공을 거둘 수 있습니다. 심지어 사람들을 놀라게 하는 성공을 거둘 수도 있지만 우리가 범한 죄와 허물이 우리의 본향길을 가로막습니다. 인간 영혼의 본향은 창조주 하나님의 품입니다. 이 지상 순례길이 끝나면 우리는 아버지 하나님의 품으로 되돌아갈 텐데, 우리가 해결하지 못하는 죄와 허물은 기하급수적으로 불어나 태산처럼 우리 앞길을 막을 것입니다.

하나님은 우리가 죄를 짓고서라도 성공을 거두는 그 순간에는 잠잠하셨다가 한꺼번에 죄와 채무 관계를 결산하자고 나타나십니다. 얍복강의 운명적인 밤에 우리를 과거의 허물과 죄와 정면으로 대면하게 하십니다. 400명의 에서 군대가 육박할 때 들리는 그 발걸음 소리가 야곱의 심장을 얼어붙게 하는 것처럼 우리의 죄와 허물이 우리를 오랏줄로 옭아맵니다. 회개가 필요한 시점입니다. 자연인은 하나님을 향해, 자신의 상처 입은 양심을 향해 회개하여야 합니다. 야곱은 "두렵습니다. 미치겠습니다. 살려 주십시오"라고 기도하는 사이에 낯선 천사 씨름꾼과 겨루고 있었으며 더 깊은 내면에서는 죄책감과 씨름하고 있었습니다.

야곱과 밤새 씨름하며 야곱을 쓰러뜨리려고 했던 그 낯선 씨름꾼은 야곱을 이기지 못했습니다. 대신 야곱의 환도뼈를 쳤습니다. 이 사건 자체는 바로 창세기 32:24-31이 묘사하는 신비로운 사건입니다. 주석서들을 보면 이 사건에 대한 해석이 다양하게 전개되고 있음을 알 수 있습니다. 이 사건은 우리가 어린 시절에 들었던 도깨비 이야기 비슷한 데가 있습니다. 세부적인 해석에서는 차이가 있을 수 있지만, 분명한 사실 한 가지는 천사 씨름꾼이 야곱의 환도뼈를 치자마자 야곱 인생에 "새 날, 새 해가 돋았다"는 점입니다. 야곱을 강력한 씨름꾼으로 만들어 준 환도뼈, 그에게 초인적 성실과 초인적 승부욕을 공급했던 그 뼈를 신기한 씨름꾼이 깨부수었다는 것은 야곱의 정체성을 부정하는 것이었습니다. 이제까지 자신의 환도뼈를 믿고 살아온 삶의 방식을 송두리째 부정하는 것입니다. 자기 성실과 강철 의지, 그리고 백절불굴의 승부사 기질로 인생을 개척해 온 야곱의 옛 자아를 부인하고 그것을 배척해 버린 것입니다. 야곱은 장자권을 노리고 매입한 후 환도뼈로 자신의 인생을 창조적으로 개척해 왔습니다. 하나님은 야곱이 살아온 용가리통뼈 같은 환도뼈 인생살이를 심판하신 것입니다. 사람들은 저마다 용가리통뼈처럼 강한 자가 되기를 원합니다. 강한 자처럼 사는 것은 사기와 편법으로 살면서 다른 사람들을 억울하게 만들 가능성이 많은 삶의 방식입니다.

하나님은 야곱의 청소년기부터 지금까지 약 60여년 정도의 인생 전체를 감찰하신 후 야곱의 환도뼈를 치신 것입니다.[22] 자기 인생에 대한 성실한 책임감 때문에 장자권을 원했고, "장자권이 없다면 내 인생은 의미 없어"라고 생각하며 실제로 사기와 편법으로 형의 장자권을 탈취했고, 그 장자권에 대한 책임감을 지기 위해서 초성실·초근면의 인생을 살아온 야곱을 환골탈태 시키기 위하여 뼈를 위골케 하십니다. 장자권 매입, 장자권 탈취, 라반과의 대결 등 모든 면에서 두드러진 야곱의 지극히 자기주도적인 삶의 방식을 타격하셨습니다. 그것이 바로 환도뼈 타격이었습니다. 환도뼈는 야곱의 힘의 원천이었습니다. 야곱 그 자신이었습니다. 절대로 분쇄될 수 없는 의지의 상징이었습니다. 그 뼈를 하나님께서 치셨습니다.

히브리서 12:4-13은 정확하게 야곱의 얍복강 나루 환도뼈 타격 사건을 염두에 둔 권면으로 해석될 수 있는 본문입니다.

너희가 죄와 싸우되 아직 피 흘리기까지는 대항하지 아니하고 또 아들들에게 권하는 것 같이 너희에게 권면하신 말씀도 잊었도다. 일렀으되 내 아들아 주의 징계하심을 경히 여기지 말며 그에게 꾸지람을 받을 때에 낙심하지 말라. 주께서 그 사랑하시는 자를 징계하시고 그가 받아들

---

22. 야곱이 밧단아람으로 망명을 떠난 시점은 그의 나이 40세에서 77세 사이의 어느 해였을 것이다. 에서가 이방 여인들과 결혼하기 시작했던 시점을 중심으로 계산하면 40세에, 요셉의 출생 시점을 중심으로 계산하면 77세에 야곱이 밧단아람으로 떠났다고 볼 수 있다.

이시는 아들마다 채찍질하심이라 하였으니 너희가 참음은 징계를 받기 위함이라. 하나님이 아들과 같이 너희를 대우하시나니 어찌 아버지가 징계하지 않는 아들이 있으리요. 징계는 다 받는 것이거늘 너희에게 없으면 사생자요 친아들이 아니니라. 또 우리 육신의 아버지가 우리를 징계하여도 공경하였거든 하물며 모든 영의 아버지께 더욱 복종하며 살려 하지 않겠느냐. 그들은 잠시 자기의 뜻대로 우리를 징계하였거니와 오직 하나님은 우리의 유익을 위하여 그의 거룩하심에 참여하게 하시느니라. 무릇 징계가 당시에는 즐거워 보이지 않고 슬퍼 보이나 후에 그로 말미암아 연단 받은 자들은 의와 평강의 열매를 맺느니라. 그러므로 피곤한 손과 연약한 무릎을 일으켜 세우고 너희 발을 위하여 곧은 길을 만들어 저는 다리로 하여금 어그러지지 않고 고침을 받게 하라.

이 단락은 징계와 연단이 당신의 자녀를 그리스도의 거룩에 참예케 하기 위한 하나님의 다스림이라는 진리를 선포합니다. 야곱은 죄와 피 흘리기까지 싸웠던 사람입니다. 하지만 요즘은 야곱처럼 자기 죄와 혈투를 벌이는 성도들이 많지 않습니다. 그릇된 방법으로 장자권을 매입하고 탈취하여 형과 아버지를 속였던 죄를 극복하려고 혈투를 벌이는 야곱은 자신의 이름을 부정하고 싶었습니다. 야곱이라는 이름은, 발꿈치를 잡는 자를 의미합니다. 부정을 써서라도 남보다 앞서고자 하는 자가 야곱입니다. 야곱은 이제 야곱스러운 자기 자신을 벗어나고자 자신의 옛 자아와 싸움을 벌인 것입니다. 야곱은 자기가 그동안 살아왔던 삶의 방식을 총체적으로 비판하는 시간을 가졌다는 것입니다. 이것이 바로 회개입니다. 회개는 내가 사는 삶의 방식을 180도 전환하는 것입니다. 내 삶의 방식을 180도 전환하여 새로운 삶의 방식으로 살아가기로 작정하는 것이 회개입니다. 야곱의 경우 환도뼈에서 그의 모든 승부사 기질, 편법과 사기를 통해서라도 성공하고자 하는 권력의 지가 나왔기 때문에 하나님은 야곱의 환도뼈를 치셨습니다.

이 점은 여러분이 아직은 실감이 나지 않을 것입니다. 왜냐하면 여러분은 아직까지 철들고 나서부터 계산해 보면 30년도 살지 못했고, 자신의 죄책감으로 인해 잃을 수 있는 "두 떼"의 가산이나 가족도 없기 때문입니다. 여러분은 이제 돌베개 베고 잠드는 단계에 와 있기 때문에, 심지어 아직까지 사닥다리 환상도 못 본 채 잠만 자는 상태입니다. 하늘 사닥다리 환상도 못 본 채 돌베개만 차갑게 느껴지는 상태이기 때문에 야곱이 얼마나 두려움에 빠졌는지 잘 모를 수 있습니다. 그렇지만 여러분도 불원간에 야곱처럼 성공한 어른이 될 것이고, 살다가 범한 죄와 허물이 하나님의 법정에서 여러분을 기소할 때 밀려드는 두려움의 정체를 대면하게 될 것입니다. 야곱은 환도뼈를 타격하는 하나님의 천사를 보고서 지나간 시절의 자기 인생을 총체적으로 심판하시는 하나님을 보았습니다. 여기서 우리는 한 가지 중요한 진리를 깨닫습니다. 하나님은 우리가 죄짓는 순간마다 심판하시지는 않지만, 우리가 죄악된 방법으로 잠시 성공할지라도 결국은 우리의 화려해 보이는 대단한 성취를 근원적으로 무효화시킬 수 있는 하나님의 심판과 징계가 반드시 찾아온다는 진리입니다.

야곱의 생애는, 그리스도인의 인격은 징계와 연단을 통한 성장이지 그것을 비켜간 성장이 아니라는 것을 보여줍니다. 그리스도인의 인격 성장은 우리 옛 자아에 대한 죽음을 동반한 성장이라는 것입니다.

주님의 막대기와 지팡이 아래서 징계와 연단의 세월을 보내지 않아도 될 만큼 우리 인격이 자연적으로 성장하고 우리 영성이 자연스럽게 자라는 것은 아닙니다. 우리 주변에도 야곱처럼 연단과 징계를 경험하면서 성장하는 사람이 많습니다.

죄책감을 잘못 다루면 자포자기를 유도해 도덕적 감수성을 하락시키는 결과를 나타날 수도 있지만, 반대로 죄책감이 죄 용서의 감격으로 전환되어 강력한 도덕적·윤리적 반전을 일으킬 수도 있습니다. 예수회를 창립한 16세기 스페인의 수도사 이그나티우스 로욜라(1491-1556)의 생애가 바로 그런 예입니다. 아시시의 프란체스코(1182-1226) 또한 엄청난 반전의 사람입니다. 우리가 잘 아는 훌륭한 사람들도 한때는 폭력적 성향, 자포자기, 알코올 중독, 플레이보이 행태 등 일탈 행로를 걷다가 죄책감에 휩싸인 후 대반전을 이룬 사람들이 많습니다.

예를 들어 젊어서 눈에 맞는 여자와 동거하며 사생아를 낳고 혼외정사를 즐기던 인생에서 엄청난 회개의 반전을 이룬 사람이 히포의 감독이었던 성 어거스틴입니다. 9년 동안 마니교에서 영적으로 방황하고, 육적으로도 방탕했던 어거스틴의 『고백록』을 보면 자기의 음란한 욕구와 기억에 대한 고백이 참으로 많이 나옵니다.[23] 기독교 역사상 성 어거스틴만큼 엄청난 대반전을 겪은 사람이 많지 않다고 생각합니다. 그리스도인의 인격 도야와 영성 함양을 위해 한 권의 책을 추천하라

---

23. 성 어거스틴, 『고백록』, 선한용 역(서울: 대한기독교서회, 2003), '제4권 유혹하고 유혹받으며, 속고 속이는 삶', 117-145; 성 어거스틴, 『하나님의 도성』, 김종흡, 조호연 역(서울: 크리스챤다이제스트사, 2003), '제14권', 655-698 참조.

고 하면 단연 저는 이 책을 추천합니다. 인격 도야와 영성 함양과 관련해서『고백록』은 1-9장까지만 중요합니다. 10-13장은 다소 어렵습니다. 실존주의적인 시간철학이 논의되고 있습니다.『고백록』6-9장을 읽을 때에는 눈물이 막 쏟아집니다. 어머니 모니카의 기도, 밀라노의 주교이자 스승인 암브로시우스의 명징하고 영혼 각성적인 이사야서 설교, 밀라노에서 보았던 이집트 수도사들의 평화로운 공동체적 삶을 회상하면서 어거스틴은 봇물처럼 신앙고백을 쏟아냅니다.『고백록』외에 또 하나를 추천하자면 14세기의 익명 수도사(토마스 아 켐피스)가 쓴『그리스도를 본받아』입니다. 이 책은 중세 성도들이 그리스도를 본받기 위해 치른 영적 분투록입니다. 완덕(完德)의 성화를 이루고자 하는 수도사적 성도들의 분투와 자기점검이 도처에 쏟아져 있는 금언집 같은『그리스도를 본받아』와『고백록』은 수없이 반복해서 읽어야 합니다. 저는 죄책감의 문제와 이렇게 시퍼렇게 싸움하면서 마침내 사죄의 은총에 도달하는 과정을 심리학적으로 분석해 가며 자신의 죄책감을 이겨 가는 과정을 묘사한『고백록』이야말로 2천 년 기독교회사의 보배라고 봅니다.

우리 모두의 자서전 안에도 얍복강 순간이 있습니다. 실제로 윌리엄 폴 영(William Paul Young)이라는 사람이 쓴 책 중에『오두막』(The Shack)이라는 책이 있습니다. 매켄지 앨런 필립스라는 사람의 이야기이죠. 그는 이 소설이 창조한 가공인물인데 그의 사연이 너무나 실재인 것처럼 묘사되어, 소설을 읽은 사람들이 그가 실제 살아 있는 사람인 줄 알고 이 이야기의 배경인 오리건 주로 매켄지를 만나러 오고 싶다는 편지가 저자에게 쇄도한다고 합니다. 어린 시절 매켄지는 교회 다니는 아버지가 가정폭력을 휘두르는 장면을 목격하고 자기 교회에 다니는 다른 어른에게 "우리 아버지는 폭력배예요. 우리 엄마를 사정없이 때려요"라고 터놓고 말했습니다. 그런데 그 이야기를 들은 어른 교우가 그 아버지에게 들은 그대로 이야기를 했습니다. "형제님, 아내를 그렇게 때린다면서요? 사실이에요? 그러지 마세요." 대수롭지 않게 충고했습니다. 그런데 알코올 중독자였던 아버지는 자기 비밀을 누설한 아들을 징벌하기 위해서 아내와 다른 자녀들을 친정에 보내고 주인공을 집 나무에 매달아 두고 허리띠를 풀어 매질을 했습니다. 이 때 그는 집을 떠나기로 작정을 합니다. "어머니, 언젠가 다시 찾아올게요." 이 쪽지를 남기고 홀연히 가출합니다. 물론 아버지에게는 어떤 쪽지도 남겨 두지 않았습니다. 대신 아버지가 즐겨 마시던 술병에 살충제를 타놓고 집을 떠나 버립니다. 그는 일생동안 죄책감에 시달립니다. 매우 몽환적이고 신비한 방법으로 아버지를 만나서 화해하는 장면이 소설 끝에 가서야 나옵니다. 매켄지의 인생도 아버지와의 화해를 통해 얍복강을 건넙니다.

하나님과의 대면은 마치 괄호 밖에 있는 영(零)과 같은 역할을 합니다. 괄호 안에서 아무리 큰 수라 할지라도 괄호 밖에 마이너스나 영이 있다면 셈의 결과는 완전히 달라집니다. 수학에서 괄호 밖에 있는 부호가 마이너스면 괄호 안에 있는 것이 아무리 플러스라도 뭐가 되지요? 마이너스가 됩니다. 또한 괄호 안이 1조라도 괄호 밖에 곱하기 영이 있으면 뭐가 되요? 1조 곱하기 영은 영입니다. 마이너스 부호 또는 영이 바로 하나님 앞에서 해결이 안 된 죄와 허물입니다. 죄가 우리의 모든 성취를 영으로 만듭니다. 그래서 죄를 용서하실 수 있는 예수님을 찬미할 수밖에 없습니다. 우리 죄를 용서하신 인류의 구주와 인류의 왕이신 예수님을 찬미할 수밖에 없습니다.

저는 아무리 생각해도 예수님을 말하지 않고는 견딜 수가 없습니다. 너무나 아름다우신 예수님이 자기의 몸에 채찍을 맞으시고 우리의 죄값을 대신해서 징계를 받음으로 우리가 치유를 받았습니다. 얍복강에 쏟아지는 야곱의 죄책감을 다 짊어지고 대신 가심으로써 야곱이 죄사함을 얻게 되었습니다. 그것이 바로 예수님입니다. 야곱의 환도뼈를 치는 그 자리에 질고에 상하고 채찍에 맞아 찢겨진 예수님이 계셨습니다. 야곱의 죄책감과 그 모든 죄짐이 예수님에게로 가 버렸습니다. 예수님은 야곱의 죄짐을 대신 졌습니다. 죄는 질량과 부피를 가지고 있습니다. 질량과 부피를 가지고 있기 때문에 에너지보존법칙과 질량보존의 법칙에 의하여 절대 없어지지 않습니다. 어딘가로 이동할 수는 있지만 완전히 소멸될 수는 없습니다. 죄는 질량과 부피를 가진 에너지이기 때문에 절대적으로 소모되지 않고 누군가가 대신 져 위치를 이동시켜 주어야 하는 것입니다. 예수님에게 우리의 모든 죄가 옮겨져 있습니다.

그러므로 이제 그리스도 예수 안에 있는 자에게는 결코 정죄함이 없나니 이는 그리스도 예수 안에 있는 생명의 성령의 법이 죄와 사망의 법에서 너를 해방하였음이라. 율법이 육신으로 말미암아 연약하여 할 수 없는 그것을 하나님은 하시나니 곧 죄로 말미암아 자기 아들을 죄 있는 육신의 모양으로 보내어 육신에 죄를 정하사 육신을 따르지 않고 그 영을 따라 행하는 우리에게 율법의 요구가 이루어지게 하려 하심이니라(롬 8:1-4).

예수님은 우리가 생각하는 것보다 훨씬 좋은 분이고 엄청난 분이라는 것을 여러분이 뼈저리게 실감하기를 바랍니다. 이 예수님은 기독교가 독점할 분이 아닙니다. 온 세상 만민이 예수님을 알도록 지붕에 올라가 외쳐야 합니다. 그래서 저는 예수님을 가장 잘 알리는 선량한 작은 예수들이 많이 나와야 된다고 믿습니다. 저는 예수님이 우리 인생의 죄짐을 지시고 하나님 되심을 온몸을 다해 찬미합니다. "날마다 우리 짐을 지시는 주 곧 우리의 구원이신 하나님을 찬송할지로다(셀라)"(시 68:19). 날마다 우리 죄짐을 지시는 예수님, 세상 죄를 지고 아사셀 염소처럼 무인지경의 광야로 끌려가는 하나님의 어린양 예수님, 만세입니다(요 1:29, 35).

야곱 자신은 100% 이해하지는 못했지만, 환도뼈가 위골되는 고통 중에 자신의 죄가 하나님의 어린양에게로 이동되는 것을 경험했습니다. 여기서 십자가의 죄 용서가 매우 압축적으로 실현되고 있습니다. 야곱은 자신의 환도뼈 위골에서 자신의 뼈를 꺾어서라도 주님의 품으로 인도하고자 하는 선한 목자의 손길을 경험했습니다. "내게 즐겁고 기쁜 소리를 들려주시사 주께서 꺾으신 뼈들도 즐거워하게 하소서"(시 51:8). 야곱은 환도뼈를 타격하시며 자신의 이름을 야곱에서 이스라엘이라고 개명하시는 하나님의 징계 손길을 경험하면서 자신이 하나님의 자녀로 대우받는 것을 실감했습니다. 그리고 징계와 연단의 목적을 납득했습니다.

주께서 그 사랑하시는 자를 징계하시고 그가 받아들이시는 아들마다 채찍질하심이라.……오직 하나님은 우리의 유익을 위하여 그의 거룩하심에 참여하게 하시느니라. 무릇 징계가 당시에는 즐거워 보이지 않고 슬퍼 보이나 후에 그로 말미암아 연단 받은 자들은 의와 평강의 열매를 맺느니라(히 12:6, 10-11).

야곱은 환도뼈를 타격당하여 다리를 저는 자가 되었고 지팡이를 짚고 다니는 장애인이 되었습니다. 하나님은 우리의 환도뼈를 쳐서라도 환골탈태시켜 새로운 피조물로 만드시려는 창조주이십니다. 하나님은 우리의 피곤한 손과 연약한 무릎을 일으켜 세우고 우리의 발을 위하여 곧은 길을 만들어 주십니다. 야곱은 마침내 주님의 은혜가 아니고는 에서의 진격을 피할 길도 막을 길도 없는 절대적 무능의 자리로 내몰렸습니다. 저는 다리로 어디로 도망칠 수 있겠습니까? 히브리서는 야곱의 행로를 빗대어 우리에게 이렇게 권면합니다. "저는 다리로 하여금 어그러지지 않고 고침을 받게 하라"(히 12:13).

앞서 본 히브리서 12:4-13은 야곱의 얍복강 나루 분투를 마치 옆에서 본 것처럼 실감 나게 묘사하고 있습니다. 이 단락은 야곱의 얍복강 사건을 해석한 것이라고 볼 수밖에 없게 만드는 언어적, 심상적 관련성이 발견됩니다. "다리를 전다", "징계한다", "의와 평강의 열매" 등은 얍복강 나루의 야곱에게 일어난 사태를 묘사하는 표현들입니다. 여기서 우리는 그리스도인의 인격과 영성은 연단과 징계를 거쳐서 성장하고 성취된다는 것을 깨닫게 됩니다. 여러분 중에 지금 징계와 연단의 시간을 보내며 죄책감과 혈투를 벌이는 사람이 있습니까? 하나님께서는 죄책감에 묶여 수렁으로 빠져드는 여러분을 고통을 동반한 징계를 통해서라도 재창조하실 것입니다. 우리가 영육의 순결을 잃고 때때로 혹독한 나쁜 습관에 탐닉하는 사람일지라도, 하나님은 우리 환도뼈를 치기까지 우리를 사랑하시고 재창조하십니다. 마침내 환도뼈 위골로 인해 저는 다리로 맞이하는 새 날, 새 아침이 하나님의 은혜가 창창히 비치는 새 날이 될 줄 믿습니다.

50대인 제가 보기에 청년 여러분은 아직도 수정처럼 맑다고 봅니다. 50대가 죄를 회개하려면 너무나 힘듭니다. 20대는 결단만 하면 죄를 회개할 수 있습니다. 50대가 조폭 중간간부급 정도로 세상에 깊숙이 물들었다면 20대는 조폭에 가입하도록 권유를 받는 정도입니다. 50대 조폭 중간간부가 회개를 하면 바로 조직의 보복을 당합니다. 그래서 세상 '조직'에 몸담고 있는 사람들은 회개를 하고 싶어도 못합니다. 조직이 나를 그냥 내버려 두지 않습니다. 그런데 여러분은 지금 어떤 부정한 이해관계에 얽매여 있거나 불의한 조직 같은 데에 속하지 않았습니다. 생각하는 대로 살 수 있습니다. 생각하는 대로 존재할 수 있는 사람이 청년인 여러분입니다. 그러나 50대는 생각하는 대로 사는 존재이기가 굉장히 어렵습니다. 자신이 생각하는 순결을 스스로 지켜 내면서 살아 내기가 쉽지 않습니다. 우리의 방탕한 삶을 돌이켜 새 사람이 되고 싶어도 세상이 그렇게 순결해지도록 내버려 두지를 않습니다.

김용철의 『삼성을 생각한다』라는 책을 보면 우리나라 대기업에 근무하는 사람들의 비참한 상태를 자세히 알 수 있습니다.[24] 우리나라 대기업 취업자들은 고액 연봉을 받고 일하는 사람들이며 선망과 부

---

24. 김용철, 『삼성을 생각한다』(서울: 사회평론, 2010).

러움을 사는 사람들이지만, 사실상 자기의 고결한 생각대로 살 수 있는 주체성을 저당 잡힌 사람이 한두 명이 아닙니다. 그들은 집단의 논리와 이익에 매몰됩니다. 그래서 온전히 자신의 존엄성을 지키며 사는 사람이 많지 않습니다. 집단에 붙들린 축소된 영혼으로 삽니다. 공무원만 영혼이 없는 직종이 아닙니다. 생계를 걸어 놓고 출퇴근하는 회사조직에 매인 이들도 영혼이 얇아지고 자존심은 마멸되고 맙니다. 여러분은 그래도 자존심이 있죠? 여러분은 지금 시간, 자존심, 비교적 깨끗한 양심은 있지요? 그러나 어른이 되고 이익을 다투는 조직의 일원이 되면 원하는 만큼 정의롭게 행동하지 못합니다. 원하는 만큼 정의롭게 행동하는 순간 자리가 위태로워집니다. 그래서 여러분은 지금 회개하는 일, 얍복강을 건너는 일이 비교적 쉽습니다.

여러분, 오늘 이래로 초인적 강철 의지와 근면과 승부사적 기질의 환도뼈가 부서져서 하나님의 지팡이가 없으면 걸을 수 없는 은혜 안에서 사는 자가 되기를 바랍니다. 하나님과 동행하다가 차라리 속도 경쟁에서 뒤지는 자가 되기를 바랍니다. 하나님과 동행하며 죄책감과 씨름하다가 환도뼈가 부서져서 새로운 존재가 되는 길이 급행출세길 달리려고 온갖 사기와 불법과 편법에 영혼을 파는 것보다 훨씬 낫습니다. 야곱이 밤새도록 싸운 대상은 야곱스러움입니다. 그 싸움 속에서 새로운 인격, 곧 이스라엘이 탄생되어 나온 것입니다. 천사는 야곱이 자신의 옛 자아와 싸우는 것을 도와주러 온 것이요, 환도뼈 공격은 야곱적 자아의 척추 공격이었습니다. 그 결과 하나님의 은총과 동행하며 세계 만민을 위해 복의 근원이 되는 믿음의 조상 반열에 올랐습니다.

하나님께서 야곱의 환도뼈를 치시니 야곱은 죽고 이스라엘이 태어났습니다. 사기꾼, 속이는 자, 경쟁자, 각축자를 치니까 이스라엘이 되었습니다. 마이너스에 마이너스를 곱하면 플러스가 되는 원리와 똑같습니다. 그래서 속이는 자, 경쟁자, 각축자, 기득권 선점자를 징계하고 연단하시니 사람과 겨루지 않고 하나님과 겨루는 자, 하나님의 복을 누리기 위해 느린 걸음으로 걷는 은혜의 사람이 되었습니다. 환도뼈 의존적인 야곱은 이제 "하나님 지팡이 의존자" 이스라엘이 된 것입니다. 그는 옛 자아와 새 자아의 싸움에서 이스라엘이라는 새로운 자아로 거듭 태어난 것입니다.

> 그러므로 내가 한 법을 깨달았노니 곧 선을 행하기 원하는 나에게 악이 함께 있는 것이로다.……오호라, 나는 곤고한 사람이로다. 이 사망의 몸에서 누가 나를 건져내랴(롬 7:21, 24).

육적 자아, 곧 마음의 법과 하나님의 법을 즐거워하는 두 마음이 싸우는 과정에서 옛 자아가 새 자아를 포로로 잡아가는 그 사망의 몸에 신적인 타격이 임하자 야곱스러움에서 이스라엘로의 동화적인 변화를 경험합니다. 1859년에 찰스 H. 스펄전은 '투쟁하는 마음'이라는 제목의 설교를 했습니다.[25] 칼 마르크스가 계급투쟁을 역설하기 위해 런던 도서관에서 『자본론』을 쓰고 있던 그 시간입니다. 런던 도서관에서 계급투쟁이 인류 역사를 발전시키는 원동력이자 축이라고 주장했

---

25. Charles H. Spurgeon, "The Duel Nature and The Duel Within", delivered at the Metropolitan Tabernacle, Newington.

던 칼 마르크스와 달리 스펄전은 계급투쟁보다 더 항구적인 투쟁, 옛 자아와 새 자아의 투쟁을 분석하고 있었습니다. 우리의 죄악된 자아와 하나님의 법에 복종하려는 새 자아가 싸우는 인간의 마음이야말로 가장 항구적인 싸움터입니다. 그는 우리가 이 오래된 전쟁터인 마음의 싸움터에서 이기는 자가 되어야 한다고 설교했습니다. 야곱은 하나님과 더불어 그의 야곱스러움을 이겼습니다. 이것이 바로 그리스도인의 인격 도야와 영성 함양의 고전적 사례입니다. 우리 하나님은 우리를 치고 타격하십니다. 우리를 굴욕케 하시고 우리의 자기중심적 의지를 무너뜨리며 속도를 낮추십니다. 하나님은 우리 안에서 야곱스러움은 죽이시고 이스라엘이라는 새로운 자아를 불러내십니다. 그러므로 누구든지 예수 그리스도 안에 있으면 새로운 피조물이며, 그 겉사람은 후패케 되지만 속사람은 새롭게 하십니다.

이것이 바로 우리 하나님이 우리를 다스리는 방식입니다. 하나님께서는 방황하는 우리 마음의 행로를 옮기시기 위해 우리의 도정을 가시와 담벼락으로 막으십니다. 불순종의 행로인 다시스로 가는 선실에서 사망의 잠에 빠져든 요나를 환난풍파 속에 투척하시듯이, 하나님은 우리를 쇄신하고 성숙시키기 위해 우리 앞길에 풍파와 강풍을 일으키십니다. 재수와 삼수라는 우회로를 통해 대학에 들어온 사람, 부모님의 이혼으로 집안 전체가 날아가서 갑자기 정신적인 노숙자가 된 것 같은 사람, 가난과 소박한 외모로 한 번도 영광의 각광을 받지 못해 존재하지 않는 자처럼 홀대를 받아온 사람은 환난과 풍파가 이는 배 밑층에 던져졌다고 느낄지도 모릅니다. 하지만 하나님은 삼등선실에 누워 자는 요나를 정조준하고 풍파를 보내시듯이, 우리에게 주신 환난

풍파는 우리의 고유 사명에 눈뜨게 만드는 계시의 순간일 수도 있습니다. 마땅히 니느웨로 가야 하는데, 다시스로 가려고 하는 사람의 인생 여정에 하나님은 풍파를 통해서라도 막으시고 연단하십니다. 바닷속 해초가 출렁이는 죽음의 심연 같은 심해에 빠트려서라도 하나님을 찾아 만나게 하십니다.

> 주께서 내가 앉고 일어섬을 아시고 멀리서도 나의 생각을 밝히 아시오며……스올에 내 자리를 펼지라도 거기 계시니이다. 내가 새벽 날개를 치며 바다 끝에 가서 거주할지라도 거기서도 주의 손이 나를 인도하시며 주의 오른손이 나를 붙드시리이다(시 139:2, 8-10).

> 너희 중에 여호와를 경외하며 그의 종의 목소리를 청종하는 자가 누구냐. 흑암 중에 행하여 빛이 없는 자라도 여호와의 이름을 의뢰하며 자기 하나님께 의지할지어다(사 50:10).

여러분, 징계의 시간, 다리를 저는 시간, 부서져서 패배하는 시간, 그것이 이기는 시간입니다. 그 지는 시간이 이기는 시간입니다. 하나님이 나를 업어치기 한판으로 이기시는 그 시간, 그 싸움은 선한 싸움입니다. 진 자인 내가 이긴 자인 하나님과 함께 기뻐하는 싸움이기에 그것은 선한 싸움입니다. 우리 그리스도인들은 선한 싸움을 통하여 세상 만민을 이겨 놓고, 패배한 세상 만민으로부터 환영받고 사랑받는 선한 싸움에 참여한 자입니다. "나는 선한 싸움을 싸우고 나의 달려갈 길을 마치고 믿음을 지켰으니"(딤후 4:7). 여러분도 이와 같은 인생 고

별사를 반복할 수 있기를 바랍니다. 선한 싸움을 마친 여러분에게 의의 면류관이 있기를 바랍니다. 이제 야곱의 생애는 네 번째 단계인 벧엘로 돌아가는 단계에 진입합니다.

4. 벧엘과 브엘세바에서 일어난 영적 환골탈태

이 단계는 얍복강 나루의 양자물리학적 대비약이 완만한 성장과 성숙이라는 열매로 나타나는 단계입니다. 이때 양자물리학적 대비약은 급진적인 수직상승 같은 변화를 의미합니다. 물론 잠시 후에 살펴보겠지만, 이 급진적인 수직상승 변화가 완만하고 누적적인 변화가 불필요해질 정도의 대변화는 아니었습니다. 다만 분명한 것은 여기서부터 다리를 저는 야곱이 이전보다 훨씬 더 온순해지고 하나님 의존적인 사람이 되었다는 것입니다. 형의 보복 공격을 두려워하던 야곱은 에서와 두려움 없는 해후를 했고 화해를 했습니다. 400명의 남자를 거느리고 야곱을 향해 돌진했던 에서는 환도뼈가 부러진 야곱 앞에서 순한 양이 되어 있었습니다. 분노의 칼로 동생의 앞길을 막는 것이 아니라 눈물로 해후하며 동생의 목을 끌어안고 울었습니다. 형 에서의 진노를 피하려고 밤새도록 기도했던 야곱은 형 에서의 얼굴에 하나님의 얼굴이 오버랩 되는 신기한 경험을 하면서 형과 하나가 되었습니다. 여기서 야곱은 얍복강에서 맛본 양자역학적 비약, 곧 야곱에서 이스라엘로 변형되는 경험을 이어갑니다.

　하지만 안타깝게도 야곱의 인격과 영성 성장은 곧게 직진하지 않고 옆걸음 혹은 뒷걸음치는 퇴행을 동반하고 있습니다. 하나님에 대해서, 형에 대해서, 가족에 대해서, 야곱은 여기서 또 한번 침륜에 빠지면서 뒷걸음질 칩니다. 야곱의 야곱스러움은 결코 완전히 죽지 않았음을 보여줍니다. 다시 말해서 야곱의 야곱스러움은 환도뼈가 타격당해 위골될 때 이미 죽었지만, 그 옛 자아의 죽음은 영단번의 죽음이 아니라 반복되어야 할 죽음이었습니다. 여건이 허락되면 다시 야곱스러움이 슬며시 끼어들어 이스라엘의 앞길을 막습니다. 이것은 우리가 하나님을 믿고 거듭났지만 그 후에도 뒷걸음칠 수 있는 가능성이 우리 가운데 남아 있다는 것을 가리킵니다.

야곱은 얍복강에서 하나님을 만나고 형과 감격적인 해후로 화해했으면서도 즉시 형의 처소나 아버지가 계신 브엘세바로 나아갈 생각을 하지 않습니다. 에서의 보복이라는 급한 위기가 해소되자마자 그는 다시 머리를 굴립니다. 또다시 그는 세겜에 머물면서 그의 가축떼를 위하여 우릿간을 짓고 세겜 장기정착 프로젝트를 가동시킵니다. 세겜 성이 다 보이는 곳에서 장막을 치고 그의 자녀들이 세겜 사람들과 거리낌 없이 어울리게 하였습니다. 그 결과 딸 디나가 하몰의 아들 세겜에게 성폭행 당하는 환난을 만났습니다.

형과 화해했다면 야곱은 즉시 브엘세바에 있는 아버지 이삭과도 화해했어야 합니다. 아니, 그 전에 20년 전 벧엘에서 드렸던 서원을 갚아야 했습니다. 20년 전 자신에게 하늘 사닥다리 비전으로 나타나셨던 하나님께 드린 서원기도를 기억했어야 합니다. 즉시 벧엘로 올라가서 20년 전에 드렸던 서원을 갚고 약속한 대로 하나님께 십일조를 드렸어야 했습니다. "하나님, 저를 약속하신 대로 금의환향하도록 복 주셔서 감사드립니다. 형과 저를 화해시켜 주셔서 감사합니다." 이런 기도를 드렸어야 마땅했습니다. 아직도 살아 계신 아버지 이삭을 찾아가서 "불효자는 웁니다"라고 노래하며 아버지의 용서도 빌었어야 했습니다. 그런데 그는 벧엘 서원도 갚을 생각을 하지 않았고 아버지가 계신 브엘세바에도 속히 가지 않았습니다. 그는 세겜에서 우릿간을 짓고 땅을 매입하는 등 세겜 장기거주 계획을 실행에 옮겼습니다. 다시 한번 재테크가 발동하면서, 아버지도 보이지 않고, 형 에서도 보이지 않았습니다. 벧엘의 서원도 기억나지 않았습니다. 그래서 다시 한번 풍파가 일어납니다.

딸 디나가 하몰과 세겜의 동네에서 왔다 갔다 하다가 하몰의 아들 세겜에게서 성폭행을 당하고, 급기야는 그의 아들 시므온과 레위가 세겜 남자들을 보복 학살하는 데 앞장섰습니다. 그들이 학살자라는 이름을 남기면서 세겜 사람을 다 죽여 버렸기 때문에 야곱 가문은 더 이상 세겜에서 살 수가 없었습니다. 야곱 가문은 세겜과 다시는 화해할 수 없는 빙탄불상용(氷炭不相容)의 관계가 되어 황급히 도망쳤습니다.

이제 창세기 35장에서 야곱은 또다시 영적 환골탈태의 과정을 이어갑니다. 야곱은 자신의 환난 날에 나타나신 하나님께 감사하다가 벧엘 서원을 상기하게 되었습니다. 벧엘의 서원을 기억하면서 그리로 올라갑니다. 벧엘로 올라가면서 야곱 가문은 모든 금은 귀고리 패물, 이방인의 신상 등을 땅에 묻고 올라갑니다. 성민(거룩한 백성)의 옷을 입고 마침내 영적인 성소로 등반합니다. 20년 전에 그가 벧엘에서 쌓았던 돌제단을 기억하며 벧엘을 하나님 제단으로 삼고 그가 하나님의 강권적인 은혜와 도우심으로 귀향했음을 알렸습니다. 야곱은 이제 세상에서 이유식을 거친 어린아이와 같았습니다. 디나 성폭행, 아들들의 세겜 학살 사건 외에 더 비극적인 사태가 일어납니다. 사랑하는 아내 라헬이 산고를 겪다가 죽었습니다. 그리고 브엘세바에서 밧단아람까지 그를 따라온 유모도 죽었습니다. 모든 사랑하는 사람들이 다 죽었습니다. 이러한 일련의 고통을 겪으면서 야곱은 세상과 초연한 거리감을 가지게 되었습니다.

5. 예언자로 성장하는 야곱

그런데 이런 야곱이 또 한번 커다란, 아니 치명적인 환난에 봉착합니다. 아마도 그의 노년을 비통하게 만든 엄청난 비극이었을 것입니다. 자신이 편애하던 요셉이 죽은(그런 줄로 알았던) 사건이었습니다. 야곱은 레아의 아들들은 사랑하지 않고, 라헬의 아들들만 사랑하여 형들과 요셉 사이를 편애로 갈라놓습니다. 그래서 요셉은 형들 사이에서 고자질 잘하는 되바라진 아들로 자랐습니다. 요셉은 아버지가 늘 오냐오냐하며 키우니까 자신이 제왕이 되는 꿈을 꿉니다. 채색옷을 입고 왕자 노릇하는 요셉이 휘파람을 불자 형들이 그에게 모여듭니다. 요셉은 이런 식으로 말했습니다. "형들은 내 말을 들으시오. 나는 어젯밤에 꿈을 꾸었소. 형들의 곡식 단이 나의 것에 절하는 꿈이오. 내가 형들을 다스리라는 뜻이 아니겠소?" 이런 시건방진 이야기를 하면서 어떤 때에는 한술 더 떴습니다. "형들은 물론 아버지도 들으시오. 천상천하 유아독존 하는 꿈을 나는 꾸었소. 해와 달과 별이 모두 나에게 절하는 꿈을 꾸었소. 이것은 부모님은 물론이요 모든 형들이 나에게 절하는 미래를 보여주는 것이 아니겠소?" 제왕의 꿈을 꾸는 것까지는 좋습니다. 그러나 제왕의 꿈 이야기를 남발하면서 자기의 권력의지를 유감없이 드러내면 이것은 문제가 있습니다.

하나님은 이런 자신만만한 철부지 요셉을 통해 야곱의 생애에 치명상을 입혔습니다. 형들이 요셉을 이집트 노예로 팔아버렸습니다. 그러면서 맹수가 요셉을 죽인 것처럼 꾸며서 야곱에게 요셉이 죽었다고 거짓말을 했습니다. 이 세상과 정나미가 뚝 떨어지도록 만들었습니다. 아마 야곱의 생애에서 이 사건만큼 인생에 대해서 달관하며 초탈하도록 한 사건은 없었을 것입니다. 그래서 야곱은 나중에 파라오를 만나 자신의 험악한 인생을 의미 깊게 요약합니다. "우리 조상들, 곧 180세까지 살았던 우리 아버지와 175세까지 살았던 우리 할아버지에 비해서는 내 인생 연조가 심히 짧으나 나는 험악한 세월을 보냈습니다." 과연 야곱은 험악한 세월을 보냈습니다.

야곱은 이 사건을 통해서 세상에 대한 애욕을 끊고, 미래를 바라보면서 후손들의 미래를 꿈꾸며 기도하다가 열두 지파의 미래를 예언하는 예언자로 발돋움하게 됩니다. 후손들의 미래를 통찰할 뿐만 아니라 이방 군주 파라오의 머리에 손을 얹으며 기도해 주는 중보자가 됩니다. 이 세상을 통치하는 하나님의 통치 원리를 달관하고 직관하는 예언자가 되면서 그의 긴 생애는 마무리가 됩니다. 창세기 49장에서 마침내 야곱이 죽습니다(49:33-50:11). 임종 석상의 침상 머리에 기대어 앉아 야곱은 열두 자손이 대표할 이스라엘 열두 지파 시대를 내다보고 축복과 경고, 경계의 말을 발출합니다. 유다 지파의 우세와 요셉

지파의 향도적 역할을 예견하고 시므온과 레위 지파의 분산을 내다봅니다. 베냐민 지파가 초대 왕을 배출할 것을 예견하고 있습니다. 레위 지파가 온 세상을 붙들어서 제사장 지파가 될 것을 예견합니다. 그리고 단 지파가 멀찍이 살 것을 예견합니다. 후손의 장래를 손바닥 안에서 통찰하며 요셉과 유다 지파가 이끌 남북왕국 정립시대를 눈앞에 그리며 숨을 거둡니다.

요셉은 아버지 야곱의 장례식을 국장 수준으로 치르며 엄청난 통곡으로 아버지와 이별합니다. 가나안 사람들은 야곱의 장례식을 하면서 이집트 사람들이 너무나 큰 소리로 우는 것을 보고 야곱의 장례 행렬이 지나가는 요단강 건너 편 땅을 아벨미스라임(애굽의 통곡)이라고 불렀습니다. 요셉은 야곱의 유언대로 아버지 유골을 가나안 땅 막벨라 동굴, 곧 아브라함이 매입한 가족 매장지에 매장합니다. 야곱은 후손들이 차지하고 살 약속의 땅을 소유한다는 소유권 이전 의식의 일환으로 자신의 유골을 가나안 땅에 묻어 달라고 요구합니다. 야곱의 유언은 모세가 이끌 출애굽의 대장정을 이미 암시하고 있습니다.

결국 창세기는 아브라함과 이삭과 야곱의 이야기입니다. 요셉 이야기는 독립적인 이야기가 아니라 야곱 이야기의 부록입니다. 따라서 아브라함의 하나님, 이삭의 하나님, 야곱의 하나님, 이 세 하나님을 알아야만 모세와 출애굽의 의미를 깊게 깨달을 수 있습니다. 아브라함의 하나님, 이삭의 하나님, 야곱의 하나님이라는 말귀를 알아듣는 모세에게 하나님은 그 다음 단계, 창세기의 후속 구원사 과업, 곧 출애굽의 장엄한 계획을 말씀하십니다.

결론

이제 마무리를 해야겠습니다. 야곱은 다섯 단계를 거치며 성장하고 성숙했습니다. 그는 삶의 자리를 다섯 번이나 이동해 가면서 점차적이고 완만한 성장을 보이면서도 동시에 비약적 성숙도 보여줍니다. 아울러 독자들이 그가 이제 확실한 인격 성숙과 영성 성장을 이루었다고 확신이 드는 순간 또다시 야곱은 일탈과 퇴행을 거듭합니다. 과연 야곱이 이스라엘로 변화된 것이 맞는가 하는 의심을 일으키면서 엎치락뒤치락합니다. 하지만 야곱에게는 근본적인 의미의 no turning back이 없습니다. 한 번 전진했다가는 후퇴하는 방식으로 방황하고 우왕좌왕하며, 전진과 후퇴를 거듭하고 엎치락뒤치락하다가 성장합니다. 야곱도 아브라함처럼 성장통을 앓으며 성장하고 성숙해 갑니다.

우리 또한 야곱과 마찬가지입니다. 어떤 때는 우리 자신이 더 이상 문제가 안 된다고 생각하는 문제에 발목이 잡힙니다. 해결했다고 믿었던 불의한 욕망, 권력욕, 음란과 호색, 질투와 시기, 탐심과 탐욕, 쇼핑과 도박, 포르노 중독 등의 문제가 여전히 우리 안에 살아 있음을 발견하고 소스라치게 놀랍니다. 우리는 놀랍게도 전진하는 도중에 뒷걸음치는 퇴행성 성인아이입니다. 사랑하는 청년 여러분, 이런 일탈과 퇴행이 나타날 때 너무 두려워하지 않기를 바랍니다. 그것은 아브라함과 야곱에게도 나타난 성장통입니다.

창세기 12장에서 아내를 팔아먹었던 아브라함이 20장에서 또 한 번 팔아먹지 않습니까? 형을 만나서 극적으로 화해하고 대반전을 이루었던 야곱에게 다시는 야곱스러움이 나타나지 않을 것이라 생각했는데 세겜에서 또다시 영악하고 타산적인 야곱으로 되돌아가는 듯한 인상을 주지 않습니까? 형과 화해를 이루었다면 즉시 벧엘의 서원을 갚으러 벧엘로 올라갔어야 하며, 가능한 즉시 브엘세바의 노쇠한 아버지 이삭을 찾아뵈어야 했습니다. 그런데도 긴급한 일을 제쳐 두고 야곱은 세겜에서 가축 우릿간을 지으면서 장기체류 태세를 갖춥니다. 다시 물욕에 눈이 어두워 이방 족속인 세겜 가문과 교통하다가 딸 디나가 결국 하몰의 아들 세겜에게 성폭행 당하는 사태가 일어나서야 영적 각성에 이릅니다. 또 말년에 갈수록 라헬의 소생 요셉을 편애하면서 레아의 아들들을 홀대합니다. 옛날 라헬과 레아의 경쟁을 재연시키는 이 편애는 요셉을 이집트에 팔아넘기는 레아 아들들의 죄를 촉발시키는 것으로 귀결됩니다. 야곱은 나이가 들어서도 피조물적인 연약성을 고스란히 드러낸다는 말입니다.

이스라엘 백성이 가나안 땅을 향해 전진할 때도 마찬가지입니다. 갈지자걸음으로 갑니다. 이스라엘 백성은 출애굽 하자마자 가나안 해변 고속도로를 통과하면 11일 만에 가나안 땅에 갈 수 있었습니다. 그런데 이스라엘 백성은 블레셋 사람들의 공격을 두려워하여 시내 반도 밑의 길을 택해 가나안 땅으로 들어가려 했습니다. 이 여정에서 이스라엘은 곧은 직선로를 탄 것이 아닙니다. 신명기 2장이 증언하듯이 이스라엘은 실로 38년 동안 광야의 동일지점을 숱하게 왕복하며 오갑니다. 과연 가나안 땅에 들어갈 수 있기는 할까라는 근심을 자아내는 이스라엘입니다. 그럼에도 불구하고 이스라엘은 마침내 모압 평지까지 가서 여리고를 바라보는 지점까지 당도하지 않았습니까?

우리 하나님은 우리를 때때로 직선대로를 따라 걷게 하지 않으시고 울퉁불퉁한 우회로나 험산준로로 이끌어 들이십니다. 우리 하나님은 우리에게 산등성이를 타고 올라가는 전진감과 승리감을 갖게 하셨다가 때때로 골짜기로 아래로 굴러떨어지듯이 침체와 하강의 내리막길도 걷게 하십니다. 우리의 지나간 날의 모든 경건 훈련과 영성 훈련이 물거품이 된 것처럼 추락하게 하시고, 인격 성장과 영성 성숙을 위해 바쳤던 모든 시간이 아무것도 아닌 것처럼 실패하는 아픔을 허락하십니다. 그럼에도 불구하고 그 모든 것을 포함하여 결국은 우리가 그리스도의 장성한 분량까지 자라게 하십니다.

여러분은 아직 젊기 때문에 이런 많은 파란과 곡절을 거치면서, 변곡점이 많은 포물선과 역포물선을 그리면서 긴 인생을 살아야 할 것입니다. 그리스도의 장성한 분량까지 자라는 과정에서 환난과 징계를 맛보더라도 절대로 좌절하지 말기를 바랍니다. 여러분은 아마 지금 돌베개를 베고 잠든 청년 야곱의 자리에 와 있을지도 모릅니다. 여러분 목덜미가 왠지 차갑지 않습니까? 모두들 돌베개를 베고 고단한 직장에서 일을 하거나, 아르바이트를 하면서 학업을 이어가고 있습니다. 돌을 베고 잠든 야곱같이 고독한 여러분에게 하늘의 천군 천사가 오르락내리락하는 사닥다리의 환상이 나타나기를 간절히 바랍니다. 가야 할 길이 먼 여러분에게 하나님께서 신적 격려를 가득 담은 꿈을 허락해 주시기를 간절히 바랍니다.

하나님 아버지, 차가운 돌베개를 베고 잠드는 고독한 이 땅의 젊은이들에게 벧엘의 하늘 사닥다리 환상을 보여주셔서 격려하시고 권고해 주시옵소서. 남과 겨루어 이기는 데서 인생의 행복을 찾으려던 야곱이 사기와 편법에 의존해 인생을 경영하다가 환도뼈 위골이라는 큰 상처를 입고서 환골탈태했듯이, 이 땅의 젊은이들을 경쟁과 각축의 악순환 고리로부터 구출해 주시옵소서. 정규직을 얻으려고 경쟁하느라 하나님이 주신 광활한 비전을 잃고 살아가는 이 땅의 청년들에게 어떠한 위기에도 흔들리지 않는 신령한 인격과 영성을 체득케 하옵소서. 귀한 당신의 자녀들에게 야곱에서 이스라엘로 변화되는 비약적 인격 성장과 영성 도야를 이루어 주시옵소서. 예수님의 이름으로 기도합니다. 아멘.

4

하나님의 산에 오르는 자에게 들리는 신명(神命)

출애굽기 3:1-15

출애굽기 3:1-15

모세가 그의 장인 미디안 제사장 이드로의 양떼를 치더니 그 떼를 광야 서쪽으로 인도하여 하나님의 산 호렙에 이르매 여호와의 사자가 떨기나무 가운데로부터 나오는 불꽃 안에서 그에게 나타나시니라. 그가 보니 떨기나무에 불이 붙었으나 그 떨기나무가 사라지지 아니하는지라. 이에 모세가 이르되 내가 돌이켜 가서 이 큰 광경을 보리라. 떨기나무가 어찌하여 타지 아니하는고 하니 그 때에 여호와께서 그가 보려고 돌이켜 오는 것을 보신지라. 하나님이 떨기나무 가운데서 그를 불러 이르시되 모세야, 모세야 하시매 그가 이르되 내가 여기 있나이다. 하나님이 이르시되 이리로 가까이 오지 말라. 네가 선 곳은 거룩한 땅이니 네 발에서 신을 벗으라. 또 이르시되 나는 네 조상의 하나님이니 아브라함의 하나님, 이삭의 하나님, 야곱의 하나님이니라. 모세가 하나님 뵈옵기를 두려워하여 얼굴을 가리매 여호와께서 이르시되 내가 애굽에 있는 내 백성의 고통을 분명히 보고 그들이 그들의 감독자로 말미암아 부르짖음을 듣고 그 근심을 알고 내가 내려가서 그들을 애굽인의 손에서 건져내고 그들을 그 땅에서 인도하여 아름답고 광대한 땅, 젖과 꿀이 흐르는 땅 곧 가나안 족속, 헷 족속, 아모리 족속, 브리스 족속, 히위 족속, 여부스 족속의 지방에 데려가려 하노라. 이제 가라, 이스라엘 자손의 부르짖음이 내게 달하고 애굽 사람이 그들을 괴롭히는 학대도 내가 보았으니 이제 내가 너를 바로에게 보내어 너에게 내 백성 이스라엘 자손을 애굽에서 인도하여 내게 하리라. 모세가 하나님께 아뢰되 내가 누구이기에 바로에게 가며 이스라엘 자손을 애굽에서 인도하여 내리이까. 하나님이 이르시되 내가 반드시 너와 함께 있으리라. 네가 그 백성을 애굽에서 인도하여 낸 후에 너희가 이 산에서 하나님을 섬기리니 이것이 내가 너를 보낸 증거니라. 모세가 하나님께 아뢰되 내가 이스라엘 자손에게 가서 이르기를 너희의 조상의 하나님이 나를 너희에게 보내셨다 하면 그들이 내게 묻기를 그의 이름이 무엇이냐 하리니 내가 무엇이라고 그들에게 말하리이까. 하나님이 모세에게 이르시되 나는 스스로 있는 자이니라. 또 이르시되 너는 이스라엘 자손에게 이같이 이르기를 스스로 있는 자가 나를 너희에게 보내셨다 하라. 하나님이 또 모세에게 이르시되 너는 이스라엘 자손에게 이같이 이르기를 너희 조상의 하나님 여호와 곧 아브라함의 하나님, 이삭의 하나님, 야곱의 하나님께서 나를 너희에게 보내셨다 하라. 이는 나의 영원한 이름이요 대대로 기억할 나의 칭호니라.

모세의 역사적 의의: 인격적·도덕적 지향을 계시하는 유일하신 하나님, 야웨

모세는 인류의 문명사와 종교사에 있어서 굉장히 특이한 사람입니다. 그는 지금부터 약 3,300년 전에, 트로이 전쟁이 일어나고 중국의 주 (周)나라가 건설되기 약 100년 전에, 로마 제국이 건설되기 약 700년 전에 역사에 등장했습니다. 모세는 우상을 하나님으로 숭배하며 칠흑 같은 어둠 속에서 파편적이고 귀납적인 방법으로 하나님을 더듬어 찾아내려고 분투하던 이집트 문명의 한복판에서, 하나님의 직접계시를 받고 하나님은 형상으로 표현될 수 없는 거룩한 하나님이신 것을 깨달았습니다(이 모세의 하나님 경험은 넓게는 인류 문명 역사상, 좁게는 종교 역사상 너무나 독특해서 많은 연구가 필요한 주제입니다).

하나님을 형상으로 표현하며 특정 장소나 신당에 묶여 계신 분으로 알고 있던 고대 문명 한복판에서 모세는 장소나 특정 예배자들에게 속박당하지 않고, 홀로 거룩하시면서도 동시에 인류와 소통하시는 초월적인 하나님을 만났습니다. 그 만남 속에서 모세는 하나님은 우리에게 도덕적 명령을 하시는 분이시고, 우리의 양심을 시찰하는 분이시며, 우리에게 젖과 꿀이 흐르는 땅을 향해 새로운 세상을 건설하라는 영감을 주시는, 스스로 계시는 창조주 하나님임을 알게 된 것입니다. 이처럼 모세에게 하나님은 우상이나 형상의 형태로 표현될 수 없고, 도덕적·윤리적 호소와 새 역사를 창조하라고 말씀하시며, 인간의 마음을 격동하는 정언명령으로 존재합니다. 파라오의 채찍 아래에서 생명을 소진해 가며 고된 노역 속에 죽어 가던 히브리 노예들에게 안식을 주라고 선포하는 명령을 발출하는 하나님만이 참된 하나님임을 깨달았던 것입니다.

그 하나님은 자신을 나타내실 때 형상을 통해 가시적으로 보이지 않고 음성만 들려주었습니다. 그래서 이스라엘 역사는 세계의 다른 역사와는 너무 다릅니다. 이 세계 어떤 민족의 역사도 하나님으로부터 파송받은 예언자들의 간섭을 지속적으로, 기획적으로, 그리고 의도적으로 경험하지 않았습니다. 세계의 어떠한 역사를 보더라도 하나님으로부터 파송된 특명 전권대사와 예언자들을 통해서 하나님의 이름으로 지상 권력자들을 향해 도덕적 질책과 윤리적 명령을 내리는 신은 없었습니다. 어느 종교를 보더라도 하나님의 이름으로 일반 백성과 노예들의 운명에 관심을 두던 신은 없었습니다. 오직 이스라엘의 하나님만이 이 세상의 죄악된 위계질서의 밑바닥에서 고통당하며 신음하는 민중의 아우성에 응답하셨습니다.

모세의 이 거룩하고 역사 관여적인, 역사 감찰적인 하나님은 참 종교와 우상숭배 종교를 판가름하는 결정적인 시금석이 되었습니다. 오늘날 기독교의 진정성도 마찬가지로 검증됩니다. 세상의 벼랑 끝에 몰려서 안식하지 못하고 짚으로 벽돌을 만들어 생산량을 채워야 하는 그 지옥 같은 생의 경주로 내몰린 사람들의 운명에 관심을 두는 기독교가 모세의 반열을 따르는 참 종교입니다. 이 땅의 아우성치는 민중의 삶에는 관심도 없이, 거짓된 사기술로 천국을 약속하는 이원론에 기댄 종교 흥행사들의 기독교는 우상숭배 기독교입니다. 그들은 하나님이라는 우상을 섬기는 자들입니다. 그들과 성서의 하나님과는 너무나 다릅니다. 사회 구성원 중에서 가장 밑바닥에 있는 사람들의 생애를 시종일관 주목하시며, 그들의 탄식을 들으시고, 그들의 고통을 알아보고 지각하시는 하나님만이 참 하나님입니다.

그래서 어거스틴의 『하나님의 도성』 2-4권은 역사의 향배, 민중의 아우성, 그리고 자기를 숭배하는 자들의 윤리와 도덕에 무관심했던 로마의 모든 신을 적나라하게 조롱하고 있습니다. 여러분, 이 두꺼운 책을 다 읽지 않아도 됩니다. 『하나님의 도성』 제2권만 읽으시면 이 책의 중심 논지를 파악할 수 있습니다. 그것도 읽기 어려우면, 2권 12-16장만 읽으시기를 바랍니다.[26] 로마의 모든 신이 왜 악마요 우상인가를 치밀하게 논증하고 있습니다. 로마의 어떤 신, 제우스도, 포세이돈도, 아폴론도 로마 시민들에게 "나를 믿는 자이거든 제발 거룩하게 살아라. 공평하게 살아라. 재판을 똑바로 해라. 민중의 아우성에 응답해라. 로마 자유농민의 땅을 되찾아 주어라. 나그네를 대접하라. 고아와 과부를 불쌍히 여겨라"고 명령하지 않았고, 그런 신들의 이름으로 역사의 공의와 정의를 세우기 위해 생명을 바쳐 가며 지상 권력자

---

26. 성 어거스틴, 『하나님의 도성』, 141-148.

들과 맞서는 예언자도 없었습니다.[27]

주전 17세기부터 14세기까지의 시리아 북부 마리 왕국과 이웃 나라들의 신을 예배하는 문제를 다룬 마리 문서를 보면 마리 왕국에서 활동하던 신 중개자들이 나옵니다. 그들은 마리 문서에 나오는 신 다곤의 제사장이자 예언자들입니다. 다곤은 어떤 경우에도 자신의 예언자와 제사장들에게 일반 사회의 공평한 운영, 정당한 재판, 바른 국제관계에 대해 신의 이름으로 관여하도록 추동하지 않습니다. 마리 문서에 저 낮은 곳에서 고통받는 소작인들의 처지를 불쌍히 여기는 신의 음성이 들립니까? 한 번도 안 들립니다. 다곤은 주로 무엇에 대해 말합니까? 쉽게 말해 이런 수준의 질책을 합니다. "요즘 너희가 나에게 바치는 제물이 시원치 않구나. 중국산 감자로 전을 부쳐서 나에게 바치지 마라. 칠레산 소고기로 나에게 번제를 드리지 마라. 나는 평택 한우를 바란다." 이러한 식의 명령만 나옵니다. 다시 말해서 우습고 익살스러운 요구만 합니다. 그러면 이집트의 신탁 중개 문서들은 어떻습니까? 네페르티 예언 문서도 마찬가지입니다. 지상대권을 쥔 왕에게 명령하고 질책하는 일은 없습니다. "왕이시여, 정치 바로 하십시오. 그렇지 않으면 3일 안에 당신의 왕좌는 망합니다." 이렇게 다그치는 예언자는 없습니다.

이와는 다르게 하나님의 목적 지향적인 발자국이 선명히 찍혀 있는 역사는 이스라엘 역사뿐이며, 이스라엘 역사 속에 선명히 찍힌 하나님의 발자취를 집성한 것이 바로 구약성경입니다. 이스라엘을 뚜렷

27. 김회권, 「로마제국 쇠락은 기독교 탓인가?」, 『복음과 상황』 통권 271호(2013년 6월호), 130-143.

한 역사적 목적을 가지고 인도하려는 하나님의 절대주권적 의지가 선명하게 나타나는 역사가 바로 이스라엘 역사입니다. 그래서 이스라엘 역사를 공부해야만 세계 만민의 역사를 공부할 수 있습니다.

우리나라 남해안 지역, 고성, 여수 등이 중생대 백악기의 공룡 집단서식지로 알려졌습니다. 세계 3대 공룡 화석지 중의 하나가 경남 고성에 있습니다. 고성에 있는 공룡의 발자국은 지상에 존재하는 다른 동물들의 발자국이라고 보기에는 도저히 설명이 안 됩니다. 뉴욕 자연사박물관에 있는 바로 그 공룡 발자국과 똑같은 발자국이 남해안 고성에서 발견되었습니다. 고성에는 분명 공룡들이 활보했음이 분명합니다. 암반에 새겨진 큰 보폭의 거대 발자국들이 그것을 증언합니다. 결국 고고학자들은 공룡 발자국이 선명히 찍힌 지역을 중심으로 공룡 발자국이 희미하게 찍힌 부분을 해석할 수 있습니다. 이스라엘 역사는 하나님의 발자국이 선명하게 찍혀 있는 하나님의 현존 집중 출몰지입니다. 하나님이 예언자를 통해 집중적으로 나타난 곳이 이스라엘 역사입니다.[28] 예언자들의 흔적은 바로 하나님의 발자국입니다. 예언자가 나타나 지상 최고의 종교권력과 정치권력을 질책하면서 하나님의 이름으로 불의한 역사를 바로잡으려고 노력한 것이 바로 하나님이 간섭하신 역사입니다. 그러한 역사는 이스라엘 역사밖에 없습니다. 그리고 그 역사의 시초에 모세가 있습니다.

이 모세는 책 한 권으로도 다 설명할 수 없습니다. 너무 중요합니다. 너무 중요하므로 앞으로 일생 모세를 연구해도 모자랍니다. 과장

---

28. 김회권 외, 『현대인과 성서』(서울: 숭실대학교출판부, 2007), 29-30.

하자면 모세학으로 박사학위가 많이 나올 수도 있습니다. 모세는 우리에게 박사학위를 많이 만들어 주기 위해서 모호한 부분을 많이 남겨 놓고 하나님 품으로 돌아갔습니다. 우스꽝스럽게도 우리 조상들이 남겨 놓은 모호함이 학자와 박사들이 집중적으로 관심하는 영역이고, 그들은 언뜻 보기에는 대부분 별로 중요하지 않아 보이는 문제를 연구하면서 마치 엄청 중요한 공부인 양 으스대고 서로 쉴 새 없이 논쟁하다가 잊혀져 갑니다. 사실 공부는 불확실한 개연성의 세계입니다. 공부는 사도신경적 확실성의 세계가 아닙니다. 사도신경적 확실성의 세계는 목사와 선교사의 세계입니다. 실로 신학자들의 세계는 모호함과 공생하는 세계입니다. 불확실성을 견디는 세계입니다. 그래서 학자들은 겸손해야 하고, 다른 학설이나 이견에 대해서도 신중한 경청 모드를 유지해야 합니다. 상대적으로 목사들은 강단에서는 성령이 격발시키는 영감과 감화감동의 확실성 위에 바로 서야 합니다. 목사는 학술대회에 참여한 학자처럼 말하면 안 됩니다. 목사는 적어도 설교 강단에서는 과감하게 모세가 모세오경의 원천저자이며 오경에 나오는 모세의 말은 역사적으로 진짜 모세가 한 말이라고 믿고 선포해야 합니다. 이런 간결한 확신이 성도들로 하여금 헌금을 내게 하는 확실성이고, 교회에 계속 다니고 싶게 만드는 확실성입니다. 이와 달리 학자들은 개연성 있는 사항을 신중하게 말합니다. 그래서 학자들의 설교를 들으면 언제쯤 저분이 "나는 믿는다"라고 말할지를 기다리느라고 지칩니다. 목사와 신학박사를 구분하는 방법이 있습니다. 하나님을 아는 지식의 직접성에 강렬하게 호소하면 그는 목사입니다. 그런데 하나님을 아는 지식의 직접성을 호소하지 않고 돌려서 말하거나 모호하게 말해 다른 해석의 가능성을 열어 두고 말하면서 불가지론적 견해를 밝히면 박사(?)입니다.

우리가 모세를 연구할 때 가장 주목해야 할 것은 모세는 세계 문명과 종교 사상 유일무이하고 독보적인 위치에 존재하는 인물이라는 것입니다. 그는 모든 형상 숭배는 가짜임을 폭로했고, 한 공동체의 가장 밑바닥에 있는 노예들의 운명에 관심을 두지 않는 신과 낡은 역사를 부수고 새 역사를 건설하려는 미래 비전을 고취하지 않는 하나님은 거짓된 신, 인간 심상이 만든 우상임을 밝혔습니다. 그래서 어거스틴은 『하나님의 도성』 제2권에서 로마의 어떤 신도 로마가 영적·윤리적으로 더 나은 사회가 되도록 격려하거나 도전한 신이 없었다는 점을 들어 로마의 모든 신은 악령이요 우상임을 선언합니다. "그러므로 로마의 신들은 악마요 우상이니 그것들은 폐기되어야 한다. 로마의 모든 이교도여, 빨리 그리스도의 하나님 앞으로 돌아오라." 이것이 어거스틴의 『하나님의 도성』 제2권에서 전개되는 강력한 변증입니다.[29]

이제 저는 모세의 정신세계를 관통했을 만한 음악 세 곡을 알려 드리겠습니다. 우선 베르디의 오페라 「나부코」(1842)의 제3막 '히브리 노예들의 합창'입니다. 오스트리아 합스부르크-헝가리 왕조가 이탈리아를 갈가리 찢어 놓았을 때, 이탈리아 사람들은 히브리 노예들과 자신들의 처지를 동일시하며 「나부코」의 '히브리 노예들의 합창'을 애창하고 애청합니다. 다음 곡은 1986년에 개봉한 영화 「미션」에 나왔던

---

29. St. Augustine, *The City of God*(trans. Marcus Dods; Peabody, Mass.: Hendrickson Publishers, 2009), 37-66.

'가브리엘의 오보에'라는 곡에 노랫말을 붙인 '넬라 판타지아'입니다. 그 다음 곡은 19세기 중국의 양계초 등이 주도한 변법자강운동으로 나라를 지키기 위해 일어난 황비홍 동아리를 다룬 영화 「황비홍」의 주제가 '남아당자강'(男兒當自彊, 사나이는 무릇 강해야 한다)입니다. 변법자강운동은 중국을 약탈하려고 밀려드는 외국 세력으로부터 나라를 지키기 위한 선구적 애국 지식인들의 개혁운동입니다. 이 운동이 중국의 애국적 젊은이들의 혼을 불러일으켰습니다.

'히브리 노예들의 합창'이나 '넬라 판타지아', '남아당자강'은 열 시간 동안이라도 기도에 몰입할 수 있게 도와주는 명곡들입니다. 저는 직접 제 방에서 혼자 음악을 틀어 놓고 기도하고는 합니다. 도복 같은 운동복을 입고 황비홍 무술체조를 따라 하다 보면 땀이 뻘뻘 납니다. 특히 '남아당자강' 가사는 가슴을 뜨겁게 합니다. "남자의 피는 태양보다 붉고, 눈빛은 먼 곳을 바라보며, 가슴은 뜻을 품었으니, 천근의 파도에 맞서서 패기 있게 나아가자. 중국을 위해서 매일 남자는 사나이가 되어야 한다. 매일 강해져야 한다. 매일 절제하고 훈련하여 조국을 부양해야 한다"라는 뜻입니다. 넓은 의미에서 보자면 이 노래는 모세적 기상을 찬양합니다. 제가 1991년 내장산에서 ESF라는 선교단체의 간사 수련회를 열었을 때 모든 간사님을 모아 놓고 이 영화를 보며 주제가를 따라 불렀던 적도 있습니다.

여러분, 우리는 모세나 황비홍처럼 문무를 겸비해야 합니다. 문약한 사람이 되어서는 안 됩니다. 이순신 장군도 문관으로 시험을 쳐서 7급 문관 공무원으로 가셨다가, 나중에 병과로 바꾸셨습니다. 문무를 겸비해야 지도자적 인물로 자랄 수 있습니다. 특히 배가 튼튼해야 합니다. 배는 강철, 곧 담력은 단련된 무쇠 같아야 합니다. 이것이 모세의 기상이요 황비홍의 기상입니다. 그래야 파라오에게 "파라오, 나의 백성을 보내라"고 말할 수 있습니다. "파라오님, 안녕하세요? 저기 할 말이 있는데요, 누가 내 백성 좀 보내 달라고 하는데요." 이래서는 안 됩니다. 하나님께서 우리를 파라오에게 파송하실 때, 파라오를 만나러 가기까지 담력이 강해야 합니다. 물론 파라오를 만나는 과정은 간단하지 않습니다. 그 복잡한 과정을 담력으로 돌파해야 합니다. 그래서 우리는 신체를 단련하고, 지성을 벼리어서 역사적 대의에 투신하는 공민의식을 가져야 합니다.

역사적 대의명분에 투신할 때 자라는 그리스도인의 인격과 영성

그리스도인의 인격 성장과 영성 도야는 역사의 중심 과제에 투신한 사람에게서 실현 가능합니다. 모세는 역사의식이 투철하여 당대 역사의 중심 과업을 해결하기 위해 자신을 던진 사람입니다. 히브리서 11:24-26은 이렇게 말합니다.

> 믿음으로 모세는 장성하여 바로의 공주의 아들이라 칭함 받기를 거절하고 도리어 하나님의 백성과 함께 고난 받기를 잠시 죄악의 낙을 누리는 것보다 더 좋아하고 그리스도를 위하여 받는 수모를 애굽의 모든 보화보다 더 큰 재물로 여겼으니 이는 상 주심을 바라봄이라.

그리스도인의 인격과 영성은 하나님이 맡겨 주신 중심 과업을 수행하다가 형성되는 선물입니다. 우리 각자가 하나님 나라 운동에 비추어 우리 사회의 중심 과업이 무엇인지를 파악하고 그 중심 과업에 인생을 결박할 때 그리스도인의 인격과 영성이 형성됩니다. 모세는 믿음으로 공주의 아들이라 칭함 받기를 거절하고, 하나님 백성과 함께 고난 받기를 잠시 죄악의 낙을 누리는 것보다 더 좋아하고, 그리스도를 위하여 받는 수모를 이집트의 모든 보화보다 더 큰 재물로 여겼습니다. 하나님의 상 주심을 바라보았기 때문에 가능한 결단이었을 것입니다. 믿음으로 이집트를 떠나 파라오의 노함을 무서워하지 않고 보이지 아니하는 자를 보이는 이같이 하여 참았으며, 믿음으로 홍해를 육지같이 건넜습니다. 모세의 경우에서 잘 드러나듯이 그리스도인의 인격과 영성은 진공상태에서 형성되지 않습니다. 역사의 특정한 과업을 중심으로 인격과 영성이 자라나게 됩니다.

29세에 후쿠오카 형무소에서 옥사한 항일시인 윤동주의 예술혼은 일제강점기라는 어둠의 역사를 배경으로 삼아 불타올랐습니다. 하늘을 우러러 한 점 부끄러움이 없기를 바랐던 그의 고결한 희망이 그의 인격과 영성을 형성시켰습니다. 「별 헤는 밤」, 「서시」 등은 일제의 지배를 현실로 받아들이는 자신의 무기력과 고뇌를 노래합니다.[30] "잎새에 이는 바람에도 나는 괴로워했다." 이와 같은 시는 1938년 숭실전문학교 2학년 때 경험한 숭실전문학교 폐교 방침과 같은 충격에서 배태되었음 직합니다. 당시 숭실전문학교 2학년이던 윤동주에게 조선

---

30. 김응교, 『그늘: 문학과 숨은 신』(서울: 새물결플러스, 2012), 69-89.

장로교회의 신사참배 가결과 숭실전문학교의 극단적인 신사참배 저항 사태는 큰 충격을 주었습니다. 윤동주는 1938년 숭실전문학교 2학년 때 신사참배를 가결하는 결정을 보면서 절망했습니다. 29세에 후쿠오카 형무소에서 죽을 때까지, 그는 어두운 역사를 배경으로 모세적 기상을 가지고 살다가 청춘의 꽃도 피우지 못하고 꺾였습니다.

그런 윤동주가 조선총독부의 주선으로 연희전문학교에 강제로 전학을 가게 됩니다. 그런데 당시 연희전문학교는 신사참배를 이미 하고 있었습니다. 신사참배를 거부해서 학교 스스로 문을 닫았던 평양숭실전문학교와 평양신학교(현 장로회신학대학교의 전신)를 제외하고는 대부분의 한성 소재 대학이 신사참배에 순응했습니다. 평양신학교는 얼마 후에 채필근이라는 3대 교장을 중심으로 신사참배하는 학교가 되었습니다. 그와 달리 평양숭실전문학교는 16년 동안 자발적 폐교를 감행하고 1954년에 재건되었습니다.[31] 1938년에 신사참배로 문을 닫기 이전 최고의 명문이 숭실대학입니다. 1938년 이전의 '최고의 명문 숭실대학'이라는 인식은 조선총독부 기록에서 추정되는 사실입니다. "조선 최고의 명문 숭실대는 훌륭한 인물을 많이 배출하고 있다. 이들이 만일 평양을 중심으로 신사참배 반대운동을 벌인다면 조선의 시국은 어려워질 것이고 서울에 있는 대학생들까지 영향을 받을 것이다." 이런 취지의 글이 조선총독부 학무국 기록에 나옵니다. 조선총독부에서 숭실대학을 감찰 대상으로 언급하는 기록물이 적지 않습니다.

---

31. 숭실대학교 100년사 편찬위원회, 『숭실대학교 100년사』(서울: 숭실대학교출판부, 1997), 484-495.

이처럼 그리스도인의 인격과 영성은 특정한 역사와 무관하게 어느 고립된 암자에 가서 연마하거나 도야할 수 있는 것이 아닙니다. 특수한 역사적 과업과 결속된 사람에게 그리스도를 닮은 인격과 영성이 형성됩니다. 윤동주, 다윗, 모세, 안중근, 김구 등은 특정한 역사를 중심으로 인격과 영성이 형성된 사람들입니다. 특정한 역사, 한 시대의 중심 과업과 정면으로 조우하는 사람에게 그리스도인의 인격과 영성이 형성된다는 사실을 오늘 본문을 통해 우리는 배웁니다.

일상생활의 성실성을 넘어 신명을 따라 하나님의 산에 오른 모세

모세는 장인이자 겐 족속의 영적 지도자인 이드로의 양떼를 40년 동안 치면서 시내 반도를 주유했습니다. 40년은 무상하게 흘러간 세월이 아니라 모세의 가슴을 까맣게 타들어 가게 만든 무거운 세월이었습니다. 모세는 이집트 땅에 두고 온 동족의 운명을 하나님께서 조상들에게 주신 가나안 약속의 빛 아래서 생각하고 생각했습니다. 그런 치열한 묵상과 열망을 안고 맞이한 어느 날, 일상생활의 진부성을 깨뜨리는 하나님의 육박이 모세를 하나님의 산으로 끌어올렸습니다. 불타고 있지만 타 없어지지 않는 가시떨기나무 불꽃 속에 계신 하나님이 모세를 신(神)유인력으로 끌어들인 것입니다. 하나님의 산 시내산 기슭에서 모세는 오매불망이던 히브리 노예들의 운명을 타개할 신적 비전을 만나게 되었습니다. 그는 히브리 노예들의 조상의 하나님, 곧 아브라함의 하나님, 이삭의 하나님, 야곱의 하나님과 조우했습니다.

하나님은 자신을 소개할 때 "나는 아브라함의 하나님, 이삭의 하나님, 야곱의 하나님이니라"(출 3:6)고 말씀하십니다. 이 소개가 모세에게 이해가 되려면 모세는 아브라함, 이삭, 야곱을 알고 있어야 합니다. 아브라함의 하나님은 창세기 1장부터 25장까지의 하나님입니다. 이삭의 하나님은 창세기 25-28장의 하나님입니다. 야곱의 하나님은 창세기 25-50장까지의 하나님입니다. 그러니까 "나는 아브라함의 하나님, 이삭의 하나님, 야곱의 하나님이니라"는 말은 "나는 창세기에서 맹활약한 하나님이다"라는 뜻입니다. 이 말은 하나님께서 아브라함과 이삭과 야곱과 맺은 언약을 이미 잘 알고 있는 모세에게 접근했다는 뜻입니다. 지나간 400년 동안 미완성의 꿈으로 남아 있는 자기 민족의 중심 과업을 모세가 이미 숙지하고 있었다고 보아야 한다는 말입니다. 젖과 꿀이 흐르는 땅으로 노예 백성 이스라엘을 이주시켜야 한다는 하나님의 중심 과업을 이미 잘 아는 모세를 하나님께서 의도적으로 택하여 출애굽 구원의 사명을 위탁하신 것입니다. 만일 모세가 아브라함과 이삭과 야곱을 몰랐다면 하나님은 모세에게 자신을 이렇게 소개해야 합니다.

나로 말할 것 같으면 좀 이야기가 복잡한데, 내가 한 사내를 불렀어. 그가 75세 때 부름을 받았는데 좀 지질했어. 그런데 어쨌든 100세에 애를 낳았는데, 그게 이삭이야. 이삭의 아들이 야곱인데, 야곱은 장자권을 얻어 가나안 땅 상속 약속을 이어받았지. 여차여차하여 나는 이 세 사람의 후손에게 때가 되면 가나안 땅을 영구적 정착지로 주기로 약속을 했어. 그런데 여러 사정상 400년째 내가 이 약속을 지키지 못하고 있다. 그러니 모세 네가 내 약속을 지켜다오.

하나님께서는 모세에게 이렇게 복잡한 이야기를 하지 않고 "모세야, 나는 네 조상의 하나님이다"라고 간단하게 말함으로써 모세가 하나님과 세 조상 사이에 맺었던 언약의 누적적 발전 과정을 소상하게 안다는 것을 암시합니다. 이 말은 무슨 뜻입니까? 조상의 역사에 정통한 사람만이 다음 역사에 주인공으로 부르심을 받는다는 뜻입니다. 역사의식이 출중한 사람이 지도자로 부름 받는 대원칙이 나옵니다. 우리는 역사의식이 있어야 합니다. 역사의식이 없는 사람은 공적인 역사에 전혀 부르심을 받지 못합니다. 우리가 다음 장에서 베드로를 심층 분석해 볼 것입니다. 베드로가 역사의식이 얼마나 출중한 사람인지를 우리가 자세히 들여다볼 것입니다. 역사의식이라는 말은 내 앞선 세대, 내 아버지 세대에서 멈추어 선 하나님의 구원 역사, 그 미완의 과업에 대한 부담감을 말합니다. 그 미완의 과업을 알고 있는 것을 우리는 역사의식이라고 부릅니다.

모세의 생애는 우리가 앞서 히브리서 11:24-26을 읽었듯이 세 시기로 구분됩니다. 태어날 때부터 40세까지가 제1시기입니다. 이집트의 왕자로 살던 이때는 문무를 겸비한 엘리트 교육 시절입니다. 그다음 40세부터 80세까지는 위대한 리더로 단련받는 연단기입니다. 양떼들의 목자 시절로서 공생애를 준비하기 위한 긴 준비 기간입니다. 그러면서도 이 시기는 잊혀진 세월입니다. 하나님께는 아닐지 몰라도 적어도 히브리 동포들에게 모세라는 존재가 깡그리 망각된 시기라는 말입니다. 이 말은 무엇입니까? 공생애를 준비하게 하는 사생애는 무명의 시기요 감추어진 시기라는 말입니다. 마지막 80세부터 120세까지는 제3시기로서 출애굽의 영도자로 살던 공생애 기간입니다. 이 세 시기 중에서 모세의 인격과 영성은 두 번의 양자물리학적 도약을 경험합니다.

첫째는 40세 때, 둘째는 80세 때입니다. 모세의 40세 때를 보시기 바랍니다. 모세는 자신이 히브리 노예 자손임을 알고 이집트 왕족과 자신을 동일시하지 않았습니다. 파라오의 공주의 아들로 칭함 받기를 거절했습니다. 모세가 장성하여 40세가 됐을 때 그는 히브리 노예 백성과 자신을 동일시합니다. 히브리 노예들의 아우성이 자신의 아우성이 되어 버린 시기입니다. 첫 번째로 위대한 영자물리학적 도약이 일어난 시기입니다. 우리의 평균 수명을 80세라고 잡으면 1/3이 되는 시기가 언제입니까? 27살입니다. 모세의 삼분된 인생 마디에는 오늘날 우리의 경우 27세가 될 때(평균 수명을 80세라고 잡을 때!) 역사의식에 눈을 뜨고 자기의 정체성에 눈을 떠야 한다는 암시가 들어 있습니다. "파라오의 공주의 아들로 살 것인가 고난받는 히브리 노예의 일원으로 살 것인가?"를 결정할 시점에서 모세가 히브리 노예의 일원으로 살며 그리스도의 고난을 기꺼이 받겠다고 결단했을 때 양자물리학적 대도약을 한 것입니다. 파라오의 공주의 아들로 살지 않고, 고난받는 동족 히브리 노예의 이름으로 살겠다고 선언할 때 맛본 이 위대한 도약은 작은 도약들의 적분(積分)입니다. 작은 도약들이 쌓이고 쌓여서 발전하는 것이지, 아무런 준비도 되지 않은 사람에게 이러한 의식 성장의 대폭발이 일어나지는 않습니다.

그래서 제가 권면하는 것은 여러분이 지역 교회사와 우리 민족의 역사, 세계 교회사에 정통해야 한다는 것입니다. 선교사로 사실 분들은 선교지의 역사를 꾸준히 읽고 그 다음에 어떠한 일이 벌어질지를 궁리하는 사람이 되기를 바랍니다. 그 사람에게 다음 단계의 역사 무대에서 주인공으로 쓰임 받을 수 있는 기회가 옵니다. 이것이 중요합니다. 그래서 지금 우리 민족의 분단 문제를 고민하며 동아시아 평화 공동체를 꿈꾸고, 중국 연변의 조선족과 중앙아시아의 고려인과 북한 동포들을 복음화하려는 열정이 증대되면 이용규 선교사 같은 사람이 되고 정진호 교수 같은 사람이 됩니다. 『땅동, 박부장입니다』라는 정진호 교수의 소설을 한번 읽어 보십시오. 20대 중반까지 술에 찌들어 살았던 희망 없고 문약한 한 지성인이 실크로드를 종횡무진하면서 중앙아시아 일대의 위대한 선교 비전에 눈을 뜨는 과정이 나옵니다. 이용규 선교사, 정진호 교수, 이런 분들이 동남아시아·중앙아시아 일대에서 하나님의 위대한 구원 역사에 대한 승리를 감지하면서 썼던 기록들을 보십시오. 이는 놀라운 통찰의 기록입니다. 이는 결코 도서관에 앉아서 책만 읽어서는 얻을 수 없는 통찰들로 가득 차 있는 글입니다. 여러분, 역사의식이 있는 사람을 하나님이 사용하십니다.

드디어 모세가 하나님의 산으로 자신이 평소에 치던 양떼를 끌고 올라갑니다. 출애굽기 3:1을 보십시오. 모세가 양떼를 끌고 서쪽으로 인도하였는데, 하나님의 산 쪽으로 이동했다고 되어 있습니다. 이 부분이 매우 중요합니다. 하나님의 산 쪽으로 이동했다는 말은 모세가 의도적으로 그쪽으로 자기 양들을 이끌고 갔다는 말입니다. 양떼를 먹이기 위해서 하나님의 산으로 올라갔을 가능성이 큽니다. 그런데 중요한 점은 그가 매우 의식적으로 하나님의 산으로 올라갔다는 데 있습니다. 하나님의 산으로 이동하는 것 자체가 벌써 모세의 심층의식 속에서 영적 갈증이 매우 커져 있었다는 것을 암시합니다. 청년 시절에는 걸음 하나하나가 너무 중요합니다. 모세의 경우에서처럼 하나님의 산으로 오르려는 그 지향성이 매우 중요합니다. 모세는 일상생활에 충실한 생활인으로, 자기 직업에 충실을 다하는 과정의 일환으로 하나님의 산에 올랐습니다. 그러나 그가 평범하게 시도했던 하나님 산으로의 등반은 예기치 않은 놀라운 파티로 연결되었습니다. 하나님이 그를 유인했기 때문입니다.

> 여호와의 사자가 떨기나무 가운데로부터 나오는 불꽃 안에서 그에게 나타나시니라. 그가 보니 떨기나무에 불이 붙었으나 그 떨기나무가 사라지지 아니하는지라. 이에 모세가 이르되 내가 돌이켜 가서 이 큰 광경을 보리라. 떨기나무가 어찌하여 타지 아니하는고 하니(출 3:2-3).

1강에서 이야기했듯이 한 달 정도 건조한 날씨가 계속되면 사막 건조기후에 나무들이 스스로 부딪쳐 불타는 일이 있습니다. 그래서 떨기나무가 불타는 일은 자주 있는 일입니다. 그런데 모세가 본 떨기나무는 불타고 있었지만 불타 없어지지는 않았습니다. 불붙은 떨기나무는 대부분의 목자가 자주 목격하는 장면인데 이번 불은 나무를 태워 없애는 불이 아니라 타오르기만 하는 불이었습니다. 그래서 모세에게도 그것은 "큰 광경"이었습니다. 일상생활 속에서 우리의 오감을 순식간에 집중시키는 사건, 곧 큰 광경은 하나님이 예비하신 유인 광경일 때가 있습니다.

하나님 현존의 경험은 놀람 경험으로 시작됩니다.[32] 신학, 목회, 소명, 영감, 이 모두가 하나님 현존이 유발하는 놀람입니다. 놀람의 능력, 경탄의 능력, 여기가 하나님을 만나는 지점입니다. 여러분이 하나님을 만나기 이전에 먼저 경탄과 놀람이 있습니다. 하나님의 말씀이 얼마나 놀랍습니까? 신구약에 하나님 말씀이 6만 구절 이상 되는데, 얼핏 보면 하나님의 산 시내산처럼 그저 평범해 보이기만 하던 성경 말씀도 어느 날 어느 순간에 불붙은 가시떨기처럼 영적 광채를 발휘할 때가 있지 않습니까? 여러분을 하나님의 산으로 인도하는 가시떨기나무 불꽃 같은 성경 구절이 얼마나 됩니까? 6만여 구절 중에서 여러분을 불타는 가시떨기나무 같은 "큰 광경"으로 인도하여 내는 구절이 몇 구절 정도 됩니까? 우리 하나님은 우리를 놀라게 하시고 경탄케 하시며, 우리를 유인하셔서 하나님의 산으로 올라오도록 영적 등고선을 상향 조정하십니다. 하나님은 우리 20-30대 청춘의 삶에 간섭하셔서 놀라움과 경탄 속에 우리를 조금씩 하나님의 산 위쪽으로 인도하십니다. 실제로 성경을 펴고도 놀라움이 없는 사람은 큰 문제입니다. 저는 여러분이 아침마다 학자처럼 하나님 앞에서 귀를 열어 놓고 하나님께 배우기를 원합니다. 여러분의 혀에 곤고한 자들을 위로하고 지탱시키며 능히 도울 수 있는 말씀을 맡겨 주실 것입니다.

하나님의 말씀을 듣고 보고 읽고 놀라는 경험, 그것은 하나님의 큰 광경으로 유인되는 예비 단계입니다. 여러분도 새벽마다 혹은 밤마

---

32. Abraham J. Heschel, *Between God and Man: An Interpretation of Judaism* (New York et al.: Simon & Schuster, 1997), 25-27, 36-43, 97-101.

다 놀라움과 경탄을 기대하며 하나님의 산에 오르시기를 바랍니다. 이 산을 오르는 사람에게 하나님이 당신을 인격적으로 계시하실 것입니다. 하나님은 영적 등고선을 높여 가며 산을 오르는 사람의 이름을 부르시고 소명의 짐을 어깨 위에 짐지워 주십니다. 하나님의 산에 오르는 자에게 이런 신명(神命) 경청의 가능성이 열릴 것을 믿습니까? 여러분은 그저 집단 속에서 익명의 군중으로 하나님을 만나겠습니까? 아니면 여러분의 이름을 부르며 인격적인 위탁을 계시하시는 하나님의 현존을 뵙기 원합니까? 하나님의 산을 지속적으로 오르는 사람에게 하나님이 예비하신 큰 광경이 나타나고, 그 큰 광경으로 가까이 다가갈수록 자신의 이름을 불러 주시는 하나님의 음성을 감청할 가능성이 커집니다. 하나님께서 이름을 부르시는 것과 함께 소명감이 찾아오게 됩니다.

소명 위탁으로 귀결된 신명 경청

광야에서 많이 보았던 가시떨기나무가 어느 순간 불붙어 타지 않는 가시나무 불꽃으로 다가올 때, 우리의 시선은 불꽃에 고정되고 심장박동은 멈추어 선 듯 고요해지다가 일순간에 비바체(vivace)처럼 약동합니다. 하나님 영광의 광채를 비추어 주는 하나님의 말씀에 점점 우리의 시선과 정신의 행로가 최적수용 상태로 조정됩니다. 하나님께서 이때 우리를 부르십니다. 하나님께서 모세를 두 번 연속 부르시는 것을 보십시오. 하나님께서는 모세가 40년 광야 생활할 때에도 여전히 모세를 주목했습니다. 하나님은 모세를 40년 동안 한 번도 외면하지 않았습니다. 어떻게 알 수 있습니까? 40년 만에 불렀다는 것은 40년 내내 하나님께서 모세의 행로를 주목하고 감찰하고 계셨다는 것을 가리키기 때문입니다. 하나님은 40년 동안 이드로의 양떼를 치는 모세를 계속 주목하셨고, 마침내 그를 부르십니다.

출애굽기 3:4 후반부를 보십시오. "그가 이르되 내가 여기 있나이다." 이 표현은 모세가 40년 광야의 목자 시절에 신앙생활을 포기했다는 뜻이 아닙니다. 하나님과 모세의 관계가 전적으로 끊어진 상태에 있었다는 것은 더더욱 사실이 아닙니다. "내가 여기 있나이다"라는 모세의 말은 예언자적인 순종 모드가 교양으로 체질화된 사람의 입에서만 즉각 터져 나올 수 있는 말입니다. 이것은 엘리가 어린 사무엘에게 가르쳐 준 말입니다. 엘리가 어린 사무엘에게 무엇이라고 가르쳤습니까? "하나님이 너를 부르실 때 '내가 여기 있나이다'라고 말하라." 그럼 모세는 누구에게 신앙을 배웠습니까? 모세는 어린 시절 어머니 요게벳의 베갯머리에서 하나님을 배웠고, 40세가 되기까지 히브리 노예들의 역사를 공부하는 동안에 아브라함의 하나님, 이삭의 하나님, 야곱의 하나님을 배웠을 것입니다. 그리고 고난당하는 동포를 맨주먹으로 도우려다가 이집트의 모든 부귀영화를 포기한 채 시내산 이드로의 양떼 속으로 망명을 떠나왔습니다.

좌절한 모세를 맞아 영접해 주고 사위로 삼은 사람이 누구입니까? 겐 족속의 지도자 이드로입니다. 이드로와 겐 족속도 야웨 하나님을 믿는 경건한 베두인 족속입니다. 야웨 하나님은 남방 민족들 사이에 믿어지던 하나님입니다(삿 5장, 시 68편). 이드로도 야웨 하나님을 믿는 백성의 일원이었습니다. 아브라함에게 멜기세덱이 있었다면 모세에게는 이드로가 있었습니다. 모세는 이드로에게 영적인 도움을 받으면서 "내가 여기에 있나이다"를 충분히 숙달할 만큼 배웠습니다. 배웠으면 깨달아야 합니다. 인생 어느 길목에서 우리의 멘토를 만날 수 있다는 것은 설레는 일입니다. 우리는 아브라함이 멜기세덱을 만나서 엄청난 영적 진보를 했고 모세가 이드로를 통해 성장했다는 것을 능히 짐작할 수 있습니다. 모세는 이드로를 통해 영적인 단련을 받았기 때문에 "내가 여기 있나이다"라고 대답할 수 있었다는 것을 깨달아야 합니다. "내가 여기 있나이다"라는 말, 곧 모세가 예언자적 계시 수용성을 드러내는 이 화법은 모세가 시내 반도의 망명지에서도 하나님과 영적 교통을 계속 유지해 왔음을 알려줍니다. 하나님은 모세로부터 "내가 여기 있나이다"라는 말을 듣는 순간, 그를 예언자로 불러 쓰실 수 있다는 확신을 더욱 굳혔을 것입니다. 그래야 히브리서 11:26이 이해가 됩니다.

> 믿음으로 모세는 장성하여 바로의 공주의 아들이라 칭함 받기를 거절하고 도리어 하나님의 백성과 함께 고난 받기를 잠시 죄악의 낙을 누리는 것보다 더 좋아하고 그리스도를 위하여 받는 수모를 애굽의 모든 보화보다 더 큰 재물로 여겼으니 이는 상 주심을 바라봄이라(히 11:24-26).

출애굽의 영도자로 부름 받기 전에 모세가 아무런 준비도 안 되었고, 아무런 신앙 성장도 없었다고 해석해서는 안 됩니다. 어떤 주석가들은 모세의 40년 광야 생활을 80세의 모세, 곧 출애굽의 영도자인 모세의 공생애와 연결하지 않는데 사실은 그렇지 않습니다. 연결해야 합니다. 모세는 40년 동안 광야 생활을 하면서 조상들의 하나님을 오랫동안 생각했고, 고난받는 동족들의 처지를 괴로워하고 있었습니다. 자신이 아니더라도 누군가는 파라오의 노예로 억압받고 있는 동포들을 하나님께서 약속하신 젖과 꿀이 흐르는 땅으로 인도해야 한다는 생각으로 오랫동안 번뇌했던 사람입니다. 그래서 하나님께서 단도직입적으로 "나는 네 조상의 하나님이니 아브라함의 하나님, 이삭의 하나님, 야곱의 하나님이다"라고 말씀하실 수 있었습니다. 이 말을 쉽게 표현하면, "나는 가나안 땅을 아브라함 자손에게 주기로 약속한 하나님, 나는 가나안 땅을 이삭 자손에게 주기로 약속한 하나님, 나는 가나안 땅을 야곱 자손에게, 즉 3대에 걸쳐서, 주기로 약속한 하나님이다. 그런데 이 약속을 성취할 만한 중보자가 없기 때문에(사 59:15-16), 약속 성취가 지연되고 있다. 이집트 파라오의 노예로 전락한 내 동역자, 벗 아브라함의 자손들이 내지르는 탄식은 깊어져만 간다." 이런 답답한 마음을 하나님께서 모세에게 토로한 것입니다.

여호와께서 이르시되 내가 애굽에 있는 내 백성의 고통을 분명히 보고 그들이 그들의 감독자로 말미암아 부르짖음을 듣고 그 근심을 알고 내가 내려가서 그들을 애굽인의 손에서 건져내고 그들을 그 땅에서 인도하여 아름답고 광대한 땅, 젖과 꿀이 흐르는 땅 곧 가나안 족속, 헷 족속, 아모리 족속, 브리스 족속, 히위 족속, 여부스 족속의 지방에 데려가려 하노라. 이제 가라. 이스라엘 자손의 부르짖음이 내게 달하고 애굽 사람이 그들을 괴롭히는 학대도 내가 보았으니 이제 내가 너를 바로에게 보내어 너에게 내 백성 이스라엘 자손을 애굽에서 인도하여 내게 하리라 (출 3:7-10).

이 단락에서 하나님의 일인칭 소유대명사 용례를 주목해 보십시오. 하나님은 처음과 끝에서 모두 히브리 노예들을 "내 백성"이라고 말합니다. 하나님의 연쇄적인 지각동사 사용도 주목해 보십시오. 보고, 듣고, 아시는 하나님입니다. 그 다음 하나님의 연쇄적인 행동묘사를 주목해 보십시오. "내려가서", "건져 내고", "인도하여", "데려가려 하노라." 마지막으로 모세에게 주신 소명입니다. "이제 가라. 내가 너를 바로에게 보내어 내 백성 이스라엘 자손을 애굽에서 인도하여 내게 하리라." 이 단도직입적인 화법은 모세가 이 명령의 전후배경을 소상하게 파악하고 있을 뿐만 아니라 이 출애굽 소명을 감당할 수준이 되었다는 것을 의미합니다. 출애굽기 6:3-5은 출애굽기 3장 본문을 보완하고 있습니다.

내가 아브라함과 이삭과 야곱에게 전능의 하나님으로 나타났으나 나의 이름을 여호와로는 그들에게 알리지 아니하였고 가나안 땅 곧 그들이 거류하는 땅을 그들에게 주기로 그들과 언약하였더니 이제 애굽 사람이 종으로 삼은 이스라엘 자손의 신음 소리를 내가 듣고 나의 언약을 기억하노라.

간결하게 정리하면, 모세는 하나님의 부르심을 받기 전에 이미 자기가 감당하게 될 과업을 이해하고 있었습니다. 다만 그 명령을 하나님으로부터 직접 받지 못하고 있었던 것입니다. 그의 마음속에서는 이러한 출애굽 구원과 가나안 이주가 일어나야 한다는 확신이 있었다는 뜻입니다. 모세는 "우리 조상에게 약속하신 하나님의 약속은 반드시 성취되어야 한다. 다만, 나를 통해서 성취되지는 않을지라도 누군가는 이 일을 해야 한다"라고 생각했습니다. 루돌프 불트만이 말했듯이 "모든 이해는 선(先)이해"입니다. 이 말은 하나님이 이 과업을 이해시키기 이전에 모세는 이미 이 과업에 대해서 선이해를 확보하고 있었다는 것입니다.

만일 우리가 선이해가 없는 말을 듣는다면 그 말은 이해가 안 될 것입니다. 우리가 열방에 나가서 하나님의 복음을 전파할 때 세계의 열방들이 하나님에 대한 선이해가 없다면 말이 통하지 않을 것입니다. 그러나 하나님은 세계 만민 각자의 심령 속에 하나님에 대한 선이해를 심어 놓으셨기 때문에, 우리 주 예수의 복음을 만민에게 전하면 그 뜻이 통합니다. 존 로스, 언더우드, 마펫, 게일 등의 선교사들도 한국 교회 초장기에 우리나라에서 한국말로 성경을 번역할 때 한국 사람들에게 하나님에 대한 선이해가 있는 것을 발견하고 놀랐습니다.

모세가 출애굽 과업에 대해서 자기 나름의 선이해가 있었기 때문에 하나님의 명령이 온 것입니다. 다만 자신이 출애굽 구원 사역을 주도해야 한다는 생각은 한 번도 해보지 못한 것입니다. 따라서 부르심을 받기 전, 하나님의 산으로 인도되어 하나님의 소명을 듣기 전에도 하나님의 구원사에 대한 선이해를 가지는 것이 필요합니다. 우리 시대의 중심 과업에 대한 선이해가 있는 사람을 하나님은 다음 세대의 소명자로 부르십니다. 한국 교회와 세계교회, 선교, 교육, 문화 등 모든 분야의 중심 과제에 대한 선이해를 확보한 사람에게 후속 역사 발전의 단계에 동참할 기회가 과업으로 주어지는 것입니다. 누가 하나님의 역사에 쓰임 받을 수 있는가라는 질문에는 이와 같은 원칙적 대답이 가능할 것입니다.

반복하자면 그리스도인의 인격과 영성은 진공상태에서 형성되지 않습니다. 특별한 과업과 연결될 때 주형되고 창조됩니다. 사도행전 13:36에 이런 말씀이 있습니다. "다윗은 당시에 하나님의 뜻을 따라 섬기다가 잠들어 그 조상들과 함께 묻혀 썩음을 당하였으되." 다윗은 민족 평화와 통일을 위한 큰 정치를 했습니다. 열두 지파로 분열된 이스라엘을 통일시켜 하나님의 통치를 구현하는 일이 자신에게 맡겨진 시대적 중심 과업이었기 때문에 그 중심 과업에 충성함으로써 하나님의 뜻을 섬겼습니다. "다윗이 온 이스라엘을 다스려 다윗이 모든 백성에게 정의와 공의를 행할새"(삼하 8:15). 다윗이 이스라엘 열두 지파가 분열되어 있던 시대의 어둠을 극복하고 통일을 성취한 후에 이스라엘 열두 지파를 공평과 정의로 다스렸다는 것입니다. 이 말은 다윗이 당대의 중심 과업에 자신을 결박하자 평화와 정의의 인격이 그에게 새겨졌다는 말입니다. 일본의 우찌무라 간조, 한국의 윤동주 등 기독교 역사를 찬란하게 수놓는 영성가들과 지도자들은 저마다 시대의 중심 과업에 자기를 결박했습니다.

한경직 목사님은 어떤 분입니까? 그분의 많은 설교들 중 특히 1954년, 1955년의 설교는 눈물이 나는 설교입니다. 한국전쟁 직후 산산조각 난 겨레의 마음을 어루만지는 설교입니다. 한경직 목사 설교전집 18권 중에서 1954년부터 1964년, 이 10년간의 설교를 자세히 읽어 보면 굉장히 눈물 나는 내용이 많습니다. 그중에 이러한 취지의 설교가 있습니다.

제가 평안도에서 내려와서 목회를 하고 있었습니다. 제가 영락교회를 종종걸음으로 가고 있던 때입니다. 평안도 이웃 마을에서 내려온 동향 사람들이 너무나 앙상하게 마른 모습으로 서울역 근처를 서성거리며 볼펜과 떡을 팔면서, 노숙자처럼 방황하는 모습을 볼 때 제 마음이 너무 아팠습니다. 저는 북한에서 내려온 이산가족이 정처 없이 떠도는 것을 보고 마음이 너무 아팠습니다.

그래서 한경직 목사님은 우리 겨레의 절망적인 그 시대에 새벽기도를 시작했습니다. 이처럼 새벽기도 전통은 영락교회, 새문안교회, 경동교회 등 월남 기독교인들이 주도해서 도입한 관습입니다. 그분은 1954년에 전쟁으로 폐허가 된 터전에서 밥 피얼스 목사와 함께 민간 구호단체 '월드비전'을 만듭니다. 유리하는 빈민을 먹여 살리려고, 고아와 과부들에게 거처를 제공하고 어린이들을 교육시켰습니다. 한경직 목사님의 고결한 비전에 동참한 사람들이 재산을 아낌없이 희사했습니다. 그 시대의 중심 과업과 결속되었을 때 한경직 목사님의 인격은 청빈과 자비의 표상이 된 것입니다. 그러한 삶의 누적적 효과가 한경직 목사라는 인물로 나타난 것입니다. 한경직 목사님은 대천덕 신부님과 함께 우리가 가장 흠모해야 할 아름다운 분입니다. 이분들은 흠모에 흠모를 거듭해야 할 분들입니다. 이분들이 살아 있다면, 그래서 그분들 옆에 가깝게 같이 있다면 우리가 큰 감화를 받을 수 있지만 아쉽게도 돌아가셨습니다. 이제 그분들 옆에서 가내수공업적 모방과 견습을 통해 신앙과 영성을 수련할 기회는 없습니다. 그분들의 책을 읽으면서 간접적으로나마 배울 수밖에 없습니다. 우리는 그분들의 책과 그분들에게 배웠던 분들에게 배워야 합니다.

저는 가내수공업적인 모방과 계승이 인격과 영성의 성장에 결정적이라고 생각합니다. 막연하게 "나는 훌륭한 사람이 되어야지. 나는 자비로운 그리스도인이 되어야지" 하지 마십시오. 그리스도인 청년들은 자신의 활동 영역을 교회에 국한해서는 안 됩니다. 온 세상 만민을 상대로 활동하는 하나님의 종이 되어야 합니다. 을지로와 충무로, 테헤란로와 강남대로에서 복음의 메시지를 전하는 대국민 목회자가 되어야 합니다. "나는 월급 얼마 받으며 34살에 결혼했다가, 74세에 하나님 품으로 돌아가야겠다" 하고 생각하지 마십시오. 교회 안에 우리 자신의 활동과 사역을 국한해서는 안 됩니다. 우리는 온 세상을 위한 목사요 교육가요 음악가입니다. 그리스도에게 소속된 모든 목회자는 전 국민을 상대로, 만민을 상대로 복음을 전해야 합니다. 또한, 교회 안에서만 직업을 찾아서는 안 됩니다. 소설가, 작가, 작곡가, 연극 연출가 등 모든 직업 영역에 기독 청년들이 진출해야 합니다. 모두 목사만 되려 하는 것은 옳지 않습니다. 어느 직업을 택하건 간에 공민의식으로 결단된 사람만이 그리스도를 닮는 인격과 영성을 형성할 수 있다는 사실을 명심해야 합니다.

출애굽 장도를 수행하며 형성된 모세의 인격과 영성

파라오를 찾아가서 "내 백성을 보내라"는 야웨 하나님의 메시지를 전하는 모세의 행로를 잠시 묵상해 봅시다. 모세는 '히브리 노예들의 합창', '넬라 판타지아' 같은 음악적 율동에다 하나님의 출애굽 요구 메시지를 들고 파라오에게 나아갑니다. 왕을 만나러 가기는 쉽지 않습니다. 여기 파라오에게 면담하러 가는 비무장 사인(私人) 모세의 걸음 걸음을 상상해 보시기 바랍니다. 비무장 민간인 모세가 파라오의 궁궐 제일 바깥 민원실 문을 노크합니다. 이집트 왕궁 제1외곽 초소에 도착한 모세가 이야기합니다. "안녕하세요. 전 모세입니다. 파라오 왕을 좀 알현하고 싶습니다." 이런 식으로 파라오가 있는 곳까지 가기 위해서는 여러 개의 문을 통과해야 합니다. 문을 통과할 때마다 자신을 소개하고 자신이 왕을 알현하여야 하는 이유를 설명해야 했을 것입니다. 하지만 이러한 방식으로 파라오를 만나는 것은 불가능합니다. 모세는 하나님께 "하나님, 제가 어떻게 그 많은 문들을 통과하고 파라오를 알현한다는 말입니까? 도저히 불가능한 일입니다"라고 말했을 것입니다.

그러자 하나님께서 모세에게 두 가지 개인기를 주셨습니다. "지팡이를 뽑아, 던져라." 그러자 지팡이가 뱀으로 변했습니다. 이것이 제1 개인기입니다. 이 정도 보여주면 보초들이 대부분 문을 통과시켜 줍니다. 이 개인기가 안 통하게 되면 제2개인기로 응수하라고 알려 주셨습니다. 손을 호주머니에 넣었다 뺐다 하면서 문둥병을 만들고 다시 낫게 만드는 기적입니다. 이 두 가지 개인기를 가지고 모든 문을 통과했을 수 있습니다. 문을 다 통과하고 일단 파라오를 만나게 되었는데, 파라오의 엄청난 광채를 보니까 갑자기 모세 자신이 초라해지고 작아졌을 것입니다. 그래서 말 잘하는 담력의 소유자 아론이 함께 갔습니다. "내 백성을 내보내라" 하고 말하자 파라오는 마치 오스만 제국의 술탄이 프란체스코를 우습게 여기듯이 같잖게 여깁니다. 그래서 모세가 제1개인기를 선보입니다. 파라오 앞에서 집어 든 지팡이가 나일 강의 한 마리 뱀이 됩니다. 그러자 이집트 술사들도 지팡이를 던집니다. 파라오 앞에서 뱀 여러 마리가 나타납니다. 이를 본 모세가 당황합니다. 모세의 제1개인기가 좌절을 맛봅니다. 이어서 제2개인기도 시도하지만, 이집트 술사들에게도 그런 정도의 개인기는 이미 있었습니다. 모세의 첫 파라오 면담 미션은 완전히 대실패로 끝나고 맙니다.

모세는 더는 못하겠다며 사표를 쓰고 다시 시내산 목자의 땅으로 돌아가려고 합니다. 이때 하나님이 다시 나타나셔서 모세를 설득하시는 장면이 출애굽기 6장입니다. 하나님께서 모세로 하여금 꿈꾸게 하신 세계는 넬라 판타지아의 세계였습니다. 하나님의 은혜 안에 거하는 영혼들의 자유와 주체성과 존엄성이 향유되는 세계입니다. 즉 압제적 노예 체제가 없는 자유와 존엄의 세계입니다. 최고 주권자가 힘없는 사람을 유린하고 압제하는 세상이 아니라, 큰 자가 작은 자의 발을 씻기고 살림이 거덜난 이웃을 보듬어 안고 함께 살아가는 공존공락의 세계입니다. 모세오경이 그리는 공동체는 모든 사람을 형제자매라 칭하는 공동체요 뼛속까지 박애로 가득 찬 시민의 공동체입니다. 그러한 공동체가 세워질 곳이 바로 젖과 꿀이 흐르는 가나안 땅입니다. 하나님께서 모세에게 이러한 비전을 심어 주시고 다시 파라오를 만나게 하셨을 때, 상황은 반전에 반전을 거듭하며 노예 해방과 출애굽이라는 대절정으로 치닫습니다.

제2차 파라오 면담 때는 출애굽기 7장부터 12장까지, 이전의 개인기를 넘어선 스펙터클한 우주적 재앙쇼가 펼쳐집니다. 긴급조치 9호까지 발동하며 파라오가 발악하자 마침내 하나님께서 재앙 9호와 10호로 파라오 체제를 정조준하십니다. 흑암 재앙과 장자 재앙으로 파라오 제국을 초토화시키셨습니다. 학자들이 이때를 힉소스 왕조의 마지막 세기라고 생각하는 것이 통념입니다. 흑암 재앙과 장자 재앙의 연쇄적 출현에 대해서는 여러 견해가 피력되었는데, 최근에 출간된 『이집트의 10가지 재앙의 비밀』(The Plagues of Egypt)이라는 책에 아주 흥미로운 주장이 전개됩니다. 이 책의 저자 시로 트레비사나토(Siro Trevisanato) 같은 고생물학자들은 흑암 재앙과 장자 재앙의 연쇄적 발생을 주전 1609년이나 1607년경 그리스의 화산섬 산토리니 폭발로 생긴 화산재로 인해 생긴 재앙이라고 주장합니다. 화산재로 온 땅에 어둠이 임하자 이집트인들은 태양신이 자신들에게 진노해서 생긴 재앙이라고 간주하고 신에게 맏아들을 제물로 바치기에 이르렀다는 것입니다. 그는 결국 이집트의 장자 재앙을 신의 진노를 누그러뜨리려는 이집트인들의 단말마적 종교 제의로 해석합니다.[33] 이집트는 태양신을 숭배했기 때문에 태양이 빛을 잃으면 모든 사람이 맏아들을 번제로 바치는 관습이 있었습니다. 마지막 재앙인 장자 재앙 이전에 흑

---

33. 시로 이기노 트레비사나토, 『이집트의 10가지 재앙의 비밀』, 김회권 역(서울: 새물결플러스, 2011), 109-144.

암 재앙이 임하자 이집트 사람들이 옛날부터 내려오던 관습대로 흑암 재앙을 피하고자 장자를 바친 것이라고 본 것입니다. 장자를 죽인다는 말은 계승자를 죽인다는 말입니다. 즉, 연약한 구성원을 종과 노예로 부리던 이집트의 파라오 체제는 존속 계승될 가치가 없다는 것을 의미합니다. 그것이 바로 장자가 죽는 것입니다. 죽음의 사자가 이집트 장자를 다 때려눕힌 것입니다.

모세는 이집트 장자들의 죽음의 물결을 보면서 하나님 나라와 공존할 수 없는 압제적 노예 체제의 파멸을 목격한 것입니다. 그는 신령한 판타지아를 꿈꾼 혁명가였습니다. 넬라 판타지아의 가사를 염두에 두며 모세의 출애굽 역사를 상상해 보십시오. 이탈리아어 가사를 한국말로 번역하면 대략 이런 뜻입니다. "환상 속에서 나는 세상을 봅니다. 환상 속에서 나는 정의로운 세상을 봅니다. 모두 평화롭고 정직하게 사는 세상을 봅니다. 나는 떠다니는 구름처럼 항상 자유로운 영혼을 꿈꿉니다. 뼛속 깊은 곳까지 박애로 충만한 영혼을. 나는 환상 속에서 밤조차도 어둡지 않은 밝은 세상을 봅니다." 모세가 꿈꾸던 환상의 세계가 좀 더 생동감 있게 다가오지 않습니까?

시내산에 도착한 출애굽기 19장부터 24장에서, 모세는 뼛속 깊은 곳까지 자애와 박애로 가득 찬 영혼들의 세상을 꿈꿉니다. 여러분, 이 세상의 직업 중에는 자기가 주체성을 가지고 생계를 유지할 만한 직업이 너무 적습니다. 자애롭고 박애로 가득 찬 사람으로 교육받기가 극히 어려운 세상입니다. 양심 파손자, 사이코패스적 냉혹자, 공부 많이 해서 온갖 불법·탈법·편법으로 치부하는 자, 이미 출세의 사다리 위층에 올라 좋은 자리를 선점한 자들의 무한탐욕 때문입니다. 그런데 모든 인간은 이 무한탐욕의 원죄에 묶여 있습니다. 누구든지 사다리 꼭대기에 올라서면 탐욕적 자기 확장과 특권의 영속화를 꾀하게 마련입니다. 탐욕적인 지배층을 비판하는 그 시선은 자신 안에 숨죽이고 있는 타자 지배적 탐욕과 교만을 해체하는 시선이 되어야 합니다.

사실 이 세상은 불의한 방법으로 "하나님처럼 되려는" 아담적 원죄성을 가진 자들, 곧 유능하고 강한 자들의 너무나 빠르고 영리한 처세술로 망가졌습니다. 이 세상의 거의 모든 직업에는 자신의 생계를 보장하기 위해 양심의 일부를 부인하라고, 양심의 일부를 죽여 버리라고 요구하는 은밀한 거래가 있습니다. 하지만 모세가 꿈꾸는 세상, 우리 기독교가 꿈꾸는 세상은 파라오 압제 체제 안에서 존엄성과 자유와 주체성을 박탈당하고 사는 사람들을 하나님의 백성으로 대우하는 세상입니다. 노예들을 자유케 하여 하나님과 언약을 맺고 존엄한 구속을 받으며 사는 시민의 세상을 꿈꾸는 것이 기독교입니다.

18세기 말부터 시작되어 19세기 초엽에 성취된 영국의 노예무역 폐지(1807), 노예제도 폐지(1833) 운동은 21세의 토리당 하원의원 윌리엄 윌버포스와 24세의 총리 윌리엄 피트의 40년 우정과 연대의 결실이었습니다.[34] 모세적 환상이 긴 세월 동안 이루어진 과정의 산 증거입니다. 이처럼 하나님의 약속에 합당한 미래 이상사회를 꿈꾸는 사람들이 역사를 창조합니다. 잔혹한 노예 압제, 안식 없는 가혹한 노동이 더 이상 발붙일 곳 없는 평화롭고 자애로운 세상을 꿈꾸는 능력

---

34. 케빈 벨몬트, 『윌리엄 윌버포스, 세상을 바꾼 그리스도인』, 오현미 역(서울: 좋은 씨앗, 2008), 195-269.

이 기독교의 위력입니다. 죽어서 천국 가는 것이 기독교의 위력이 아닙니다. 이 세상에서 대안 공동체, 대조 공동체, 대항 공동체를 설립하여 이집트 노예들을 하나님의 산에서 예배하도록 자유롭게 해주고 안식을 찾아 주며 어제까지 노예로 대우하던 자들마저 형제자매처럼 존중하고 사랑하는, 진정 뼛속 깊이 박애로 가득 찬 시민 공동체로 재창조하는 위업, 이것이 기독교가 꿈꾸는 세상입니다. 기독교는 노예처럼 사는 세상 만민을 자유의 젖과 평화의 꿀이 흐르는 땅으로 인도하여 들일 때 최고의 위력을 발산합니다.

모세는 이러한 출애굽 영도 가운데 40년을 보내면서 숱한 좌절을 겪었습니다. 그러나 좌절과 실패 또한 모세의 인격 성숙과 영성 도야에는 유익했습니다. 결국 모세는 그 시대의 중심 과제와 자기를 결박시켜서 온유한 사람, 공민의식이 가득한 사람이 되어 인격 성장도 이루고 영성 성장도 이루었습니다. 실로 그는 한 시대의 중심 과업을 성취해 내는 위대한 공생애적 인격의 소유자로 하나님 나라의 명예의 전당에 이름을 올렸습니다.

실패·좌절·당혹 속에서 자라는 모세의 인격과 영성

앞에서 이야기한 것처럼 모세는 시대의 중심 과업에 자기를 결박하여 인격과 영성을 형성한 사람입니다. 그 말은 여러분이 전도사 사역을 하든지, 주일학교 교사를 하든지, 찬양대를 하든지 간에 여러분이 속한 공동체의 중심 과업과 연결되는 그곳이 바로 여러분의 인격과 영성이 형성되는 자리라는 것입니다. 모세는 출애굽 구원 후 시작된 광야 여정 40년 동안 그의 인내를 극한으로 시험받는 네 번의 반역 사건을 경험합니다. 모세가 겪었던 네 번의 반역 사건은 모두 민수기에 나옵니다. 첫 번째는 미리암의 반역 사건입니다. 이 미리암의 반역 사건은 모세의 배타적 리더십에 대한 일종의 도전입니다. 두 번째는 고라, 다단, 아비람의 반역 사건입니다. 이 반역 사건은 아론의 배타적 제사장 권리에 대한 도전입니다. 이때 모세와 아론은 돌로 쳐죽임을 당할 위협을 당했습니다.

그런데 이 두 사건보다 더 중대한 사건은 이스라엘 백성 모두를 이집트로 다시 데려가려고 하는, 가데스바네아발(發) 환(還)애굽 운동입니다. 환애굽 운동은 광야의 자유민 삶을 포기하고 다시 이집트로 돌아가 파라오의 노예로 살다 죽자는 운동입니다. 이집트의 풍성한 야채와 과일, 육류를 그리워하는 운동입니다. 이집트의 그 풍요로웠던 고기 가마를 그리워하면서 광야의 식단, 곧 갓씨 같은 만나, 단백질은 없고 탄수화물밖에 없는 지긋지긋한 만나를 더는 먹지 못하겠다면서 시작된 반란이었습니다. 이집트로 돌아가려는 이 환애굽 운동이 네 반역 사건 중에서 가장 치명적인 반역 사건입니다. 마지막은 가나안 근처에 가서 경험한 바알브올 음행 사건입니다. 이스라엘 남자들이 모압여인과 음행하면서 도입한 바알브올 종교 제의에 오염된 사건입니다. 영적으로 오염된 채 가나안 땅에 들어가 가나안을 다시 오염시킬 수 있는 위기였습니다.

모세는 이런 반역들을 숱하게 겪었고 심지어 돌로 쳐죽이겠다며 으르렁거리는 백성들의 광란적 폭력 시위를 직면할 때마다 회막 문

앞에 엎드렸습니다. 물론 이보다 더 원초적인 반역은 광야 생활이 본격적으로 시작되기 전 시내산에서 겪었던 금송아지 숭배 사건이었습니다. 하지만 이 금송아지 제작 및 숭배 사건은 이집트로 다시 돌아가자는 운동은 아닙니다. 다만 야웨 하나님의 형상으로 금송아지를 만들어 놓고 춤을 추며 야웨의 종교를 변질시켰습니다. 그러나 하나님의 급진적인 은혜와 용서로 금송아지 사건은 신속하게 수습되었습니다. 광야 여정 40년 동안 모세가 경험한 위기와 좌절과 당혹은 목숨을 걸어야 할 정도의 고난과 위기였습니다. 모세는 단조로운 음식, 갈증, 여정의 고단함 등으로 폭발한 회중이 죽이겠다고 돌을 쳐들 때마다 하나님 앞에 납작 엎드렸습니다. 그래서 민수기 12장은 세상에 모세만큼 온유한 사람이 없다고 말합니다. 모세는 양식이 없거나 물이 없을 때 항상 백성으로부터 돌로 쳐죽임을 당할 위기에 몰렸는데, 세상에 이런 지도자가 어디 있습니까? 통상 지도자라 하면 철옹성 같은 관저에서 호위병을 거느리며 살지 않습니까? 그런데 모세는 이스라엘 백성 한복판에서 살았기 때문에 언제든지 자객, 유괴범, 폭력범의 위험에 노출되어 있었습니다.

여러분, 이 사실을 잘 알아야 합니다. 전도사, 목사가 되어 사역하는데 그 사역의 열매가 부족할 때, 여러분이 섬기는 양떼들이 말씀에 굶주리거나 생수 같은 메시지를 듣지 못하게 될 때, 돌로 칠 기세로 덤벼들 수 있다는 사실입니다. 교회 사역자들은 최후의 심판을 받지 않습니다. 매주 예배에서 심판받습니다. 미션스쿨에서 채플 설교를 하면 대개 "왜 설교가 그 모양입니까? 좀 재미있게 해주세요" 등의 온갖 악성 댓글을 받습니다. 그 무자비한 언어의 시궁창에 들어가서 기독교를 조롱하는 젊은 분노와 저항을 읽어 내어야 합니다. 놀랍게도 저는 그런 댓글을 받으면서 강심장이 되어 갑니다. 저는 한 학기에 18번씩 그런 비우호적이고 냉랭한 회중에게 설교해야 합니다. 10분이 1시간보다 더 길게 느껴집니다. 그러한 악성 댓글을 받아보면 정신이 바짝 들면서 "어떻게 기독교를 옹호해야 할 것인가? 하나님과 예수님을 어떻게 전해야 할 것인가?"를 온종일 고민하게 됩니다. 이곳이 바로 우리의 인격과 영성이 자라나는 광야의 현장입니다. 모세에게 광야는 온유한 심성 연단에 적합한 곳이었습니다. 돌로 치려는 적대적인 회중의 폭력 앞에서 납작 엎드리는 영성을 갈고닦는 곳이었습니다. 이처럼 모세의 영성은 적대적인 회중 앞에서 극한의 겸비함으로 단련된, "납작 엎드리는 영성"입니다.

우리가 모세의 인격과 영성을 가장 잘 볼 수 있는 곳은 출애굽기 33장입니다. 이 장은 시내산 금송아지 숭배 사건으로 초래된 절체절명의 위기를 다룹니다. 모세가 회막에 하루 종일 거하며 엎드리는 과정을 백성들이 지켜보며 이 지도자의 지도력에 순복하는 장면이 나옵니다. 모든 백성이 회막 문 앞에 서서 회막 안, 여호와의 영광이 가득 찬 곳에서 모세가 하나님과 대화하는 장면을 지켜봅니다. 모세와 하나님 사이의 대화가 깊어지는 것을 보면서 이스라엘 백성은 하나님께 순복합니다. 이 본문은 모세가 회중을 자기편으로 만들고 정치 공작을 함으로써 교회를 이끌어 나가는 것이 아니라, 하나님의 말씀을 충분히 듣기 위해 회막에 엎드린 채 자신의 내면 단련을 거듭함으로써 지도력을 발휘했음을 보여줍니다. 모세는 좌절과 당혹, 반역과 적대의 분위기에서 회막에 납작 엎드림으로 영적인 사람이 되어 갔습니다. 모세는 지극히 온유한 마음으로, 폭력적이고 언제든지 폭발할 것 같은 휘발성 강한 무서운 회중을 다스려 갔습니다. 이것이 바로 모세가 거쳐 갔던 길입니다.

미국 IVF 대표를 지낸 훌륭한 목사 고든 맥도널드는 『리더는 무엇으로 사는가』, 『내면 세계의 질서와 영적 성장』이라는 책을 썼습니다. 그는 한때 7계명 때문에 가정 풍파도 겪었던 사람입니다. 그가 쓴 두 책 모두 인격과 영성 성장을 위해 자신을 깊게 살피도록 격려합니다. 『리더는 무엇으로 사는가』라는 책을 보면 고든 맥도널드가 청소년 사역 시절에 겪은 일에 대해서 소개합니다. 콜로라도 주의 한 교회에서 청소년부를 맡아 사역한 그는 자신이 그 교회로 가기 전에는 많이 모이던 청소년들이 그가 부임하자마자 썰물처럼 빠져나가는 상황에 직면하여 크게 낙심했습니다. 자신도 위기감을 가지고 왜 이럴까 하며 고민하고 있는데, 사무실을 청소하는 도중에 꾸깃꾸깃 구겨진 종이 조각 하나를 발견합니다. 그 종이에는 이런 글이 쓰여 있었습니다. "맥 전도사님이 몇 주만 더 교회에서 버티신다면 우린 다 산산조각 나고 말 거야." 이 같은 충격적인 메모가 자신이 섬기던 청소년들 사이에 오고 간 사실을 알고 그는 경악합니다. 그래서 맥도널드는 즉시 하나님 앞에 엎드립니다. 그는 자신을 모욕하는 쪽지를 보고 난 후 하나님 앞에서 한없이 겸비해졌습니다.

항상 환영받기만 하는 것이 꼭 좋은 것은 아닙니다. 우리가 매일 심판받아 겸비케 되더라도 희망이 있습니다. 성장의 희망이 있습니다. 저 같은 사람들은 설교하고 나면 바로 평가를 받습니다. 저와 악수하며 웃는 사람들만 있는 것이 아닙니다. 속으로 "그걸 설교라고, 아이고, 풋내기" 하면서 지나가는 사람들도 있습니다. 실제로 우리가 하나님의 일을 하려고 하면 하나님 앞에서 낮은 포복으로 숱한 시절을 보내야 될 때가 있습니다. 그때는 회막 문 앞에서 여호와의 영광 가운데 계신 분이 자신의 영혼을 울리는 메시지를 수없이 들려주실 때까지 회막을 떠나지 말아야 합니다. 모세의 영성은 회막을 떠나지 않는 영성입니다.

인격 성장과 영성 훈련을 돕는 거룩한 독서

여러분이 인격 성장과 영성 성장에 대해서 가장 많이 읽어야 할 책을 쓴 세 사람을 고든 맥도널드가 소개했습니다. 저는 이 세 사람 외에도 여러 사람이 있다고 생각합니다만, 고든 맥도널드는 우선 세 사람의 책을 읽어야 한다고 말했습니다. 리처드 포스터, 헨리 나우웬, 달라스 윌라드입니다. 이 세 사람은 무조건 읽어야 인격 성장과 영성 성장을 담보할 수 있다는 그의 말에 동의합니다. 그러나 저는 이들의 책과 더불어 고든 맥도널드의 책을 추천합니다. 그리고 A. B. 브루스가 쓴 『열두 제자 훈련』이라는 책도 참 좋습니다. 이 책은 제가 스무 살 때 반복하며 읽은 책입니다. 신앙에 진지한 청년은 꼭 읽어야 할 책입니다. 저는 이 책에서 자신과 기질이 다른 사람, 나하고 기질적으로 천적 관계에 있는 사람과 친하게 지내는 방법을 배웠습니다.

그 다음에 데이빗 L. 왓슨의 『제자도』, 후안 카를로스 오르티즈의 『제자입니까』이 두 책이 참 좋습니다. 제가 또 좋아하는 책은 앤드류 머레이의 『겸손』, E. M. 바운즈의 『기도의 능력』, P. T. 포사이스의 『영혼의 기도』 등입니다. 저는 이런 책들이 20대 때 자주 반복해 읽어야 할 책이라고 생각합니다. 이 책 모두는 제가 낮은 포복하며 하나님의 음성이 들릴 때까지 영적 고도를 높이는 것을 도와주는 책이고, 저를 비방하는 회중의 쪽지를 보았을 때에도 하나님께 엎드릴 수 있도록 영혼을 북돋아 주는 책입니다.

"아무개가 이 교회를 떠나기 전까지는 하나님께서 우리 교회를 찾지 않을 것이다." 이런 말을 듣고도 낮은 포복을 할 수 있는 훈련을 시켜 주는 책 가운데 하나가 토마스 아 켐피스가 쓴 『그리스도를 본받아』입니다. 아마도 이 책은 성경 다음으로 많이 읽어야 할 책일 것입니다. 이 책은 여러분을 너무 거룩하게 만들기 때문에 조심해서 읽어야 합니다. 저는 이 책을 읽으면서 처음부터 끝까지 너무나 많이 찔렸습니다. 이 책을 읽고 제가 얼마나 허영심에 가득 찬 존재인가 느꼈습니다. MRI 촬영을 당한 것처럼 지극히 세속적이고 누추한 저의 비린내 나는 인간성의 원형질을 대면합니다. 우리 내면의 허영심과 교만함 같은 것들을 전부 환하게 드러내는 책입니다.

그 다음으로 달라스 윌라드가 쓴 책 중에서 『마음의 혁신』이란 책이 중요한 책입니다. 이 책은 마음 재창조학 매뉴얼입니다. 그러나 앞부분은 지나치게 철학적이고, 뒷부분이 좋습니다. 데이빗 A. 씨맨즈의 『상한 감정의 치유』, 아시시의 프란체스코가 쓴 『성 프란체스코의 작은 꽃들』도 영성 훈련에 큰 도움이 됩니다. 그리고 19세기 영국 성공회 주교였던 J. C. 라일이 쓴 『하나님의 청년에게』라는 책과 17세기 청교도 영성신학자 존 오웬의 책들, 특히 『죄와 유혹』, 『영의 생각,

육신의 생각』이 좋습니다. 3강에서 언급했던 이그나티우스 로욜라의 『영신수련』에 나오는 오감 입체적 성경 읽기도 좋습니다. 에르네스또 까르데날 신부의 『침묵 속에 떠오르는 소리』, 까를로 까레또의 『도시의 광야』 또한 영성 훈련에 좋은 책입니다. 끝이 없습니다. 제가 말한 책들은 대부분 얇은 책들입니다. 그러니 무슨 책이든지 손에 들고 다니면서 읽으시기 바랍니다. 『침묵 속에 떠오르는 소리』와 『도시의 광야』라는 이 두 책은 아침마다 큐티하는 삶이 얼마나 풍요로울 수 있는지를 잘 보여주는 책입니다. E. M. 바운즈의 『기도의 능력』은 모세적인 몰입기도의 감미로움을 보여주는 책이고, P. T. 포사이스가 쓴 『영혼의 기도』는 야만적인 폭력성으로 무장된 채 돌을 든 군중과 회중 앞에서 낮은 포복하는 법을 알려 주는 책입니다. 그리고 A. W. 토저의 모든 책, 특히 『압도적인 임재를 갈망하라』, 『능력, 거듭난 자의 삶에 드러나는 것』, 『경건생활의 비결』이 좋습니다. 하나님 예배자 토저의 모든 책은 영성 형성에 도움이 되는 책입니다. 이 외에도 성 어거스틴의 『고백록』은 죄책감이 그윽하게 해소되는 과정을 적나라하게 쓴 책으로, 읽어도 읽어도 지루하지 않고 끝없이 유익한 책입니다.

　20대 때는 1년에 20권 정도의 책을 계속 반복해서 읽으면 큰 도움이 됩니다. 물론 50대가 되었다고 완전해지는 것은 아닙니다. 50대에는 50대가 읽어야 할 책이 있습니다. 20대는 제가 말한 책 20권 정도를 반복하여 여러 번 읽는 것이 참 중요합니다. 우리는 모세와 달리 책을 통해 매개된 영성 수련을 익히고 실전 훈련을 받아야 합니다. 실전 사역의 훈련장인 광야는 우리의 일터요 가정입니다. 우리 시대의 가장 중요한 과업 중 하나에 투신된 사람은 그 일을 수행하는 과정에서 인격이 다듬어지고 영성도 깊어집니다.

제가 최근에 읽은 책 중에서 가장 인상적인 책 하나는 J. C. 라일 주교가 쓴 『거룩』입니다. 이 책을 보면 '거룩'이라는 것이 무엇을 하지 않는 소극적인 개념이 아니라 얼마나 적극적인 개념인지를 자세히 설명해 줍니다. 다만 라일 주교의 '거룩'은 개인적인 거룩만을 강조했고, 거룩한 공동체의 비전에 대해서는 충분히 설명하지 않아 다소 아쉽습니다.[35] 그러나 우리 한국 교회 그리스도인들은 내면상의 개인 거룩도 올바로 드러내지 못하고 있기에 여전히 이 책은 중요합니다. 그럼에도 불구하고 우리는 개인 경건과 내면 거룩을 넘어 모세적 거룩에까지 나아가야 합니다. 모세는 개인의 거룩을 넘어서, 거룩한 사회가 어떻게 형성되고 작동하는지에 대한 비전을 하나님으로부터 받아 설파했습니다. 모세의 거룩은 훨씬 더 넓고 훌륭한 거룩입니다.

또한 앞서 언급했지만 한경직 목사님의 설교집을 여러 번 반복해서 읽기를 바랍니다. 대천덕 신부님의 책과 편지들을 탐독해도 큰 도움이 됩니다. 디트리히 본회퍼가 쓴 『성도의 공동생활』 역시 읽어 보시기 바랍니다. 이 얇은 책 중에서 '홀로 있음'과 '함께 있음' 장을 꼭 읽어야 합니다. 이것과 함께 본회퍼의 『시편 묵상』도 꼭 읽어야 합니다. 그 다음에 김정준 박사의 『시편 명상』이란 책도 좋은 책입니다. 디트리히 본회퍼의 『성도의 공동생활』을 더 잘 이해하도록 돕는 책인 에릭 메택시스의 『디트리히 본회퍼』는, 역사의식에 붙들린 사람이 모세

---

35. J. C. 라일, 『거룩』, 장호준 역(서울: 복 있는 사람, 2009). 8장 '모세, 우리의 모범'에서도 모세의 공적 거룩과 그 파급력에 대한 논의를 전개하지 않아 안타깝다(283-309).

적인 공생애를 통하여 고결하게 인격이 단련되는 과정을 자세히 보여
주는 책입니다. 모세의 길을 그대로 따라가는 본회퍼의 마지막 과정을
잘 소개했습니다.

모세의 십자가 영성

그리스도인의 인격과 영성은 그 시대의 중심 과업에 결박된 공민의식
으로 가득 찬 사람에게 일어나는 혜택입니다. 그 공민의식의 핵심에서
역사의식으로 무장한 청년이 앞 세대에서 멈추어 선 그 지점을 궁리
할 때, 하나님께서는 그 사람을 다음 역사를 창출하는 주인공으로 불
러 주시고 그에게 그리스도의 인격과 영성을 창조해 주십니다. 모세는
광야에서 중대한 반역을 겪으면서 극한의 겸손과 온유로 모든 위기를
돌파하고 마침내 가나안 입구까지 왔습니다. 그 긴 여정에서 모세가
보여준 인격과 영성의 절정은 그가 느보산에 올라 가나안 입성 거부
를 경험하며 하나님의 거룩한 냉대를 견디어 낸 사건을 통해 발현됩
니다. 모세의 가장 위대한 점 가운데 하나는 기도가 거절당하는 경험
으로 생애의 마지막을 장식했다는 것입니다. 모세도 사실상 십자가에
달려 죽은 것입니다.
　　이것은 생각할수록 역설적입니다. 가나안 땅에 들어가기에 가장
합당한 사람은 모세입니다. 그러나 모세는 불순종하다가 광야에서 소
멸한 세대, 출애굽 제1세대의 죄와 패역을 지고, 광야에 남겨진 아사
셀 염소처럼 홀로 죽어 갑니다. 모세는 느보산에서 제사장에 의해 옷

이 벗겨지고 그 망토와 지도자의 옷을 여호수아에게 넘겨준 후, 기력이 시퍼렇게 살아 있는 채로 120세에 죽습니다. 하나님의 명령에 순종한 죽음입니다. 어떻게 죽었는지는 모르지만, 죽지 않아야 할 그 나이에 모세는 여호수아와 그 후세대를 위해 기꺼이 죽었습니다. 하나님은 모세같이 초인적인 영웅의 업적을 성취한 자가 다음 세대의 부담이 되는 것을 막기 위해서 그를 가나안 땅에 들어가지 못하도록 하셨습니다.

모세의 위대한 점은 거절당하는 기도를 가지고 감사한 것입니다. 그는 비록 가나안 땅에 들어가지는 못했지만 가나안 전체가 환히 내다보이는 느보산에서 이스라엘 열두 지파의 미래 행로를 예언하고 각 지파를 위해 축복과 경고의 기도를 드리는 예언자로 생애를 마감했습니다. 이것은 야곱의 생애가 이스라엘 열두 지파의 미래를 예견하고 축복하면서 끝나는 것과 비슷합니다. 여기서 보이는 그리스도인의 인격과 영성은 자기부인입니다. 모세는 누구보다도 가나안 땅에 들어가기에 합당한 자격과 특권이 있었습니다. 모세는 세 번이나 가나안에 들어가게 해달라고 기도하지만, 끝내 거절당합니다. 하나님의 "너는 불순종한 출애굽 제1세대의 죄를 짊어져야 한다. 이는 너 자신에게 고통스러운 과정일지 모르지만, 역사의 다음 단계를 위해서 네가 퇴장하는 것이 옳다"라는 취지의 대답을 듣고 모세는 "아멘"으로 순복합니다. 거의 반강제로 퇴장당하는 고독을 견뎌 냈다는 것, 이것은 모세의 인생 중에서 가장 위대한 순간입니다.

하나님께 거절당하고 배척당하는 것, 하나님께 기도응답을 받지 못하는 것, 그러면서도 모든 것을 믿고 견디며 하나님께 자신의 영혼을 의탁하는 영성, 이것이 십자가 영성의 진수입니다. 우리 또한 하나님 앞에서 견뎌야 할 고독과 배척, 기도 거절의 경험을 맛보게 될 때 모세를 기억해야 합니다. 모세의 십자가는 나사렛 예수의 십자가 원본의 모본이었습니다. 하나님의 아들 예수님도 세 번 기도했고 세 번 거절당했습니다. "아버지여, 이 잔을 내게서 옮겨 주옵소서." 그분도 모세의 세 번에 걸친 기도 거절의 원형적 거절을 경험합니다. 그러면서도 그분은 100% 아버지의 처분에 영혼을 의탁합니다. "내 뜻대로 마시옵고 아버지 원대로 하옵소서."

결론: 예언자적 인격과 영성의 전범 모세

모세는 가나안 땅에 들어가지 못했지만, 이스라엘 역사상 가장 위대한 예언자로 자리매김하였습니다. "그 후에는 이스라엘에 모세와 같은 선지자가 일어나지 못하였나니 모세는 여호와께서 대면하여 아시던 자요"(신 34:10). 모세가 가장 위대한 예언자로 자리매김한 이유는 단지 모세의 표적과 기적 때문이 아닙니다. 중요한 이유는 모세가 하나님과 얼굴을 맞대고 이야기하는 사이였기 때문이었습니다. 하나님과 대면하며 말하고 듣는 자리, 그것이 모세의 영광입니다.

그런데 신명기 34:5-10에 이르는 모세의 영광이 요한복음 1:18과 히브리서 1장, 고린전도서 3장에서 어떻게 상대화됩니까? 모세가 하나님과 얼굴을 맞대고 보았다고 말하지만, 아버지 품속에 있는 독생자이신 예수님이 아버지 하나님과 대면한 경험에 비추어 볼 때 모세는 하나님을 본 적이 없다는 평가를 받습니다. 아버지 하나님과 예수님의 영원한 "대면"과 비교해 볼 때, 모세는 하나님을 보았다고 할수 없다는 것입니다. 그래서 성경은 예수님 외에는 아무도 하나님을본 사람이 없다고 말합니다. 예수님을 기준으로 본다면 모세도 하나님을 본 것이 아니라는 것입니다. 모세는 하나님의 집 아들이신 예수 그리스도와 비교하면 하나님 집의 심부름꾼에 불과했으며, 모세의 영광, 모세의 얼굴에 빛나는 그 광채는 예수 그리스도 안에 있는 하나님의영광을 아는 그 영광의 광채에 비하면 광채도 아니었다는 것입니다.이것이 바로 유대교에서 창조적 분리를 감행한 기독교의 양자역학적대도약입니다.

우리는 모세가 종교 역사상 가장 위대한 인격과 영성의 경지에도달했다고 봅니다. 세계의 모든 고등종교가 도달할 수 있는 최고의경지가 모세종교입니다. 그렇기 때문에 힌두교, 불교, 도교 등 모든 종교는 모세종교와 같거나 그 아래입니다. 그런데 그 모세의 종교를 추월하고 무색하게 만든 것이 영원하신 하나님의 아들, 하나님의 품 안에 계신 독생자, 하나님을 완전히 계시한 아들 예수님입니다. 그분 앞에서 모세는 율법을 매개한 사람에 불과합니다. 그러나 예수님은 율법을 100% 성취하여 은혜와 진리를 매개한 하나님의 아들입니다. 한마디로 모세가 인간이 추구할 수 있는 최고의 종교성과 영성을 대표한다면 예수님은 사람이 되신 하나님의 영성을 대표합니다. 양자는 전혀다른 반열에 위치하고 있습니다. 그래서 모세가 하나님의 얼굴을 대면했다고 말하는 신명기 34:10 말씀은 요한복음 1:18에 의해 십자가에못 박힙니다. 이렇게 상대화된 모세가 하나님 앞에서 진정으로 대우받고 인정받는 모세입니다.

> 율법은 모세로 말미암아 주어진 것이요 은혜와 진리는 예수 그리스도로
> 말미암아 온 것이라. 본래 하나님을 본 사람이 없으되 아버지 품속에 있
> 는 독생하신 하나님이 나타내셨느니라(요 1:17-18).

모세가 하나님과 얼굴을 대면했다고 하는 그것은 하나님이 아들
예수 그리스도와 마주 보고 대했던 것과 비교해 볼 때 하나님을 보지
못한 것과 같습니다. 그리스도인의 인격과 영성의 최고봉에 달하는 모
세일지라도 그리스도는 아닙니다. 그리스도인의 최고봉도 그리스도
앞에서 무색해집니다. 그래서 그리스도인은 그리스도의 장성한 분량
까지는 체험할 수 있지만, 그리스도 자신은 아닙니다. 구약성경에 등
장했던 모든 영성가들과 위대한 지도자들, 예언자들을 다 합해도 예수
그리스도의 영적 용량에는 도달하지 못합니다. 예수님이 더 크십니다.
주의 영이 있는 곳에 자유함이 있다는 것을 바르게 알아야 합니다. 예
수 그리스도의 영광과 모세의 영광을 비교할 때 모세의 영광에 사로
잡혀서는 안 됩니다. 모세의 영광에 도취되면 완전한 계시이신 하나님
의 독생자 예수 그리스도 얼굴 안에 있는 하나님의 영광을 감별할 능
력이 사라지기 때문에 조심해야 합니다.

지금 이스라엘 유대교는 모세의 종교 안에 머물고 있습니다. 세
계 모든 종교는 모세종교보다 훨씬 열등합니다. 또한 세계의 모든 고
등종교가 도달할 수 있는 최고 경지는 모세종교까지입니다. 그런데 이
모세종교에 예수 그리스도께서 양자역학적 대변화를 가져옴으로써

하나님 아버지를 100% 계시하셨습니다. 말씀이 육신이 되고 우리 가운데 거하시매 그 영광을 바라보게 되니 은혜와 진리가 충만한 기독교 복음이 탄생한 것입니다. 그러므로 기독교 복음은 다른 종교의 열등함을 강조하는 것이 아니라, 모든 종교를 초극하여 완성시켜 주어야 합니다. 복음의 핵심은 다른 종교의 우상숭배적 요소와 야만적 요소를 비난하는 데 있지 않고, 하나님을 보여주는 일에 앞장서는 데 있습니다. 기독교는 독생하신 예수님이 하나님을 보여주시듯이, 모든 종교가 놀랄 정도로, 거룩하신 하나님을 보여주는 복음을 대변해야 합니다. 이것이 기독교 복음이고 교회의 사명입니다.

그리스도가 여러분 마음에 계셔서 하나님의 사랑의 넓이와 깊이를 알아가며, 열방의 이름을 부르며 기도하는 큰 영성, 곧 모세적 낮은 포복과 모세적 온유, 모세적 거절의 수용 영성을 체득해 가기를 간구합니다. 여러분을 배척하는 광야의 회중이 돌을 들고 달려든다 할지라도 절대로 좌절하지 않는 모세와 같은 사람이 되어 주시기를 바랍니다. 이 청년 모세들이 세계 만민을 젖과 꿀이 흐르는 땅으로 인도하는 모세적 예언자와 영성가들이 되기를 간절히 기도합니다.

아버지 하나님, 감사합니다. 사랑하는 하나님의 청년들이 하나님의 음성을 듣기 위해 영적 고도를 높여 가면서 하나님의 산으로 올라갑니다. 아버지 하나님, 이들을 고유명사 이름으로 불러 주셔서 이 시대에 수행해야 할 중심 과업이 무엇인지를 깨닫게 하여 주시기를 간절히 기도합니다. 이 시대의 중심 과업을 파악하고 역사의식으로 가득 차서, 하나님의 새로운 역사에서 어떤 일이 그들의 영역이 될 것인가를 파악하는 데 앞장서게 하여 주옵소서. 회막 앞에서 주님의 구름이 머물 때까지 일어설 줄 모르는 기도의 사람이 되게 하시고, 돌을 든 회중 앞에서 낮은 포복으로 응답하여 침묵으로 모든 불안을 삼키며, 느보산에 올라 하나님 백성의 미래를 예견하는 통찰력의 소유자로 자라 가게 하여 주옵소서. 하오나 우리가 이룬 영적 업적과 성취가 그리스도의 얼굴 안에 있는 하나님의 영광을 알아보는 데 방해가 되지 않고, 그리스도 안에서 발전적으로 흡수되는 모세의 영성이 되게 하여 주옵소서. 예수님의 이름으로 기도합니다. 아멘.

5

깊은 데로 가서 그물을 던져 고기를 잡으라

누가복음 5:1-11

누가복음 5:1-11

무리가 몰려와서 하나님의 말씀을 들을새 예수는 게네사렛 호숫가에 서서 호숫가에 배 두 척이 있는 것을 보시니 어부들은 배에서 나와서 그물을 씻는지라. 예수께서 한 배에 오르시니 그 배는 시몬의 배라. 육지에서 조금 떼기를 청하시고 앉으사 배에서 무리를 가르치시더니 말씀을 마치고 시몬에게 이르시되 깊은 데로 가서 그물을 내려 고기를 잡으라. 시몬이 대답하여 이르되 선생님, 우리들이 밤이 새도록 수고하였으되 잡은 것이 없지마는 말씀에 의지하여 내가 그물을 내리리이다 하고 그렇게 하니 고기를 잡은 것이 심히 많아 그물이 찢어지는지라. 이에 다른 배에 있는 동무들에게 손짓하여 와서 도와 달라 하니 그들이 와서 두 배에 채우매 잠기게 되었더라. 시몬 베드로가 이를 보고 예수의 무릎 아래에 엎드려 이르되 주여, 나를 떠나소서 나는 죄인이로소이다 하니 이는 자기 및 자기와 함께 있는 모든 사람이 고기 잡힌 것으로 말미암아 놀라고 세베대의 아들로서 시몬의 동업자인 야고보와 요한도 놀랐음이라. 예수께서 시몬에게 이르시되 무서워하지 말라. 이제 후로는 네가 사람을 취하리라 하시니 그들이 배들을 육지에 대고 모든 것을 버려 두고 예수를 따르니라.

카라마조프적인 인간의 심연

표도르 도스토옙스키의 『카라마조프가의 형제들』은 1880년에 완성된 19세기 러시아 사회소설의 걸작입니다. 빅토르 위고의 『레미제라블』보다 대략 20년 정도 늦게 쓰여진 소설입니다. 카라마조프는 "검다"는 의미를 갖고 있습니다. 러시아의 검붉은 토양 색을 가리킵니다. 러시아 농민들의 살과 뼈를 녹이는 그 광활한 러시아 흑토처럼 양면적인 이미지를 가진 말이 카라마조프입니다. 그것은 순결과 불결, 고결함과 야비함이 착종(錯綜)되어 있음을 의미합니다. 카라마조프는 진토스러움과 신적 고결함이 뒤섞인 인간성을 상징합니다. 즉 카라마조프가의 형제들은 진토스러운 내적 취약성과 고결한 열망으로 착종된 아담적 죄성을 지닌 보편적인 인간이란 뜻입니다.

표도르 카라마조프의 아들들, 곧 카라마조프가의 형제들은 세 아들과 한 명의 사생아로 구성되어 있습니다. 이 소설은 아버지의 죽음에 대해서 누가 책임이 있는가를 중심으로 벌어지는 가족범죄 스릴러입니다. 소설의 정경은 아버지의 죽음을 둘러싼 사건을 수사하는 이야기지만, 더 큰 의미에서는 역사소설이요 사회소설이며, 정곡을 찔러 말하자면 아주 격조 높은 기독교 소설입니다. 그래서 이 『카라마조프가의 형제들』을 읽은 사람은 로마서를 더 잘 이해할 수 있습니다. 특히 로마서 7:19-25을 이해할 수 있고, 로마서 8:1-39을 이해할 수 있습니다. 소설의 절정에서는 인간 갱생과 변화가 일어나고, 구원의 가능성 탐색이 조심스럽게 이루어집니다.

소설의 전반부가 로마서 1-7장의 서사적 심층 해설이라면 소설의 결론부는 로마서 8장의 부분적 실현을 우회적으로 보여줍니다. 등장인물들이 좋은 방향으로 변화를 시작합니다. 큰아들과 그를 사랑하는 여인은 순하게 바뀌고, 뼛속에서부터 무신론자를 자처하던 둘째 아들은 양심의 가책을 동반하여 미쳐감으로서 역설적인 구원의 서정에 들어서며, 적의에 찬 사람들 사이에 크고 작은 화해가 이루어집니다. 로마서 8장은 인간의 죄보다 압도적으로 위대하고 크신 하나님의 재활복구적, 재창조적 은총을 찬양합니다. 창세기로부터 요한계시록까지의 전체가 압축된 로마서 8장을 암송하는 사람은 성경 전체를 암송하는 것과 마찬가지입니다. 로마서 8장 1절부터 39절 안에는 베드로, 모세, 야곱을 포함한 모든 성도의 생애가 들어 있습니다. 카라마조프적 인간성, 비열함과 순결함이 뒤섞여서 자신의 죄성의 무게에 눌려 끊임없이 침몰하면서도 부단히 자기초월을 꿈꾸는 것, 이것이 그리스도인의 인격과 영성 문제를 다룰 때 직면하는 인간의 진면목입니다.

저는 한때 심방을 하러 다닌다고 차를 향용했을 때 1년에 교통범칙금을 5번 정도 낸 적이 있습니다. 내비게이션이나 속도 표지판 감식

장치도 없는 차를 운전하면서 자신도 모르게 과속해서 범칙금 고지서를 받았습니다. 처음에는 당황해서 아니라고 부인하고 싶지만 과속한 날짜와 시각을 보면 과연 맞습니다. 그래서 적게는 4만 원, 많게는 7만 원을 냅니다. 내비게이션이나 다른 장치 없이 육안과 양심을 믿고 달리기 때문에 속도가 제법 붙습니다. 분명 저는 규정 속도로 주행하고 있다고 생각했지만 범칙금 고지서에 따르면 저는 확실히 위반했습니다. 제 양심이 자기중심적 죄로 흐려져 있기에 양심을 믿은 결과로 속도위반을 했던 것입니다. 운전하면서 느끼는 것은 제 안에 과속의 영이 질주하고 있으며, 이 과속의 열망은 법규를 어기는 죄를 초래했다는 것입니다. 그래서 저는 온유하고 여유로운 운전자를 심히 존경하고 부러워합니다. 아무리 무의식적으로 운전해도 속도위반을 하지 않는 겸손과 절제의 사람을 존경합니다. 저도 언젠가 그런 운전자가 되길 열망합니다(요즘은 거의 차를 몰지 않지만 가끔 몰아 보면 제 운전 죄성은 조금도 감소되지 않았더군요).

이처럼 자신도 모르는 사이에도 법을 어긴다면 인간이 법을 어기지 않고 살기란 거의 불가능합니다. 저는 저 자신의 구제불능하고 자기중심적인 인간성을 믿을 수 없습니다. 우리 인간성 안에 있는, 속도규정을 어겨 가면서까지 급행하려는 비열함과 동시에 만민의 칭찬을 받을 만큼 멋진 매너의 운전자가 되고 싶어 하는 고결한 열망은 해결할 길이 없습니다. 저는 버스를 탈 때 과속하는 운전사에게 감사함을 느낍니다. 하지만 제가 차를 몰고 갈 때 미친 속도로 달리는 버스를 보면 저주(?)를 퍼붓습니다. 저는 도보로 걸어갈 때는 차가 너무 빨리 지나간다고 불평하고, 차를 몰고 갈 때는 사람들이 건널목을 건널 때 너무 느리게 걷는다고 불평하는 사람입니다. 제 안에 있는 화해할 수 없는 비열함과 고귀함, 이것이 시몬의 세계이고 베드로의 세계입니다.

이제 우리가 탐구할 베드로는 모순적이지만 미워할 수 없는 사람입니다. 이 베드로는 신약성경에서 가장 긴 회심 이야기를 가지고 있습니다. 신약성경에서 사도 베드로, 사도 바울, 사도 요한, 수가 성의 사마리아 여인이 비교적 긴 회심 이야기를 남기고 있습니다. 초대교회에서 회심 이야기의 길이는 영적 비중과 중요성에 비례합니다. 사도 바울의 이야기는 사도행전 9장, 22장, 26장에, 베드로는 사복음서 모두와 사도행전 10장에 나옵니다. 특히 베드로는 미숙하고 모순적인 인간성을 가진 신자에서 대사도로 성장하는 과정이 모두 기록되어 있습니다. 그래서 베드로는 그리스도인의 인격과 영성의 측면에서 탐구해 볼 만한 가치가 있습니다.

우리나라 목사님들이 통속적으로 하는 말 중에 "천하무식 베드로"가 있습니다. 베드로가 낫 놓고 기역 자도 모른다고 말하면서 무식한 사람들도 목사가 될 수 있다는 극언까지 서슴지 않습니다. 베드로를 자신의 무식과 동일시할 때 목회자들이 많이 쓰는 말입니다. 이 편견은 학문적으로 입증되지 못한 통설에 불과하다는 것이 점차 알려지고 있습니다. 저는 『하나님 나라 신학으로 읽는 사도행전』 1권에서 베드로의 학자적 교양과 영적 수준을 옹호했습니다.[36] 베드로는 결코 낫 놓고 기역 자도 모르는 어부가 아닙니다. 베드로가 비록 남북 20km, 동서 8km밖에 안 되는 갈릴리 바다에서 물고기를 잡는 어부로 살았

---

36. 김회권, 『하나님 나라 신학으로 읽는 사도행전 1』(서울: 복 있는 사람, 2007), 75-103.

다 하더라도 그는 결코 역사의식도 없는 농투성이나 무지렁이가 아니었습니다. 베드로는 바리새인적 교양이 탄탄하고, 성경을 자세히 알고 있으며, 예수님과 하룻밤에 만리장성을 쌓을 만큼의 우정을 나눌 수준의 사람이었습니다. 베드로의 학식과 신앙적 열정은 예수님과 3년간 같이 다닐 수 있는 수준이었습니다.

이 부분이 중요합니다. 지식과 열정과 총명의 차이가 크면 두 사람이 같이 있는 것이 불가능합니다. 예수님과 베드로 사이에 대화가 통하지 않고 마음을 주고받을 수 있는 영적 교감이 이루어지지 않았다면, 하룻밤을 같이 하며 별명을 붙여 주면서 지울 수 없는 호감을 느끼고 헤어지는 것이 불가능했을 것입니다. 지적인 능력이 극히 퇴화한 사람과 한 시간 내내 같이 있는 것, 단세포동물 수준으로 사고하고 행동하는 사람과 말을 섞고 교제를 나누는 것은 인내와 성실을 요구하는 고역입니다. 그러나 예수님과 베드로는 3년을 같이 있었습니다. 이 함께 있음을 가능하게 한 것은 예수님의 온유와 사랑이었겠지만, 베드로가 예수님의 말 상대와 교제 상대가 능히 되었을 가능성도 시사하고 있습니다. 사도행전 4:13 말씀을 보면 베드로가 본래 학문이 없는 사람으로 알았는데 나사렛 예수와 함께 있더니 저렇게 바뀌었다는 경탄조의 평가가 대적자들의 입에서 터져 나옵니다. 실로 베드로는 가히 아브라함과 같이 양자역학적 인격 성장과 영성 도약을 곳곳에서 경험합니다. 하지만 이것은 다른 사람들이 볼 때는 비약적 성장이지만 알고 보면 차근차근 준비된 도약입니다.

외국어를 공부하다 보면 처음에는 단어만 반복되는 것처럼 보이고 암기해도 소용이 없는 것처럼 자신의 암기력에 좌절하지만, 반복된 단어와 구문을 읽고 읽으며 동일한 코스를 반복하기만 했던 것처럼 느껴졌던 그 순간에도 진보와 발전이 이루어졌음을 뒤늦게 깨달을 때가 있습니다. 지루하고 권태롭고 반복적인 제자리걸음 같은 단조로운 여정을 걷고 걷다 보면 어느 순간에 갑자기 지성의 문이 열리고, 독서의 눈이 열리며, 말씀의 문이 열리는 양자역학적 대도약이 오게 됩니다. 공자가 『주역』(周易)을 하도 많이 읽어 '위편삼절'(韋編三絶)이라는 한자 성어가 생겼고, 이러한 반복 독서 경험이 가져다준 양자역학적 문리 터득의 경험은 '독서백편의자현'(讀書百遍義自見)이라는 성어에 농축되어 있습니다.

저는 지하철에서 학생들이 단어 외우는 것을 가끔 구경합니다. 어느 날은 한 중학생이 6글자밖에 안 되는 Hybrid 이 단어를 몇 번씩 밑줄 치며 외우고 있습니다. 저 또한 그런 시절을 견디어 낸 경험이 있습니다. 영어책, 노트, 사전이 안 외워지거든 머리에 붙여 놓고 스캔하듯 잠을 주무시기 바랍니다. 그렇게 공부에 사무치면, 일종의 행위예언적인 우스꽝스러운 짓까지 해가며 영어 공부에 집중하면 영어를 잘하게 됩니다. 그래서 영어와 하나가 되고 외국어와 하나가 됩니다. 500페이지가 넘는 책을 들고 벌벌 떠는 사람이 있습니다. 이 두꺼운 책을 보고 떨면서, 이것을 읽으면 심장이 파열될 것 같고 뇌수가 폭발할 것 같다고 느낍니다. 그러나 500페이지짜리 책을 읽고 심장이 파열되거나 뇌수가 폭발한 사람은 없습니다. 인간은 신비하게도 두꺼운 책을 보거나, 낯선 언어를 보면 희열의 춤을 추는 세포 – 지적인 영물 같은 세포가 우리 온몸에 퍼져 있습니다 – 들의 역동적인 군무(群舞)를 경험합니다. 어려운 책, 외국어 책을 가지고 한번 실험해 보시기 바랍니다. 처음에는 약간 거부감이 듭니다. 그러나 골똘하게 쳐다보면 영어와 독일어가 살며시 미소를 띠면서 교제의 악수를 청합니다. 아무리 두꺼운 책, 2,000페이지가 넘는 책도 첫 100페이지만 읽으면 그 다음부터는 책 자체가 독자를 이끌고 갑니다. 제가 젊은 시절에 직접 경험했습니다. 이처럼 역동적인 반응을 일으키는 고전과 대작들에게 20대 때 한번 접근해 보시기 바랍니다. 2,000페이지 책, 22,000 단어 외국어 사전을 벗 삼아 숱한 단조로움과 반복을 통해 문리를 약간이나마 터득해 본 사람은 베드로가 양자역학적 비약을 했다는 것을 이해하게 됩니다.

시몬 베드로의 진면목, 이 남자는 무엇으로 사는가?

시몬 베드로는 동생 안드레를 통하여 예수님을 처음 만나게 됩니다 (요 1:42). 안드레는 그리스식 이름인데, 베드로의 원래 이름 시몬은 히브리식 이름입니다. 시몬은 히브리어 동사 샤마(듣다)에서 나왔습니다. '샤마' 동사가 아람어 발음으로 시몬처럼 발음됩니다. 그 뜻은 "말 잘 듣는 사람", "계시에 민감한 사람", "총명한 사람"입니다. 이름을 시몬으로 썼다는 것은 히브리식 이름이 없는 안드레와는 달리 베드로 자신은 히브리 전통, 뼈대 있는 집안 출신이라는 은근한 자부심의 피력이 있습니다. 적어도 베드로에게 시몬이라는 이름을 지어준 그의 아버지는 히브리 유대신앙 전통에 충성과 절개를 지킨 인물이었을 것입니다.

　시몬 베드로는 갈릴리에서 물고기를 잡고 살았지만, 하나님 나라를 열망하면서 강태공과 같은 어부 생활을 했습니다. 강태공은 낚시를 하고 있었지만 단순히 물고기를 잡는 것이 아니라 자기 뜻을 이루어 주고 펼쳐 줄 주군을 대망하며 시대의 대의를 낚고 있었습니다. 이와 같이 베드로 또한 겉모습을 볼 때는 작은 호수에서 물고기를 잡아 파는 무지렁이 어부처럼 보이지만 사실상 그는 깊은 원칙과 신념의 사람이었습니다. 사도행전 10장에서 부정한 짐승을 잡아먹으라는 하나님의 계명을 세 번이나 듣고도 거부합니다. 그는 "나는 어려서부터 레위기 11장부터 14장에 있는 정결 음식법을 한 번도 어기지 않았다"고 말합니다. 갈라디아서 2장에서 살펴볼 수 있듯이 베드로는 안디옥에서 이방인 출신 신자들과 식사할 때 그 장면을 야고보의 제자들이 보는 순간 벌떡 일어나서 이방인과 식사를 하지 않은 체할 정도로 바리새인적 교양을 드러냈습니다. 베드로는 바리새인적 교양으로 무장된, 말씀에 출중한 젊은이였습니다.

베드로가 예수님을 만났을 당시 나이는 스무 살이 넘었을 가능성이 많습니다. 마태복음 17장을 보면 예수님과 함께 약 7만 원에 해당하는 성전세를 냅니다. 이를 볼 때 베드로는 스무 살이 넘은 것으로 보입니다. 예수님의 다른 제자들은 스무 살이 안 되었을 가능성이 많습니다. 어머니 마리아와 예수님의 나이가 15살에서 16살 정도 차이가 났을 가능성에 비추어 볼 때 예수님과 제자들의 나이 차는 상당합니다. 그 당시 맏이와 어머니의 나이 차는 15세 전후였다는 사실에서 이러한 추론이 가능합니다. 제자 중에서 베드로가 자칭타칭 수제자가 된 것은 단지 자기주장적 혈기나 많은 나이 때문이 아니고, 주로 말씀 이해력과 계시 민감성, 그리고 타고난 리더십 때문이었습니다. 바리새인적 교양으로 단련된 사람, 예수님과 하룻밤 만에 만리장성을 축성할 정도의 호흡 긴 담화를 하면서 우정을 쌓을 수 있는 사람, 예수님과 끊임없이 밤낮 대화를 주고받으면서 말을 섞을 수 있는 사람, 그는 실로 예수님과 말이 통하는 수준의 사람이라고 보아야 할 정도입니다. 그래야만 예수님과 베드로의 우정과 동역을 이해할 수 있습니다.

예수님과 베드로의 관계는 달마대사가 제자를 훈련시키듯이 일방적인 스승-제자 관계가 아니었습니다. 3년 동안 제자에게 장작 패게 하고 불 때게 한 후에 제자가 가르침을 달라고 하자 마지막에 손가락으로 턱하니 달을 가리키는 그런 관계가 아닙니다. 훨씬 교호적이었으며 영적 교감에 바탕을 둔 관계였습니다. 예수님과 베드로는 첫날부터 대화가 통했습니다. 이 말은 베드로가 엄청난 사람임을 입증합니다. 또한 베드로가 예수님이 승천하신 후 요엘 2장, 시편 16편, 시편 110편을 통해 예수님 생애의 중요 사건들을 구약성경으로 해석해 내는 장면은 성경 숙지 실력의 절정을 보여줍니다. 베드로는 그 많은 구약 두루마리 중에서 요엘서라고 하는 책을 찾았습니다. 요엘서는 우리가 가지고 있는 색인 달린 성경에서도 찾기 힘듭니다. 요엘서를 5분 내로 찾을 수 있는 사람은 많지 않습니다. 나이 드신 권사님이나 장로님들 중에는 자신의 성경에는 요엘서가 없다(?)고 말하는 분도 계십니다. 두루마리 형태로 된 당시 성경에서 요엘서 찾기는 그만큼 더 어려웠습니다. 사해문서를 보면 알 수 있듯이 예수님 당시에 읽히던 구약성경 두루마리에는 장과 절의 구분도 없습니다. 책 제목과 색인, 페이지도 물론 없습니다. 그런 성경을 가지고 예수님은 이사야 61장을 찾았고, 베드로는 요엘 2:28-32을 찾았습니다. 베드로는 시편 16편을 가지고 예수님의 부활을 해석했고, 시편 110편으로 예수님의 승천과 하나님 우편 보좌에 앉으심을 해석했습니다(또한 마 8:17, 사 53:7 연결). 그 외에도 베드로가 구약성경을 총명하게 알고 있는 장면이 많기 때문에 감히 베드로를 낫 놓고 기역 자도 모르는 무식쟁이라고 말하는 것은 부당한 오해요 모욕적 억측입니다.

또 베드로에 대해서 잘못 이해하고 있는 부분이 있습니다. 보통 베드로가 다혈질이라고 생각하는데 그것은 옳지 않습니다. 다혈질인 사람은 자기반성의 능력이 출중할 수 없습니다. 베드로는 권력의지는 많았지만 다혈질이라고만 보기는 어렵습니다. 베드로는 앞서 가는 마음이 많았고, 지도자가 되려는 마음이 많았을 뿐입니다. 하지만 베드로는 100% 다혈질 유형의 인물이 아닙니다. 다혈질은 실수를 많이 하고 그것을 스스로 수습하는 데도 유능하지 못합니다. 다혈질은 실수하고 남의 수습을 받는 사람인데, 베드로는 자기가 실수하고 자기가 친히 수습했습니다. 베드로는 심사숙고 끝에 말하고 결정적인 순간에 가장 적합한 말을 하는 사려 깊은 공감의 사람이기도 했습니다. 5강의 본문은 베드로에 대한 심층 이해를 가져다주는 말씀입니다. 누가복음 5:1-11은 텅 빈 배가 만선의 귀항을 하는 반전 이야기입니다. 텅 빈 베드로의 인생이 주님을 그 배에 모시고 난 후 만선이 되어 천국 항구로 귀향하는 이야기입니다.

하나님 사랑의 그물에 포획된 사람 낚는 어부

본문은 예수님과 베드로의 서너 번째 만남일 가능성이 큰 장면입니다.

무리가 몰려와서 하나님의 말씀을 들을새 예수는 게네사렛 호숫가에 서서 호숫가에 배 두 척이 있는 것을 보시니 어부들은 배에서 나와서 그물을 씻는지라(눅 5:1-2).

예수님과 베드로는 이때 처음 만난 것이 아닙니다. 요한복음 1:42의 첫 만남을 가진 이후부터 예수님은 상당 기간 베드로를 예의 주시하고 계셨습니다. 다만 베드로가 고기를 잡는 생계 노동으로 인해 예수님과 어느 정도 거리를 두고 교제를 해오고 있었습니다. 요한복음 1:42에 따르면 예수님은 베드로에게 "네가 요한의 아들 시몬이니 장차 게바라 하리라" 하시며 게바(베드로)라는 별명까지 지어 주시고 헤어졌습니다. 만남의 미래를 기약하는 의미 깊은 별명 작명이었습니다. 그럼에도 불구하고 베드로가 예수님과 거리를 둔 이유는 생업의 필요 때문이었습니다. 베드로는 밤이 맞도록 고기를 잡았습니다. 그는 잉여 생산물이 없는 어부였습니다. 그는 은행 잔고도 충분하지 않았고, 하루하루 호구지책을 이어 가는 사람이었기 때문에 밤새도록 고기를 잡아야 했습니다. 그날 고기를 잡지 못하면 가버나움에서 가까운 막달라의 훈제 공장업자들에 고기를 넘기지 못하게 되고 그 결과, 가족의 생계를 책임질 수가 없었습니다. 어부의 삶은 그야말로 하루 벌어 하루 사는 인생이었습니다.

본문에서도 예수님이 베드로를 이미 알고 있다는 사실이 전제되어 있습니다. 첫째, 베드로가 예수님을 향해 자신을 떠나 달라고 요청하는 것을 볼 때 예수님의 의도적인 접근이 상당 기간 있어 왔음을 알 수 있습니다. 그날도 예수님은 시몬의 배를 주목하며 접근했을 것입니다. 베드로가 예수님의 접근을 허용한 것은 처음 만나는 사이가 아니라는 사실을 가리킵니다. 예수님께서 베드로의 배를 인지하지 않고 왔다면 의도적인 접근이 아니라 우발적인 만남이었을 것입니다. 하지만 예수님의 접근은 다분히 의도적인 접근이었습니다. 더 나아가 "나는 너를 사람 낚는 어부가 되게 하겠다"라는 예수님의 말씀은 결코 처음 만난 사람에게 우발적으로 내뱉을 수 있는 말이 아닙니다. 예수님은 지속적인 주시와 관찰을 통하여 베드로의 사람 됨됨이를 파악한 후에 베드로에게 이렇게 약속한 것입니다.

예수님은 상당 기간 베드로를 주시하시다가 어느 날 새벽 베드로의 생업 현장을 덮치셨습니다. 엄청난 무리가 새벽부터 바닷가를 점령하니 물고기들이 갑자기 민방위 훈련을 받듯이 얕은 물가에서 깊은 물가로 몰려갑니다. 마치 진돗개 하나 발령이 내린 것처럼 물고기들은 깊은 물로 들어가 상황 종료를 가만히 기다립니다. 군중 소리가 얕은 물가에서 잠을 자는 물고기들에게는 굉장히 소란스러웠을 것입니다. 그래서 물고기들은 얕은 물가에 있는 어부의 그물 사정권에서 멀리 벗어난 깊은 물로 갔을 것입니다. 베드로의 경험에 따르면 물고기는 얕은 물가에서 잠을 잡니다. 얕은 물가에서 밤새도록 물고기를 잡으면 최소한의 노동 가치만큼은 잡힙니다. 따라서 깊은 바다에 그물을 내려서 물고기를 잡는 일은 거의 없습니다. 그 경험에 입각하여 얕은 물가에서 밤새도록 그물을 던지는 수고를 했지만, 아무리 그물을 던져도 물고기는 잡히지 않았습니다.

하지만 예수님은 얕은 물가에 있던 물고기가 사람들을 두려워하여 깊은 곳으로 도망쳐 있는 것을 아셨습니다. 베드로는 물고기를 잡는 법만 알았지, 물고기가 얼마나 인간을 무서워하는지를 몰랐습니다. 이에 반해 예수님은 물고기의 생태를 잘 알았기 때문에 베드로에게 고기 잡는 일에 훈수를 할 수 있었습니다. 그 전에 예수님은 쇄도하는 군중을 피하고 자신의 목소리를 호수에서 부는 바람에 실어 확성시키기 위해 베드로의 빈 배를 빌렸습니다. 만일 베드로의 배가 빈 배가 아니라 가득 찬 배였다면 예수님은 베드로의 배를 빌어 앉으실 수가 없었을 것입니다. 그러므로 베드로의 빈 배가 예수님을 초청하는 데 도움이 되었습니다. 우리의 텅 비어 있는 상태는 하나님이 우리 인생의 텅 빈 배에 오르시기에 좋은 상태입니다. 가득 찬 배보다 빈 배가 예수님께는 훨씬 더 접근이 용이한 배였습니다.

예수님께서 배에 앉으사 무리 가르치기를 마치신 후, 빈 배에서 그물을 씻고 있는 베드로에게 접근하십니다. 그물을 씻고 있었다는 말은 퇴근 준비를 한창 하고 있었다는 말입니다. 새벽 5시까지 그물을 던지고 5시 반부터 7시까지 그물을 씻고 퇴근하는 것입니다. 그물을 던지고 씻는 일, 이것은 너무나 고된 노동입니다. 핏발이 선 눈으로 노동 무가치를 격렬하게 경험하며 그물을 씻고 있던 베드로에게 예수님께서 접근하셨습니다. 그리고 도전하셨습니다. 의표를 찌르는 역발상적 제안을 하셨습니다. 이미 그물을 다 씻은 베드로에게 예수님께서는 "깊은 데로 가서 그물을 내려 고기를 잡으라"고 말합니다. 이 명령에 대한 응답에서 바로 베드로의 진수가 나타납니다. 베드로는 이름 그대로 "시몬"입니다. 말을 잘 듣는 사람입니다. 그래서 자신의 시몬다움을 순종으로써 드러냅니다.

시몬이 대답하여 이르되 선생님, 우리들이 밤이 새도록 수고하였으되 잡은 것이 없지마는 말씀에 의지하여 내가 그물을 내리리이다(눅 5:5).

여기서 베드로가 예수님을 부르는 호칭이 중요합니다. 에피스타테스의 호격 에피스타타(선생이여)입니다. 인생 선배란 뜻입니다. 하지만 예수님의 말씀으로 엄청난 양의 고기를 잡고 나서는 예수님을 주(主, Kyrios)라고 부릅니다(8절). 예수님의 무릎 아래 엎드려 "주여, 나를 떠나소서. 나는 죄인입니다"라고 말합니다. 여기서 우리는 큐리오스라는 단어를 주목해야 합니다. 이 단어가 독일어의 Kirche가 되었고 영어의 church가 되었습니다. '교회'는 그리스어 큐리오스에서 나온 것입니다. 실제로 베드로는 처음에는 예수님을 에피스타테스(인생 선배) 정도의 선생님으로 부르다가 나중에는 큐리오스라고 부름으로써 양자역학적 대도약을 이룹니다.

인생에서 약간의 조언을 주는 김제동, 안철수 같은 멘토에게 절을 하고 경배하면서, 미래를 위탁할 수 있는 주(主)에게는 무관심한 요즘 청년들이 참 안타깝습니다. 우리에게는 인생의 멘토, 에피스타테스가 필요한 것이 아니라 주, 큐리오스가 필요합니다. 에피스타테스와 큐리오스는 완전히 다릅니다. 이 시간 우리는 예수님을 에피스타테스 정도로 존경하면서 거리를 두고 따르는 데서 한 걸음 더 나아가 주님으로 영접해야 합니다. 에피스타테스, 랍비로 영접하는 것만으로는 안 됩니다. 큐리오스로 영접해야 합니다. 예수님을 에피스타타(선생이여)라고 부르다가 큐리에(주여!)라고 부름으로써 베드로의 인생은 양자역학적 대반전을 일으켰고, 그는 결국 대사도가 되고 사람 낚는 어부가 됩니다.

본문의 이러한 역동적 전진감이나 점층 구조는 헬라어 성경을 읽으면 훨씬 더 잘 들어옵니다. 제가 더 이상 잘난 체하는 것을 원치 않습니다만 여러분의 유익을 위해 헬라어 원어 구문을 파헤칠 수밖에 없습니다. 5절을 헬라어로 낭독해 봅니다. 에피스타타 디 홀레스 눅토스 코피아산테스 우덴 엘라보멘. 에피 데 토 레마티 쑤 칼라쏘 타 딕튀아.

여기서 가장 중요한 것은 '코피아산테스'입니다. 이 단어는 '코피아노'에서 나왔습니다. 이것은 창세기 3:17에 나오는 말입니다. "너는 네 평생에 수고하여야 그 소산을 먹으리라"는 구절에 있는 단어 "수고하다"와 같은 말입니다. 저주받은 노동 무가치성을 상기시키는 말이 "수고하다"를 의미하는 코피아노입니다. 코피아산테스는 현재분사형 주격입니다. 영어보다 헬라어가 재미있고, 그보다 훨씬 쉽고 재미있는 언어가 히브리어입니다. 히브리어에는 분사구문이 없고, 온전히 등위 접속사 and와 but 밖에 없습니다. 히브리어에 비해 헬라어는 좀 더 어렵고, 라틴어는 고급 진화를 거친 언어라 상당히 어렵고, 영어는 너무나 어렵습니다. 그래서 적게 공부하고 학자인 체 자랑하려면 히브리어를 공부하면 됩니다. 우리나라에서 라틴어를 가르치는 학교는 장신대를 비롯해 몇 군데밖에 없습니다. 학교 다닐 때 성경 이해를 위한 고전어 공부를 성실하게 감당하면 고진감래(苦盡甘來)의 의미를 깨닫게 될 날이 옵니다. 성경을 깊이 공부하면 구절과 구절이 무수한 주석적 조합을 일으켜 설교를 위한 상상력을 크게 신장시킵니다. 신학도들은 성경을 최소한 하루에 두 시간은 읽어야 합니다. 하루에 세 시간씩 읽으면 박사학위 공부를 마칠 만한 끈기와 성실이 확보된 것입니다. 하루에 네 시간 이상 읽으면 교수가 될 조짐이 보이는 것이지요.

다시 노동 무가치성의 상황으로 돌아갑니다. 밤새도록 수고했지만 얻는 것이 없는 이것이 바로 아담 인류가 초래한 저주 상황입니다. 아담의 죄로 인해 땅은 저주를 받아 비옥도를 상실해 갔습니다. 단위시간당 노동 생산성이 급감하는 상황이 되었다는 것입니다. 창세기 3:14-19은 아담의 원죄로 아무리 수고해도 간신히 먹고살 수 있는 정도의 헐벗은 자연계를 말하고 있습니다. 베드로도 아담 인류의 죄성에 묶여 있기에 밤새도록 수고했지만 고기를 한 마리도 잡지 못하는 노동 무가치성을 경험합니다. 제가 3강에서 "은총이말로 자연을 완성한다"고 말했지요? 이 명제는 의미심장합니다. 그 의미는 우리가 수고한 결과로 열매가 맺히는 것은 은총의 힘이지, 자연 자체의 힘이 아니라는 것입니다. 우리가 씨를 뿌렸을 때 열매가 맺히는 것은 은총이 작동하기 때문이라는 것입니다.

씨를 뿌린다고 반드시 열매가 맺히는 것이 아닙니다. 그래서 하나님의 은총이 임한 사람이 시험공부하고 A학점을 받는 것입니다. 시험공부를 한다고 모두 A학점을 받는 것은 아닙니다. 이러한 경험적 진리에 깊이 공감하고 있는 분들은 인생의 심오한(?) 경지에 도달한 것입니다. 자연은 그 자체로는 심판 안에 있는 불모지, 고독하고 황량한 사막 상태를 면치 못할 수도 있습니다. 그래서 뼈 빠지게 고생하고 아무것도 얻지 못하는 그것이 자연스러운 일이기도 합니다. 오히려 노동한 만큼 소득을 창출한다면 그것은 초자연적인 은총의 결과입니다. 자연에 하나님의 은총의 햇살이 비추어야 노동한 만큼 소득이 생깁니다. 지금 우리는 하나님 앞에서 아담 인류의 죄성 안에 운명적으로 묶여 있는 베드로를 보는 것입니다. 밤이 새도록 수고했지만 아무것도 잡은 것이 없는 시몬의 인생 한복판으로 이제 예수님께서 뚜벅뚜벅 걸어오십니다.

그렇다면 예수님의 주목과 방문을 촉발시키는 수 있는 텅 빈 배 같은 처지는 무엇일까요? 재수까지 하고 대학에 들어갔는데 공부가 재미없는 사람, 그가 바로 텅 빈 배입니다. 연애편지를 수없이 썼지만 수십 번 퇴짜 맞은 사람, 백 번째로 직장에 지원했는데 취직 못하는 상태, 이러한 것이 텅 빈 배요 노동 무가치의 세계입니다. 실제로 많은 사람은 노동 무가치를 경험합니다. 노동의 가치는 영국 고전 경제학파(맨체스터 학파)가 주창한 이념입니다. 마르크스의 정치경제학에서 가장 중요한 부 창출의 근원으로 노동이 부상합니다. 한때 산업혁명 직후에 사람들은 노동이 부를 창출한다는 생각을 자명한 공리처럼 떠벌렸습니다. 그러나 그것은 현실에서는 입증되지 못하는 속견입니다. 아담 인류의 죄성 안에 사는 사람들은 노동했지만 얻은 것이 없는 세계가 현실이라는 것을 알고 있습니다. 우리는 노동 무가치성을 자연 상태에서 경험하는 것입니다.

> 피조물이 허무한 데 굴복하는 것은 자기 뜻이 아니요 오직 굴복하게 하시는 이로 말미암음이라. 그 바라는 것은 피조물도 썩어짐의 종노릇 한 데서 해방되어 하나님의 자녀들의 영광의 자유에 이르는 것이니라(롬 8:20-21).

우리는 아직 해방이 안 된 노동 무가치성의 파도가 넘실대는 갈릴리 밤바다와 같은 상황에 던져져 있습니다. 이런 현실에서 우리가 살고 있기 때문에 하나님의 은총이 우리를 완성시켜 주어야 합니다. 하나님의 은총이 우리의 수고와 애씀을 완성시켜 주어야 구원이 발생합니다.

이제 하나님의 은총의 화신인 예수님이 여러분의 빈 배를 주목하고 있습니다. 텅 비어 있는 공허함을 주목하고 있습니다. 하나님께서 여러분의 빈 배에 운명적인 시간에 걸어오셔서 여러분에게 정곡을 찌르는 말씀을 하십니다. "깊은 데로 가서 그물을 내려 고기를 잡으라." 그때 우리는 "밤이 새도록 수고해도 잡은 것이 없지만 주의 말씀을 따라 내가 그물을 내리리이다" 하고 순종했던 베드로처럼 마음이 가난한 사람이 되어 깊은 곳으로 나아가 그물을 내릴 수 있을 것입니다. 하나님의 말씀이 나의 실재적 정황을 정조준하고 달려올 때 우리는 그러한 말씀을 레마라고 합니다. 5절에서 말하는 "당신의 말씀에 의지하여"에서 그 말씀이 레마입니다. 우리 모두는 각자 우리 삶의 문제나 결핍을 정조준하며 발설된 레마가 필요합니다. 약 6만 구절 정도의 성경에서 내 인생을 정조준하며 가슴을 파고드는 언어가 바로 우리가 들어야 할 레마입니다. 거부할 수 없는 설득력을 가지고 지성을 설복시키는 그 말씀이 레마입니다.

조지 워싱턴 카버라는 사람을 아십니까? 여러분이 이 사람을 몰랐다는 것은 여러분 탓이 아닙니다. 여러분 부모님이 조지 워싱턴 카버의 전기를 사 주지 않았기 때문입니다. 조지 워싱턴 카버는 흑인 최초의 농학박사로서 미국 남부 13개 주에 땅콩 농업을 도입하여 땅콩 산업을 일으킨 땅콩 박사입니다. 카버는 어렸을 때 KKK단에게 부모를 잃고 비참한 고아로 전락해 도시 양반집의 뜨내기 노예로 살다가 주인의 눈에 들어 공부를 하게 되었습니다. 주인이 총명하고 어진 그를 공부시킨 것입니다.

흑인 최초의 농학박사가 된 그는 미국 농민을 도우려고 곳곳에 땅콩을 심었습니다. 그런데 땅콩을 심었던 그 땅에 방직업이 들어오면서 면화(목화) 농업이 대세가 되어 버렸습니다. 그 결과 땅콩을 심었던 모든 농장이 파산했습니다. 그래서 13개 주의 농민 대표들이 땅콩을 들고 흑인 박사 카버를 저주하기 시작했습니다. 농민들의 거칠고 모욕적인 비방을 경험한 조지 워싱턴 카버는 어느 날 우울한 기분으로 산책을 했습니다. 숲 속을 산책하면서 불평조의 기도를 드렸습니다. "하나님, 죽고 싶습니다. 저 숲은 왜 만드셨습니까? 태양은 왜 만드셨습니까? 이 저주받은 몸뚱이는 왜 만드셨습니까? 저는 죽고 싶습니다. 내 생명을 거두어 가십시오. 이 빌어먹을 땅콩은 왜 만드셨습니까?" 이런 기도가 하나님의 가슴속으로 타전되자마자 하나님께서 말씀을 들려주셨습니다. "창세기 1:29을 가지고 실험실로 들어가거라. 내게 네게 푸른 풀을 식물로 주노라." 이 일이 밑거름이 되어 땅콩 박사는 300여 가지의 땅콩 유제품과 화장품을 만드는 양자역학적 대발명을 하기에 이르렀습니다. 우리가 먹고 있는 많은 땅콩 관련 음식들도 조지 워싱턴 카버가 발명한 것들입니다. 땅콩 화장품도 그가 발명했습니다. 결과적으로 조지 와싱턴 카버는 땅콩으로 다시 농민을 살렸습니다. 그의 명성은 미국 전역을 진동시켰고 종국에는 미국 국회의사당에서 연설한 최초의 흑인이 되었습니다. 눈물 나는 아름다운 이야기입니다.

우리 모두에게는 한 번 또는 두 번 정도 인생의 빈 배를 정조준하고 접근하시는 하나님의 음성, 레마를 들을 기회가 옵니다. 하나님을 찾지 않아도 될 만큼 공허감이 없는 사람이 있습니까? 하나님은 내게 필요 없다, 나는 라오디게아 교인처럼 부자다, 나는 부족함이 없다 하고 생각하는 분이 계십니까? 우리 모두는 함몰된 부분이 있고, 주님이 만져 주셔야 할 어둠이 남아 있고, 주님이 돌보아 주셔야 할 황량함이 있고, 주님이 채워 주셔야 할 텅 빈 공허가 있습니다. 그것은 주님만이 도우실 수 있습니다. 주님은 우리 빈 배를 주목하시고 그 빈 배로 걸어오셔서 좌정하사 우리에게 레마를 들려주십니다. "깊은 데로 가서 그물을 던져 고기를 잡아라." 이것이 레마입니다.

"깊은 데"는 순종하기 힘든 명령을 의미합니다. 순종하기 힘든 명령에 순종하는 것이 깊은 물가에 그물을 내리는 행위입니다. 물고기는 깊은 곳에 살지 않습니다. 깊은 곳으로 그물을 던지면 물고기는 다 도망가 버립니다. 얕은 곳은 그물을 던지면 도망갈 곳이 없어서 잡힙니다. 하지만 당혹스러운 주님의 제안에 베드로가 순복합니다. 베드로는 이름 그대로 잘 듣는 사람이었습니다. 신적 총명과 계시에 대한 탁월한 민감성이 베드로의 자산이었습니다. "선생님(에피스타타), 우리가 밤이 늦도록 수고하였지만 잡은 것이 없습니다. 그러나 말씀에 의존하여 내가 그물을 내리겠습니다." 이것이 베드로입니다. 베드로는 허무할 정도의 자기 신뢰와 눈물 날 정도의 하나님 신뢰가 뒤섞여 있습니다. 참 놀랍습니다. 베드로는 자기 결심도 믿었지만, 하나님에 대한 순박한 의존도 있었습니다. 베드로는 거친 듯하면서 부드럽고, 선 줄로 생각하다 넘어지는 사람입니다.

베드로가 눈물이 날 정도로 계시에 대한 순결한 민감성을 보여줄 때가 많은데, 이러한 베드로의 모습이 나타나는 대표적인 장면이 사도행전 10장, 고넬료 집안 세례 사건입니다. 사도행전 10장과 11장을 자세히 읽어 보면 베드로라는 사람이 어떻게 살아왔는지를 잘 알 수 있습니다. 베드로는 레위기의 정결 음식법을 꼼꼼하게 지켰습니다. 레위기 11-14장에 나오는 그 금지된 야생 짐승을 잡아먹는 것, 그에게는 절대로 못할 일입니다.

이처럼 항상 하나님의 말씀에 민감한 이해를 가지고 숙고하면서 살았기 때문에 물고기가 잡힐 수 없는 깊은 바다에 그물을 던지는 것은 힘든 결정이었습니다. 그렇지만 지성과 경험을 능히 설복시킬 수 있는 주님의 말씀에 의지해 깊은 데로 가서 그물을 던진 것입니다. 우리에게도 신구약 성경 전체 6만여 구절의 말씀 중 내 인생을 정조준하는 한 말씀이 필요합니다. 살아 있고 운동력이 있어 금보다도 귀하며 관절과 골수를 찔러 쪼개기까지 하는 그 말씀, 그 말씀이 우리에게 필요합니다. 내 인생의 심장의 정중앙을 관통하고 내가 그 앞에 무릎 꿇을 수밖에 없는 말씀을 만나는 것, 그것이 우리가 말씀과 조우하는 것이고 계시에 반응하는 것입니다. 그러한 말씀에 설복될 때 우리의 무릎이 꿇어지고 참다운 경배가 시작됩니다.

주님이 얼마나 지혜롭고 아름다우신가를 알 때 전율을 동반한 예배가 시작됩니다. 전율을 동반한 예배는 하나님의 지극히 아름다우심, 위대하심, 크심을 깨달음과 동시에 자신의 극미 극소함과 죄악된 인간성의 심연을 대면하는 예배입니다. 하나님의 눈부신 은총의 힘이 아니고는 스스로 자신을 지탱할 수 없다는 고통스러운 자각이 전율이요 환희요 감격입니다. 베드로는 엄청나게 많이 잡힌 물고기를 보고 그것에 주목한 것이 아니라 자신의 인생에 들어오셔서 그런 기적을 행하신 주님의 사랑과 관심, 능력과 지혜에 놀란 것입니다. 이것이 예배입니다. 이것이 바로 모든 예언자가 그토록 꿈꾸었던 하나님과의 조우입니다. 하나님의 지극히 거룩하시고 아름다우시고 위대하심에 놀라 자복하는 순간이 예배의 시작입니다.

베드로가 갈릴리 바다, 일상의 현장에서 이렇게 신비하고 모세적인 경험을 하는 것은 우리에게도 시사하는 바가 큽니다. 하나님은 우리의 일상 현장에서 우리를 만나 주십니다. 야곱은 불안한 기도의 밤 한가운데서, 베드로는 그의 생업의 현장에서 자신을 찾아오시는 하나님을 만납니다. 하나님은 을지로와 충무로까지 찾아와 우리의 누추한 일상 현장, 불만족으로 가득 찬 우리 인생의 함몰된 지역을 주목하고 걸어오십니다.

> 또 지나가시다가 알패오의 아들 레위가 세관에 앉아 있는 것을 보시고 그에게 이르시되 나를 따르라 하시니 일어나 따르니라(막 2:14).

예수께서 길을 가시다가 "나를 따르라" 하시니 세관에 있는 레위가 용수철처럼 튀어 올라 따랐습니다. 이것은 예수님의 말씀이 발산한 불가항력적 위력을 예시하는 본문이라기보다는 사람의 마음을 사로잡는 예수님의 진정성, 그 약속의 확신과 위력을 예증하는 구절입니다. 여기서 우리는 예수님과 세리 레위도 이미 알고 있는 사이였음을 전제해야 마땅합니다. 그렇지 않으면 주님께서 이런 말씀을 하실 수가 없었을 것입니다. 가버나움의 세리 레위를 오랫동안 제자로 부르려던 의향을 가지셨던(요 15:1-16, 특히 16절; 비교. 막 3:13, 눅 6:13) 예수님이 마지막 결단을 촉구하자 세리 레위에게 양자역학적 대비약이 일어난 것입니다. 누적된 접촉과 주시, 관찰, 우호적인 대화를 이어 오다가 마지막에 "나를 따르라"는 불가항력적인 음성으로 명령함으로써 기존의 우정을 마무리 짓는 것입니다.

연애를 할 때도 마찬가지입니다. 주시와 관찰, 우호적인 대화 주고받기, 은밀한 문자 주고받기, 그 다음에 오프라인으로 만나기, 그러다 마침내 결정타로 아가 2:13을 건넵니다. "나의 사랑, 나의 어여쁜 자야. 일어나서 함께 가자." 아가서 2:14, 16을 읽어 주는 순간 위대한 역사는 시작되는 것입니다.

바위 틈 낭떠러지 은밀한 곳에 있는 나의 비둘기야. 내가 네 얼굴을 보게 하라. 네 소리를 듣게 하라. 네 소리는 부드럽고 네 얼굴은 아름답구나.……내 사랑하는 자는 내게 속하였고 나는 그에게 속하였도다.

결혼 적령기의 청년들은 아가서를 열심히 읽어야 합니다. 아가서를 하나님과 교회 사이의 사랑 노래라고만 알고 축소해서 해석하면 안 됩니다. 아가서는 교회와 그리스도의 사랑 노래임과 동시에 하나님과 이스라엘 백성 간의 사랑 노래이며, 더 근원적으로는 거룩한 남녀의 사랑 노래입니다. 그래서 아가서는 20대가 가장 많이 읽어야 합니다.

청년의 고독은 주님께서 주목하시고 오르시는 텅 빈 배입니다. 20대 때는 여러분의 텅 빈 공허함, 여러분의 빈 배가 하나님과 여러분의 만남의 지점입니다. 여러분은 하나님을 만나기 위해 고상한 인물로 준비될 필요가 없습니다. 40일 금식기도 끝에, 그때야 하나님을 만나는 것이 아닙니다. 물론, 그때도 만나 주십니다. 그러나 20대에 인생이 뼈저리게 공허하다고 느끼는 그 순간이 바로 예수님께서 여러분을 발견해 주시는 만남의 지점입니다. 연애 문제, 공부 문제 또는 가정불화, 인간관계 등 어떠한 난관과 환난 가운데서도 주님은 그것을 주목하시고, 다가오셔서 레마를 던지시는 분입니다. 주님이 우리 각자에게 들려주시는 레마는 저항할 수 없는 설득력을 가지고 다가오는 말씀이기 때문에, 설복당할 수밖에 없고 복종할 수밖에 없습니다. "레마가 내 귓전에 들려오면 내가 복종해야 할 텐데, 어떻게 하지" 이렇게 걱정할 필요가 없습니다.

인생의 전환점에 찾아오는 하나님의 레마

저의 레마는 요한일서 2:15-17 말씀과 시편 139편이었습니다. 저는 지금도 요한일서 2:15-17과 시편 139편을 자주 읽습니다. 제 소명이 흔들릴 때, 학교 아이들이 제발 설교 좀 짧게 해달라고 아우성칠 때, 이런 비참하고 부조리한 세상에서 아등바등 살아야 하나 생각할 때마다 제 소명의 레마 두 꼭지 말씀을 붙들고 붙듭니다.

요한일서 2:15-17은 1979년 11월 ESF라는 선교단체의 가을사경회에서 들었던 말씀입니다. 세 명의 30대 청년 평신도 설교자들이 인도한 사경회였습니다. 김만성 목자, 박득훈 목자, 그리고 김대식 목자 세 분이 요한일서를 맡았습니다. 그 3일간 제게 하나님의 거룩한 포획이 있었습니다. 둘째 날 박득훈 목자의 설교는 천둥과 벼락을 동반한 레마였습니다. 요한일서 2:15-17은 세상살이가 두 개의 정욕과 하나의 자랑을 추구하는 지질한 죄짓기라는 급진적인 요약을 하고 있습니다. 육신의 정욕, 안목의 정욕, 그리고 이생의 자랑 추구가 인생이라면 너무 서글플 것이라고 생각하고 저는 한숨을 쉬며 말씀을 듣고 있었습니다. 그때 하나님의 어린양 예수의 삶과 사역이 대안으로 떠올랐습니다. 정욕과 세상도 다 지나가지만 하나님의 말씀과 그것을 준행하는 자는 영존한다는 진리가 저를 전율시켰습니다. 이 깨달음으로 결국 주님 앞에 고꾸라졌습니다. 뒷자리에서 조용히 바닥에 내려와 무릎을 꿇고 주님께 전향했습니다. 회개했습니다. 주님의 손에 제 인생행로를 의탁하기로 작정했습니다. 그리고 3년이 지난 시점에 하나님은 다시 한번 레마로 저를 찾아오셨습니다.

1983년 1월, 대학 졸업을 한 달 정도 앞두고 대한수도원이 있는 한탄강 바위에 홀로 앉아 금식기도를 할 때 하나님께서 제게 시편 139편을 주셨습니다. ESF 목자 사역을 위해 종신서원을 할 것인가 말 것인가를 결정하러 간 금식기도였습니다. 몇 달 전의 한 예배에서 어떤 형제가 예배를 인도하면서 짧게 읽었던 구절이 떠올랐습니다. 그것이 시편 139:1-4이었습니다.

여호와여, 주께서 나를 살펴보셨으므로 나를 아시나이다. 주께서 내가 앉고 일어섬을 아시고 멀리서도 나의 생각을 밝히 아시오며 나의 모든 길과 내가 눕는 것을 살펴보셨으므로 나의 모든 행위를 익히 아시오니 여호와여, 내 혀의 말을 알지 못하시는 것이 하나도 없으시나이다.

금식기도의 가장 큰 주제는 제가 영적 배경이 전혀 없는 집안 출생으로서 어떻게 영혼의 목자가 될 것인가를 고민한 것이었습니다. 저 똑똑한 서울대학생들 중 누가 나의 말을 듣고 예수를 믿을 것이며, 이 작은 셋방 회관에 와서 성경 공부하고 구원을 받을 것인가? 하나님의 부르심도 없는데 자원봉사자 멘탈리티로 목자 생활 시작했다가 폭삭 망하면 어떻게 하지? 이런 위험한 실험을 하기에는 인생이 너무 짧지 않은가? 내가 목자 생활 하다가 완전히 성격이 이상해지고 인생 전체가 파산하면 어떻게 하지? 왜 많고 많은 사람들 중에 나에게 이런 영혼구령의 부담을 안겨 주실까? 이와 같은 고민이 꼬리를 물고 이어지는 캄캄한 밤에 시편 139:6-12이 떠올랐습니다.

이 지식이 내게 너무 기이하니 높아서 내가 능히 미치지 못하나이다. 내가 주의 영을 떠나 어디로 가며 주의 앞에서 어디로 피하리이까. 내가 하늘에 올라갈지라도 거기 계시며 스올에 내 자리를 펼지라도 거기 계시니이다. 내가 새벽 날개를 치며 바다 끝에 가서 거주할지라도 거기서도 주의 손이 나를 인도하시며 주의 오른손이 나를 붙드시리이다. 내가 혹시 말하기를 흑암이 반드시 나를 덮고 나를 두른 빛은 밤이 되리라 할지라도 주에게서는 흑암이 숨기지 못하며 밤이 낮과 같이 비추이나니 주에게는 흑암과 빛이 같음이니이다.

이것이 제가 목회자가 되기 직전에 저를 사로잡았던 고뇌 어린 질문들에 대한 답변이었습니다.

하나님, 만일에 농민의 아들로 태어난 제가 목회하다가 파산하면 어떡하죠? 파산해서 내가 지옥에 떨어지면 어떡하죠? 제 목회로 많은 사람을 실망시키고, "너는 다시는 설교하면 안돼. 너는 농부의 아들이잖아. 너희 집안에는 목사가 안 나왔잖아. 왜 네가 목사가 되려고 해?"라고 항의하는 사람들이 나타나면 어떡하죠? 이 일로 아버지도 울리고 가족을 슬프게 만들었던 제가, 이 소명의 마지막이 파산으로 끝난다면 너무 슬프지 않겠습니까? 이것이 제가 두려워하는 부분입니다. 하나님 아버지, 어떻게 하면 좋겠습니까?

시편 139편 레마는 그 어둡던 밤에 제가 받은 말씀입니다. 38선 이북에 있는 경기도 연천의 대한수도원에서였습니다. 그때는 시외버스를 여러 번 갈아타고 기도원에 올라가던 시절입니다. 1983년 1월에 저를 사로잡은 문제는 결국 주님이 주신 소명을 피하자는 심산이었습니다.

그렇다. 목사님과 장로님 집안에서 태어난 사람들이 가야 할 길을 왜 내가 간단 말인가? 김만성 목자님이 나를 일부러 칭찬해서 목자 삼으려는 것일 거야. 하나님이 부르신 것이 아니라 인간 김만성 목자가 부른 것이다. 그럼 피하면 될 것이 아닌가? 일단 피하고 보자. 군대가 피할 수 있는 은신처가 되지 않을까? 유학 가는 것도 피하는 길이 되겠지? 아니면 운동권 데모에 참여해 감옥에 가는 것도 주님의 손길이 미치지 못하는 피난처가 되지 않을까?

도피하는 것은 결정되었는데 어디로 도피할 것인지가 제 실질적인 문제였습니다. 그런데 도무지 피할 곳이 없었습니다. 앞에서 잠시 생각한 도피처는 안심할 만한 도피처가 아니었습니다. 그때 또다시 시편 139편 말씀이 들려왔습니다.

내가 주의 영을 떠나 어디로 가며 주의 앞에서 어디로 피하리이까. 내가 하늘에 올라갈지라도 거기 계시며 스올에 내 자리를 펼지라도 거기 계시니이다. 내가 새벽 날개를 치며 바다 끝에 가서 거주할지라도 거기서도 주의 손이 나를 인도하시며 주의 오른손이 나를 붙드시리이다. 내가 혹시 말하기를 흑암이 반드시 나를 덮고 나를 두른 빛은 밤이 되리라 할지라도 주에게서는 흑암이 숨기지 못하며 밤이 낮과 같이 비추이나니 주에게는 흑암과 빛이 같음이니이다. 주께서 내 내장을 지으시며 나의 모태에서 나를 만드셨나이다. 내가 주께 감사하옴은 나를 지으심이 심히 기묘하심이라. 주께서 하시는 일이 기이함을 내 영혼이 잘 아나이다. 내가 은밀한 데서 지음을 받고 땅의 깊은 곳에서 기이하게 지음을 받은 때에 나의 형체가 주의 앞에 숨겨지지 못하였나이다. 내 형질이 이루어지기 전에 주의 눈이 보셨으며 나를 위하여 정한 날이 하루도 되기 전에 주의 책에 다 기록이 되었나이다. 하나님이여, 주의 생각이 내게 어찌 그리 보배로우신지요. 그 수가 어찌 그리 많은지요(시 139:7-17).

저는 이 말씀을 읽으면서 23-24절을 요절 삼아 기도를 반복했습니다. "하나님이여, 나를 살피사 내 마음을 아시며 나를 시험하사 내 뜻을 아옵소서. 내게 무슨 악한 행위가 있나 보시고 나를 영원한 길로 인도하소서.”

이 시편 중에서도 특히 눈물 흘리며 받았던 말씀이 8-10절입니다. “내가 하늘에 올라갈지라도 거기 계시며 스올에 내 자리를 펼지라도 거기 계시니이다. 내가 새벽 날개를 치며 바다 끝에 가서 거주할지라도 거기서도 주의 손이 나를 인도하시며 주의 오른손이 나를 붙드시리이다.” 그때는 어둑한 밤이었습니다. 추운 한탄강 바위 위에서 기도하며 제 갈 길을 알려 달라고 분투할 때 절대적 임마누엘 확신이 제게 온 것입니다. 제가 '넬라 판타지아'를 좋아하는 이유는 제가 그것을 경험했기 때문입니다. 11-14절을 보고는 “목사가 되어서 파산을 경험한다 하더라도, 주님 안에서는 나의 어둠이 빛이 되는구나”라는 생각을 한 것입니다. 그래서 저는 선교단체에서 약 12년 동안 사역했습니다. 이 12년은 제가 정한 것이 아니라, 후임 간사가 나타날 때까지 기다리다가 그렇게 오래 사역을 계속한 것입니다. ESF의 캠퍼스 사역은 후임자가 나타날 때까지 계속되는 사역이었습니다. 12년 후 후임자가 나타나서 사역에서 은퇴하고 유학을 갈 수 있었습니다.

이처럼 “하나님 자녀에게는 그를 비약적으로 성장시키고, 단단하고 용감하게 만드는 레마가 인생의 전환점에 반드시 찾아온다”라는 믿음이 필요합니다. 그래서 성경을 볼 때 정밀한 관찰과 주시를 하면서 귓전을 타고 오며 심장을 파고드는 하나님의 음성 듣기를 바라야 합니다. 문자로 적힌 성경 구절이 입체음향처럼 증폭되어 들리는 순간을 사모할 수 있어야 합니다. 그러기엔 새벽이 가장 좋습니다. 저는 새벽에 일찍 일어나기 위해 아내와 밤 10시 30분에 체스 한 판 두고 잡니다. 제가 체스를 두는 이유는 그것이 저를 모든 정신적·육체적 긴장으로부터 이완시켜 주기 때문입니다. 체스 한 판 두고 저를 깨어 있게 만드는 모든 기억을 흩어야 잠이 옵니다. 아내를 이겨야겠다는 세속적인(?) 생각이 하나님 말씀을 잊고 잠들게 하기 때문입니다. 단세포적인 승부욕 때문에 주님 말씀을 잊게(?) 됩니다. 그렇게 잠들면 새벽 4시 30분에서 5시 사이에 깹니다. 이때부터 시작되는 두 시간은 너무나 비옥한 시간입니다. 제 글은 대부분 그 두세 시간에 쓰였습니다. 그래서 저는 저녁 약속을 잘 잡지 않습니다. 파주 교하 집에 가서 창가에 앉아 서쪽하늘로 북상하는 기러기 떼를 가만히 보면서 가족과 함께 밥을 먹는 시간을 확보하기 위함입니다.

여러분에게 새벽의 두세 시간을 이토록 강조하는 이유는 20대 때는 너무 순결해서 하나님의 말씀이 잘 들리는 시기이기 때문입니다. 여러분은 새벽에 두 시간만 기도하면 하나님 나라와 영적 주파수가 맞추어지면서 그 나라와의 우주적 교신이 일어납니다. 그런데 50대가 되어 생각이나 감정이 오염되고 마모되면 우주적 교신이 일어나는 것이 아니라 우주선이 날아와서 전자파를 쏩니다. 저는 20대가 텅 빈 배로 예수님을 영접하기 좋은 시기라고 생각합니다. 이그나티우스 로욜라의 『영신수련』 중 렉티오 디비나(Lectio Divina)는 오감 입체적 성경 읽기를 격려합니다.[37] 주 예수께 순종함으로써 하나 되게 만드는 총체적인 말씀 능력을 맛보도록 격려합니다. 렉티오 디비나는 문자의 틀을 넘어서 말씀이 살아 꿈틀거릴 때까지 집중하고 마침내 말씀 안에서 하나님의 생명 현존을 감득하는 것입니다. 하나님의 말씀(호소, 명령, 금

---

37. 이그나티우스 로욜라, 『로욜라의 성 이냐시오 영신수련』, 정제천 역(서울: 빅벨, 2005).

지, 요청, 확신, 위로, 진노, 실망)을 오감으로 받아들이는 것입니다. 몰입된 성경 읽기와 묵상에 정진을 거듭하면 요한복음 6장, 마가복음 4장과 6장을 읽을 때에 갈릴리 호수의 찰싹거리는 파도 소리와 헬몬산에서 불어오는 바람 소리까지 들을 만큼 영적 감수성이 예민해질 수 있습니다. 이런 성경 읽기 전통이 우리 주님과 사도들, 그리고 교부와 영성가들의 성경 읽기였습니다.

갑바도기아의 교부 중 일인인 닛사의 그레고리는 모세가 시내산에 올라가서 하나님을 만나는 과정을 영성신학적으로 잘 묘사했습니다. "모세는 빛이신 하나님을 어둠 한복판에서 만났습니다. 하나님은 빛 가운데 계시면서 동시에 흑암 중에 계십니다." 이런 사상이 바로 교부들의 글에 명시되거나 암시되고 있습니다. 모세의 생애를 영성신학적으로 통찰한 닛사의 그레고리는 모세의 시내산 하나님 조우 경험을 너무나 깊게 분석했기 때문에,[38] 그 언어는 우리가 생각하는 것보다 너무나 시적이고 압축적이면서 영적 흡입력이 대단합니다. 저는 이 교부시대 영성가들의 글을 볼 때 제가 너무나 경박하고 천박하다고 생각합니다.

가까운 도서관에 모든 책이 있습니다. 얼마나 많은 책이 여러분을 초청합니까? 지금 청함을 받았지만, 도서관 책들에 의해 택함을 받은 이는 많지 않습니다. 도서관 원시림을 찾는 이가 적습니다. 도서관

---

38. 닛사의 그레고리, 『모세의 생애』, 고진옥 역(서울: 은성, 1993). 이 책은 완덕(完德)을 이루기 위한 삶의 모델로 모세의 영적 성장 과정을 분석하고 있다. 저자는 모세에게서 멈추지 않고 끊임없이 성장하고자 분투하는 모습을 발견한다. 모세는 자신이 얻은 하나님을 아는 지식에 안주하지 않고 하나님과의 보다 더 충만한 연합을 위해 정진에 정진을 거듭했다.

의 책들이 슬피 울고 있습니다. 여러분이 너무나 어루만져 주지 않기 때문에 그 책들은 오랫동안 소외된 채 먼지를 뒤집어쓰고 늙어 가고 있습니다. 원시림에서 온 생명 기억들인 그 책들이 여러분을 부르고 있습니다. 그런데 여러분은 도서관에 출몰하기보다는 주로 커피집과 떡볶이집을 왕래하며 시정 잡담이나 하고 다닙니다. 도서관 원시림에 자주 출몰해야만 인재가 됩니다. 원시림에 서 있는 사상과 신앙의 거목들 사이를 거닐고 가내수공업적인 모방과 견습을 통해 그리스도인의 인격과 영성을 도야해야 하지 않겠습니까?

사람 낚는 어부의 인격과 영성

여러분의 경험과 살아온 삶의 경력에 대해 순간적으로 판단을 중지하고 베드로적인 계시 민감성을 가지고 주님의 말씀에 순종해 보시기 바랍니다. 고기가 가장 잡히지 않을 곳에 그물을 던질 때 엄청난 물고기가 잡힌다는 것을 기억하고 한번 시도해 보시기 바랍니다. 물고기는 베드로의 그물에 잡히고, 예수님의 그물에는 베드로가 잡힙니다. 물고기는 그리스어로 *ixtus*입니다. 이것은 *ichtus*와 유음현상을 일으킵니다. *iesu christus*의 약어로, "예수는 그리스도시다"라는 신앙고백입니다. 로마의 칼리스투스나 세바스찬 카타콤에 가보면 초대교회 신자들의 무덤에 물고기 그림이 많이 그려져 있습니다. 모두 "나는 예수를 믿습니다"라는 신앙고백을 하고 죽은 것입니다.

베드로는 예수님의 사랑의 그물에 포획된 이래 사도가 되어 숱한 훈련을 받습니다. 광풍노도를 통과하는 훈련, 굶주린 이들을 먹이는 훈련, 병자를 고치고 귀신들린 자를 축출하는 영적 수련, 죄와 허물이 있는 동료를 490번 용서하는 훈련, 권력욕과 야심을 죽이고 동료의 발을 씻어 주는 겸손 수련, 남녀차별 극복 훈련, 지역감정 극복 훈련, 외국인 혐오증 극복 훈련, 청빈과 정직 훈련, 회개와 기도 훈련 등을 통해 베드로는 예수님의 선한 목자의 심성을 배웠습니다. 잃어버린 영혼에 대한 목자의 심정이 자라 베드로는 어느새 주님의 분신 같은 수준이 되었습니다. 예수님께서 부활하시고 승천하신 후 주님의 부재 속에 남겨진 예루살렘 교회 신자들을 책임적으로 섬기는 목자로 우뚝 서게 된 것입니다.

결국 "너를 사람 낚는 어부로 만들어 주겠다"는 예수님의 약속은 오순절 성령강림 때에 베드로가 행한 설교 사역을 통해 극적으로 입증되었습니다. 그는 한 번의 설교로 3,000명을 포획하여 회심시킵니다. 이것은 사람 낚는 어부의 진수를 보여준 사건입니다. 베드로는 청중을 포획하고, 예수님은 베드로를 포획하고 장악하고 있었습니다. 우리가 하나님 말씀에 감동되는 순간, 예수님의 그물에 포획되는 것입니다. 새벽에 두세 시간만 깊은 말씀에 그물을 투척해 보면 주님의 말씀이 얼마나 처절하고 몸서리치게 신실한가를 알게 됩니다(저는 새벽에 일어나 성경 구절을 암송하니까 낮에도 새벽에 암송한 구절들이 기억이 납니다).

주님은 우리를 말씀의 그물로 포획하기를 원하시고, 우리의 지성·의지·감정·로고스를 포획하여 사람 낚는 어부로 변화시켜 주십니다. 여러분도 각자의 영역에서 예수님의 그물로 사람들을 설복시켜 그들을 하나님 나라로 불러들이기를 바랍니다. 마태복음 13:47은 베드로의 배를 타고 하나님 나라를 가르치셨을 때 들려주신 마지막 예화였을 가능성이 큽니다. "또 천국은 마치 바다에 치고 각종 물고기를 모으는 그물과 같으니." 이 말씀을 마친 후에 베드로로 하여금 그물을 내려 고기를 잡게 하셨을 것입니다. 베드로는 예수님의 레마에 의지하여 그물을 내린 후에야 노동 무가치성의 경험에서 해방되어 노동 초과성취의 경험을 맛보고 있습니다.

> 내가 온 것은 양으로 생명을 얻게 하고 더 풍성히 얻게 하려는 것이라 (요 10:10).

더 풍성한 삶이란 무엇입니까? 내가 노동한 것보다 훨씬 더 많은 열매를 거두고, 다른 사람에게 나누어 주어 다른 사람을 살리는 삶입니다. 더 풍성한 삶은 나누는 삶, 주는 자의 복을 누리는 삶(행 20:35)입니다. 나의 모든 은혜가 넘쳐 다른 사람에게까지 가니까, 은혜받은 사람이 많아지고 세상은 풍요로워집니다. 내 배에 물고기가 가득 차서 동료에게 손짓하여 도와 달라고 하니, 내 인생의 빈 배에 가득 찬 엄청난 어획량은 친구들도 경악시키고 그들까지도 모두 사랑의 그물에 포획되게 합니다. 여러분의 삶에 하나님 은총의 물고기가 가득 차면 친구들도 여러분 인생의 그물 포획에 동참하여 하나님의 제자가 됩니다.

김상근 교수가 쓴 『프란치스코 하비에르』에는 이그나티우스 로욜라와 프란치스코 하비에르 등 일곱 명의 파리대학 졸업생이 16세기 중반에 예수회를 세우게 되는 과정이 소개되어 있습니다. 그들은 모두 하나님의 사랑에 포획된 엘리트들이었습니다. 이 책은 하나님의 사랑에 포획된 젊은이들에 의해 세계선교의 웅대한 비전이 어떻게 이루어지는가를 보여줍니다. 예수회 출신 선교사 마테오 리치는 중국에 들어가 황제를 상대로 전도했습니다. 황제를 전도하려고 『천주실의』를 지은 것입니다. 김세윤 박사는 『가이사를 얻으라』라는 책에서 세계적 영역에서 가이사급 지도자를 얻어 설복시켜야 한다고 말합니다. 그 의미는 나라 전체를 위로부터 복음화하려는 사도 바울의 기상을 우리가 본받아야 한다는 것입니다. 예수회가 바로 "가이사를 얻는" 선교 전략에 투신했습니다. 이것은 단지 엘리트 복음화를 의미하지 않습니다. 이 세계의 지배권력 작동 체계를 복음화하는 선교 전략이며 아주 위험하고 지난한 과업일 것입니다. 하나님 나라 운동은 이러한 의미에서는 이 세상의 가이사급 지도자들을 그리스도 앞에 순복시키는 운동입니다.

우리가 가이사들을 전도하려면 예수회 수도사처럼 공부 수련정진, 독서 수련정진, 기도 수련정진, 청빈 수련정진에서 많은 진보를 이루어야 할 것입니다. 공부를 많이 하되 겸손하게 살아야 합니다. 무식하게 살면 겸손하게(?) 살도록 강요당합니다. 둘은 차이가 큽니다. "지식은 교만하게 하고, 사랑은 덕을 세운다고 했지. 내가 겸손하지 못한 것은 너무 똑똑하기 때문이야"라고 말하면서 책을 불태워서는 안 됩니다. 겸손하다는 것은 가장 지혜로우신 분인 하나님의 아들과 같이 진실한 사람을 뜻하는 것입니다. 우리가 공부를 많이 했다고 교만해지는 것이 아니라, 진실이 모자라면 교만하게 됩니다. 그 공부의 덕이 자기를 영화롭게 만들려고 할 때 교만해집니다. 공부 수련은 기도 수련만큼이나 중요합니다. 공부나 기도 둘 다 주님의 그물에 포획되는 순간일 수가 있기 때문입니다.

결론

예수님의 권고에 따라 깊은 데로 가서 그물을 내려 엄청나게 많은 고기를 잡은 베드로는 경악했습니다. 그리고 엎드려 주를 경배했습니다. 예수님을 부르는 명칭이 에피스타테스에서 큐리오스로 달라졌습니다. "주여, 물고기 잡았으니 이제 동업합시다. 이제 우리는 갈릴리 바다를 제패했습니다. 지중해로 나갑시다"라고 하지 않고, "주여, 나를 떠나소서. 나는 죄인입니다. 나는 당신의 제자가 될 수 없습니다"라고 말하며 그 앞에 엎드려 경배했습니다. 하나님의 은총 앞에 놀랄 수 있는 이 능력이 예배의 시작입니다. 예배는 두려움과 전율과 환희가 함께 공존하는 경험입니다. 그래서 예배에는 긴장과 이완이 같이 있습니다. 베드로는 예배를 드렸습니다. 전율과 경배와 놀라움 속에서 주를 두려워했지만, 그 두려움은 그의 존재를 사정없이 주님과 멀리 떨어지게 했지만, 주님에 대한 사랑은 부인할 수 없게 만든 전율이었습니다. 베드로의 진심을 주님이 아시고, "내가 이제부터 너를 사람 낚는 어부로 만들어 주겠다"라고 약속하셨습니다. 베드로는 그 이후에 열두 사도의 지도자가 되었습니다. 베드로는 예수님과 함께 있을 때는 어딘가 모르게 2% 모자란 사람처럼 보였습니다. 예수님께서 강렬한 초신성이었기 때문에 그분 앞에서는 베드로가 어딘지 모르게 약간 나사가 빠진 것처럼 보일 때가 있습니다. 그러나 예수님이 승천하고 부재하시자마자 베드로는 탁월한 영적 지도자로 부각되기 시작했습니다.

첫째로, 베드로는 대설교가로 거듭나 있었습니다. 이사야 53장과 주님의 십자가 고난과 죽음을 연결하고, 오순절 성령강림을 요엘 2:28-32로 풀어내고, 시편 16편과 예수님의 부활을 연결하고, 시편 110편과 예수님의 승천과 보좌 우편에 앉으심을 연결하는 등, 자유자재로 구약성경을 인용하면서 주님의 공생애와 십자가 죽음, 부활과 승천, 하나님 우편 보좌에 앉으심에 대한 심오한 해설을 전개했습니다.

두 번째로 그는 대담무쌍한 사도적 지도자로 거듭났습니다. 자신을 십자가에 못 박을지도 모르는 당국자들의 세력에 굴하지 않고, "사람들의 말을 듣는 것이 옳으냐, 하나님 말씀을 듣는 것이 옳으냐. 예수를 죽은 자 가운데서 살리신 이가 우리 안에 거하신다"라면서 당당하게 예수님의 부활을 증언했습니다. "예수님이 하나님께 일으켜 세우심을 받았다는 사실을 내가 말하지 않으면 하나님께 불복종하는 것이다"라면서 산헤드린을 압박할 정도로 용감무쌍한 지도자가 되었습니다.

셋째, 이방 선교의 신학적 근거를 제시함에 있어서 바울과 아름답게 동역했습니다(행 10-11장, 15장). 베드로는 하나님 백성이 되기 위해서는 할례를 받아야 한다는 오래된 편견을 과감하게 깨뜨림으로써 이방인 선교 사역의 장을 여는 데 이바지했습니다. 바울을 예루살렘 사도 공동체에 우호적으로 소개하고 그의 이방 선교 사역을 공식적으로 영접했습니다. 지도자의 면모를 고스란히 드러낸 것입니다. 하나님의 새로운 구원 역사의 계시에 민감한, 개방성 넘치는 사람이 됨으로써 베드로는 대사도의 면모를 갖추어 갔습니다. 특히 베드로는 사도행전 15장의 제1차 예루살렘 회의에서 바울과 바나바라고 하는, 아무

직분도 없고 신학교도 정식으로 나오지 않은 이방 선교사급 평신도를 사도의 반열에 올려줌으로써 사도 바울과 사도 바나바의 국외 선교를 모두 승인해 주는 엄청난 도량의 지도자가 되었습니다.

넷째, 베드로는 인격이 성숙하고 영성이 깊은 신앙인으로 거듭 태어났습니다. 자신의 맞수였던 요한과 단짝이 되어서 성전에 올라가 기도하며 성전 앉은뱅이를 일으키고, 숱한 기적을 행하는 엄청난 사도가 되었습니다. 사마리아에 가서 안수하여 오순절 성령 역사의 영향권에 복속되게 하고, 이방인들을 개종시키고, 주님의 영토를 전 세계로 넓히는 데 결정적인 통로가 되었습니다. 속사도 교부들의 글에 따르면 사도 베드로는 로마로 사역지를 옮겨 바울과 아름답게 동역하다가 순교했습니다. 베드로의 인격 성장과 영적 성숙의 놀라운 행정(行程)은 사역의 열매를 나열함으로써 다 평가될 수 없는 것입니다.

마지막으로, 베드로는 가내수공업적인 견습과 모방을 통해 예수님을 닮아간 지도자가 되었습니다. 베드로의 훌륭한 점은 위에서 언급한 사역적인 성취만이 아닙니다. 베드로는 마지막 순간까지 진정으로 주님을 본받고 모방했습니다(벧전 2:21).

젊은 자들아, 이와 같이 장로들에게 순종하고 다 서로 겸손으로 허리를 동이라. 하나님은 교만한 자를 대적하시되 겸손한 자들에게는 은혜를 주시느니라. 그러므로 하나님의 능하신 손 아래에서 겸손하라. 때가 되면 너희를 높이시리라. 너희 염려를 다 주께 맡기라. 이는 그가 너희를 돌보심이라. 근신하라, 깨어라, 너희 대적 마귀가 우는 사자같이 두루 다니며 삼킬 자를 찾나니(벧전 5:5-8).

이는 요한복음 13장에 나오는 예수님의 세족성사(洗足聖事)를 기억하는 말씀입니다. 교만하고 혈기 많았던 자신의 발을 씻겨 주신 주님의 그 부드러운 손길을 잊을 수 없던 그는, 겸손하여 "수건으로 허리를 동이라"는 말을 쓴 것입니다. 이 말은 베드로가 예수님을 모방하고 가내수공업적인 방식으로 본받았기 때문에 가능한 것입니다. 베드로는 태산 같은 예수님의 인격과 영성을 예수님 곁에서 보고 익히며 지속적으로 감화를 받았습니다. 그는 마침내 주후 60년경에 로마로 가서 로마 교회의 기둥이 되고, 로마 교황청의 제1대 교황이라는 말까지 들었습니다. 초기의 많은 교부 문서를 보면 베드로의 영향이 얼마나 엄청났는지를 보여줍니다. 베드로는 그야말로 반석 같은 대지도자가 되었습니다. 베드로는 사역에서도 성장했지만 인격적으로 너무나 겸손해져서, 전승에 의하면 그는 마지막에 거꾸로 십자가에 못 박히는 사람으로 생애를 마감했습니다. 복음서는 베드로 자신의 입에서 간증되었을 그의 숱한 실수 장면, 심지어 실족 장면까지 기록합니다. 베드로는 자신의 허물과 실수를 통해 초대 그리스도인들을 영적으로 견고하게 지탱해 준 대사도였던 것입니다.

베드로는 파란만장한 생에서 그리스도의 장성한 분량이 찰 때까지 끊임없이 다듬고 연단하시는 주님의 신실한 손길을 늘 기억하며 살았습니다. 마태복음 16장의 교회 정초(定礎) 말씀은 베드로를 중심으로 주어졌습니다. "내가 이 반석 위에 내 교회를 세우리라." 우리 신앙고백의 견고성이 바로 베드로, 곧 반석입니다. 베드로는 모든 견실한 신앙고백자의 선두에 선 자가 된 것입니다. 예수님은 베드로급 신자가 드리는 신앙고백의 견고성 위에 교회를 세우십니다. "주는 그리스도시요, 살아 계신 하나님의 아들이십니다." 이 견고한 신앙고백 위에 우리 주님은 당신의 교회를 세우십니다. 인류 역사에서 베드로를 모르는 사람은 아무도 없습니다. 인류 역사에서 베드로만큼 세계 만민의 사랑을 받는 사람은 없습니다. 베드로가 이렇게 되기까지는 주님의 가내수공업적인 제자 양성과 성령의 부단한 역사하심이 있었습니다. 그는 일생 주님을 사모했고, 끊임없이 주님 닮기를 추구하며 제자도의 생애를 완성해 갔습니다. 그가 사람 낚는 어부가 되기 전에 먼저 그는 맡긴 바 되었고 잡힌 바 되었습니다. 여러분의 생애도 주님의 손안에 장악되고 포획된 생애가 되어 부단히 성장하고 성숙해 가는 복을 누리기를 간구합니다.

6강에서는 잡으려고 발버둥치기 전에 잡힌 바 된 바울을 연구하겠습니다. 주님께 포획될 여러분을 위한 레마가 머지않아 곧 여러분의 텅 빈 배를 찾아갈 것입니다. 텅 빈 여러분의 인생이 주님을 초청하는 역설적인 초청의 자리, 그리하여 가득함의 자리가 되기를 간절히 바랍니다.

하나님 아버지, 감사합니다. 하나님의 아들딸들이 빈 배로 인생을 마치지 않게 하여 주시옵소서. 차라리 빈 배라면 주님을 모시는 빈 배가 되기를 원합니다. 주님이 함께하시면 빈 배도 빈 배가 아니요, 어둠도 어둠이 아닌 것을 배웠습니다. 하나님, 이 아들딸들이 결코 빈손으로 사역을 마치지 않게 하시고, 빈손으로 주님 품으로 귀향하지 않게 하옵소서. 마지막 순간까지 주님의 레마를 만나게 하여 주시고, 인생을 좌우할 결정적인 한 말씀을 주옵소서. 예수님의 이름으로 기도합니다. 아멘.

6

붙잡힌 바 된 그것을 잡으려고 정진하는 영원한 청년

빌립보서 3:1-21

빌립보서 3:1-21

끝으로 나의 형제들아, 주 안에서 기뻐하라. 너희에게 같은 말을 쓰는 것이 내게는 수고로움이 없고 너희에게는 안전하니라. 개들을 삼가고 행악하는 자들을 삼가고 몸을 상해하는 일을 삼가라. 하나님의 성령으로 봉사하며 그리스도 예수로 자랑하고 육체를 신뢰하지 아니하는 우리가 곧 할례파라. 그러나 나도 육체를 신뢰할 만하며 만일 누구든지 다른 이가 육체를 신뢰할 것이 있는 줄로 생각하면 나는 더욱 그러하리니 나는 팔일 만에 할례를 받고 이스라엘 족속이요 베냐민 지파요 히브리인 중의 히브리인이요 율법으로는 바리새인이요 열심으로는 교회를 박해하고 율법의 의로는 흠이 없는 자라. 그러나 무엇이든지 내게 유익하던 것을 내가 그리스도를 위하여 다 해로 여길뿐더러 또한 모든 것을 해로 여김은 내 주 그리스도 예수를 아는 지식이 가장 고상하기 때문이라. 내가 그를 위하여 모든 것을 잃어버리고 배설물로 여김은 그리스도를 얻고 그 안에서 발견되려 함이니 내가 가진 의는 율법에서 난 것이 아니요 오직 그리스도를 믿음으로 말미암은 것이니 곧 믿음으로 하나님께로부터 난 의라. 내가 그리스도와 그 부활의 권능과 그 고난에 참여함을 알고자 하여 그의 죽으심을 본받아 어떻게 해서든지 죽은 자 가운데서 부활에 이르려 하노니 내가 이미 얻었다 함도 아니요 온전히 이루었다 함도 아니라. 오직 내가 그리스도 예수께 잡힌 바 된 그것을 잡으려고 달려가노라. 형제들아 나는 아직 내가 잡은 줄로 여기지 아니하고 오직 한 일 즉 뒤에 있는 것은 잊어버리고 앞에 있는 것을 잡으려고 푯대를 향하여 그리스도 예수 안에서 하나님이 위에서 부르신 부름의 상을 위하여 달려가노라. 그러므로 누구든지 우리 온전히 이룬 자들은 이렇게 생각할지니 만일 어떤 일에 너희가 달리 생각하면 하나님이 이것도 너희에게 나타내시리라. 오직 우리가 어디까지 이르렀든지 그대로 행할 것이라. 형제들아 너희는 함께 나를 본받으라. 그리고 너희가 우리를 본받은 것처럼 그와 같이 행하는 자들을 눈여겨 보라. 내가 여러 번 너희에게 말하였거니와 이제도 눈물을 흘리며 말하노니 여러 사람들이 그리스도의 십자가의 원수로 행하느니라. 그들의 마침은 멸망이요 그들의 신은 배요 그 영광은 그들의 부끄러움에 있고 땅의 일을 생각하는 자라. 그러나 우리의 시민권은 하늘에 있는지라. 거기로부터 구원하는 자 곧 주 예수 그리스도를 기다리노니 그는 만물을 자기에게 복종하게 하실 수 있는 자의 역사로 우리의 낮은 몸을 자기 영광의 몸의 형체와 같이 변하게 하시리라.

초대 기독교의 서슬 퍼런 영성과 영적 파급력

이제는 사도 바울의 인격 성장과 영성 수련을 묵상하고자 합니다. 사도 바울은 다메섹 도상에 만난 부활하신 주님과의 끊임없는 교제와 사귐을 통해 새롭게 창조되는 기독교적 인격 창조의 고전적인 사례입니다. 로마서 6:3-5과 8:1-11, 고린도후서 4:16-18과 5:17, 빌립보서 3:1-14 등이 보여주는 기독교적 새 피조물 창조를 생생하게 예시하는 인물이 바울입니다. 특히 빌립보서 3장은 사도 바울의 끝없는 영적 성숙과 인격적 진보의 원천이 무엇인가를 가르쳐 줍니다. 아울러 이 본문은 초기 기독교가 300년간 로마 제국과 정면으로 조우하면서 로마 제국의 척추를 부서뜨릴 만큼 강력한 민간 집단이 되는 데 결정적 요소가 무엇이었는가를 보여줍니다.

초기 기독교는 성공 가능성이 희박한 벤처기업보다도 더 형편없는 출발을 보였습니다. 육체노동자 목수가 창시했고, 죽은 자를 추종하며, 그 우두머리들이 사회적으로 비천한 신분이었던 모임, 그것이 로마의 지성인이라고 자처하던 수에토니우스나 켈수스의 기독교 인상비평의 내용이었습니다. 초기 기독교에는 세계적인 네트워크를 가진 종교로 성공할 가능성을 보여줄 만한 요소가 거의 하나도 없었습니다. 그런데 기독교는 313년에 로마 황실을 압박하여 공동황제였던 리키니우스와 콘스탄티누스로 하여금 기독교를 공인할 수밖에 없도록 만들었습니다.

우리가 로마 제국 전체에서 기독교가 어떠한 영적 비중과 위치를 가졌었는지를 알려면 오늘날 유럽이나 미국의 고등학생들이 보는 세계사 교과서를 한번 읽어 보아야 합니다. 지금 미국에서 쓰이고 있는 대부분의 교과서 앞부분을 보면, 믿지 않은 사람이 쓴 역사책임에도 불구하고 기독교와 로마 제국의 충돌을 다루는 부분에서 기독교 신앙의 엄청난 공적 지도력과 세계 변혁 동력을 자세히 서술하고 있습니다. 교과서들은 대개 4세기 초에 이미 로마 제국의 썩어 빠진 종교성과 타락과 방종의 정신성은, 불꽃처럼 타오르는 기독교의 거룩한 인격과 영성을 대항할 힘이 없었기에 기독교를 공인 종교로 인정하지 않을 수 없었으며, 심지어 기독교의 영적 에너지에 제국 통일과 통치 후원을 기대했다고 평가합니다. 초기 기독교는 거룩한 인격과 순결성으로 타락, 권력욕, 정욕 추구에 몰입하던 로마 제국을 함락시켰습니다. 그래서 계몽주의 시대 영국의 역사가였던 에드워드 기번(1737-1794)이 쓴 『로마 제국 쇠망사』와 20세기 영국의 역사가 에릭 도드가 쓴 『번뇌의 시대의 이교도와 기독교』란 책은 기독교가 로마 제국을 정신적으로 정복할 수 있었던 여러 가지 이유를 들고 있습니다. 그들은 대체로 다음과 같은 일곱 가지의 이유를 들었습니다.

먼저 기독교가 사회적 적응성을 높이면서 로마 제국의 다종교적 다원주의가 초래한 혼란에서 해방의 힘으로 작용했다는 것입니다. 로마가 재난을 당할 때마다 혼란스러웠던 것은 어느 신에게 제물을 드려야 하는가 하는 문제였습니다. 예를 들어, 보통 로마인이 배를 타고 가다가 재앙을 만나면 누구에게 제물을 바쳐야 합니까? 넵튠(포세이돈)에게 바쳐야 합니다. 전쟁을 하기 위해선 누구에게 제물을 바칩니까? 전쟁의 신 마르스나 빅토리아 여신에게 제물을 바쳐야 합니다. 국가적으로 가장 큰 절기에는 제우스에게, 음란과 풍요를 도모할 때는 키벨레(Cybele)라는 여신에게 바쳤습니다. 로마는 너무나 많은 신을 섬겼습니다. 국가적으로 재난이 일어날 때마다 로마 전체는 온통 종교적 열기로 빠져들었습니다. 그런데 거기에 기독교인들이 불참하기 시작했습니다. 로마 제국 내에서 살던 기독교인들은 점점 로마 제국의 다신교적 종교 축제에 참여하지 않고 빈자리를 남겼습니다. 로마 제국은 국가적 재난을 진단할 때 어느 신의 진노가 이 재난을 초래했는지 몰라서 동분서주했습니다. 그런데 기독교는 한분 하나님이 진노했으며 즉각 공중도덕의 회복과 윤리적 갱생, 그리고 정치경제적 정의 회복을 통한 회개야말로 재난의 완화를 가져올 수 있다고 주장함으로써 신속한 하나님 원인론적 분석을 내놓았습니다. 이렇게 간결하고 단호한 확신에 찬 재난 분석과 대책 제안이 사람들, 특히 지도층 사람들의 흥미를 유발시켰습니다. 그들로 하여금 호의적인 눈으로 기독교 신앙을 바라보게 만들었습니다.

둘째로, 영혼 불멸성으로 대표되는 미래적·내세적 구원을 주창함으로써 로마 제국의 종말 너머에는 어떠한 미래도 확신할 수 없었던 로마 시민들에게 희망을 주었습니다. 지상에서 로마 제국이 끝나더라도 그것이 끝이 아니라는 기대를 심어 주었습니다. 플라톤적인 영원한 도성, 평화의 왕국이 있다는 것이었습니다. "기독교 복음과 교회는 로마 제국보다도 영원히 영속하는, 영원한 나라로 가는 관문이다." 이것이 답이 되었습니다.

셋째, 기독교회가 공공연히 과시했던 민중 친화적 복지 실천과 밑바닥 사람들에 대한 무제한적 동정 실천이 로마 대중들의 환영을 받았습니다. 야만족에게 모든 것을 빼앗기고 고향을 떠날 수밖에 없어서 대도시로 몰려들었던 사람들, 전쟁기간 동안에 자기 농작지가 전쟁터로 변해 버려 황폐해진 땅을 버리고 할 수 없이 도시로 밀려든 빈민들, 만기 제대했지만 군단 기지 근처에서 땅을 둔전으로 받아 제2의 인생을 시작할 수 없던 퇴역 군인들, 친구도 가족도 없이 국외 전쟁터에서 십 몇 년간 군생활하다 들어온 퇴역 군인들은 연금이나 주택도 받지 못하고 고아처럼 내버려졌습니다. 이들이 대도시 빈민으로 내몰렸을 때 교회가 보듬었습니다.

로마의 남자들이 10년, 20년씩 전쟁터에 있었을 때 과부가 생기고, 고아가 생기고, 늙은 홀어미가 생겼습니다. 그들을 다 누가 돌보았습니까? 교회가 돌보았습니다. 이자율 48%의 고리대금업이 판치는 세상에서 빚을 지고 살다가 자유농민에서 소작인으로, 다시 노예로 전락한 사람들, 자유의 몸이 되었으나 사회와의 밀접한 관계를 누리지 못하고 내팽개쳐진 해방 노예들, 이런 사회적 기층민들, 삶의 터전에서 뿌리 뽑힌 사람들이 어디로 몰려왔습니까? 다 교회로 몰려왔습니다. 그들은 교회로 몰려들어 하나님의 사랑을 맛보았습니다. 이것이 교회였어요. 그래서 농촌보다 대도시에서 기독교 인구가 폭발적으로 늘어난 것입니다. 왜요? 대도시는 땅을 빼앗긴 농민들의 유일한 희망이었습니다. 그래서 로마, 안디옥, 알렉산드리아, 이 세 도시의 기독교 인구가 갑자기 늘어났습니다. 그래서 이 세 도시의 주교들이 수위권을 다투었습니다. 알렉산드리아 주교, 로마 주교, 안디옥 주교 중에서 결국 로마 주교가 교황의 자리에 올라앉게 됩니다.

콘스탄티누스 황제의 후계자로서 배교자 율리아누스라는 황제가 있었습니다. 배교자 율리아누스가 로마 전통종교를 부활시키고 신흥종교인 기독교를 박해하기 위해서 조사를 해보니, 기독교가 박해 대상 종교인데도 인정할 수밖에 없는 매력이 있었습니다. 기독교가 불쌍히 죽어간 모든 사람들의 장례를 도맡아 했고, 고아와 과부를 다 돌보아 주고 있었습니다. 옛날에 로마 공화정이 전성기였을 때 있었던 공동체적인 상호부조를 교회가 그대로 계승하고 있었습니다. 로마 제국의 공화국적 이상은 교회 공동체 안에만 보존되고 있었던 것입니다. 역설적으로, 교회를 박멸하고 싶어도 교회가 가진 저 엄청난 공동체 부조의 힘, 네트워킹은 파괴하면 안 되겠다는 생각을 배교자 율리아누스가 했습니다. 이러한 내용은 후스토 곤잘레스의 『기독교 사상사』 1권이나 시오노 나나미의 『로마인 이야기』 12-13권에 잘 나옵니다. 특히 후스토 곤잘레스의 『기독교 사상사』 1-3권은 닳아질 정도로 읽어야 합니다. 책을 읽고 나면 기독교가 아직까지 세계에서 할 일이 너무 많고, 우리가 회복해야 할 영성적 광채가 너무 많다는 것을 알게 됩니다.

그래서 기독교 처음 300년 동안에 일어났던 신앙 실천과 그 시대 교부들의 글을 읽으면 영적 정화를 경험할 수 있다고 말합니다. 게

르하르트 로핑크(Gerhard Lohfink)라는 사람이 쓴 책, 『예수는 어떤 공동체를 원했나?』에 나오는 주장입니다. 순교자 저스틴, 서머나의 폴리캅, 안디옥의 이그나티우스, 이레니우스, 키프리안, 알렉산드라의 클레멘트, 오리겐, 어거스틴, 제롬, 크리소스톰, 갑바도기아의 교부들의 글을 계속 읽으면 우리가 영적으로 얼마나 오염되었는지를 알 수 있다는 것이지요.

지금 우리는 영성의 가장 밑바닥 하류에 와 있는 셈입니다. 자정 능력이 없는 한강 하류와 임진강이 만나는 곳에는 한강 댐들 때문에 유속이 느려져 토사물이 엄청 쌓입니다. 파주 교하의 한강물은 거의 흐르지 않습니다. 대신 파주 교하의 강물은 조수간만의 차가 커서 간조기에는 강바닥이 거의 다 드러납니다. 파주의 강물은 서해 바다의 조수간만 차 때문에 역류해 들어온 짭짤한 바닷물로 세례를 받습니다. 바닷물이 빠져 나가면 바닥이 드러나서 더 이상 물이 흐르는 않는 저수지 같은 곳입니다. 지금 한국 교회는 갯벌이 드러난 연안 바다 혹은 유속이 느려 퇴적만 일어나고 흐르지는 않는 강 하류의 하상(河床)과 같습니다. 저열한 도덕성을 부끄러운 줄 모르고 드러내고 있습니다. 저와 여러분은 기독교 영성의 몰락기에 신학을 하고 있습니다. 여러분은 기독교 영성이 전락해서 조롱당하거나 비난받고 있는 시기에 그리스도의 청년으로 살고 있습니다. 수치를 모르는 한국 기독교는, 기독교를 적대하는 사람들을 테러리스트적인 잔혹함으로 징벌하려고 합니다. 생방송 마이크를 빼앗아서 방송국을 점령하는 계엄군적인 야만, 이것이 지금의 한국 교회가 가지고 있는 힘입니다.

넷째, 초기 기독교 지도자들이 일으킨 숱한 기적은 대중적 관심을 고조시켰습니다. 기적은 하나님의 초자연적인 권고하심의 생생한 증좌(證左)로 받아들여졌습니다. 기적을 일으키는 사도들 혹은 사도적 교부들은 하나님의 진정성 넘치는 대변자로 보여졌습니다.

다섯째, 초기 기독교인들의 순수하고 금욕적인 생활 방식이 로마 제국의 타락한 성도덕과 문란에 비하여 매우 강력한 색상대비를 일으켰습니다. 초기 기독교 지도자들의 도덕적 순수성, 강력한 사회적 흡인력, 금욕적인 생활은 확실히 로마 제국 내의 종교 세력 판도를 기독교 중심으로 재편했습니다. 한때 좋았던 기독교의 원형을 보려면, 313년 이전의 교부의 글을 읽어야 하고 313년 이전의 기독교 원형질을 연구해야 한다는 말은 타당합니다. 초기 기독교 지도자들의 순수하고 금욕적인 생활 방식이 로마 제국의 타락한 성도덕과 문란에 비해서 강력한 흡인력의 원천이 되었고 놀라운 색상대비가 되었다면, 오늘날 동일한 원리가 작동할 가능성이 여전히 열려 있는 것입니다. 여러분과 제가 고결하고 의로운 삶을 보여주기만 하면 됩니다. 오늘날 우리 한국 교회는 도덕적으로 슬럼가가 되고 시궁창이 되었습니다. 2급수인 구리의 왕숙천보다 더 더러워진 3급수가 되었습니다. 이에 대한 책임이 신학교에 있고, 기독교 지성인에게 있고, 목회자인 저에게 있고, 우리 모두에게 있습니다.

여섯째, 규율과 단결을 특징으로 하는 공동체적 삶의 방식으로 교회는 옛날 로마 공화정이 전성기였을 때 보여주었던 공동체적 영성을 집단으로 입증하고, 로마 제국의 대안이 될 수 있는 사회임을, 곧 로마 제국과는 전혀 다른 대조·대항사회임을 입증했습니다. 공화정이 무너진 후에 로마 공화정 시대의 멋진(?) 모습을 복원시켜 놓은 공동체가 교회라는 평판은 참으로 중요합니다. 실로 기독교회는 독립적인 대안사회 구성력을 발휘해서 국가 속의 국가를 형성했습니다. 기독교 신앙은 로마가 강조했지만 거의 실천되지 않았던 공공적 상호부조 정신의 계승과 발전을 이어받았을 뿐만 아니라, 기본생활을 보장하는 사회복지에 힘썼습니다. 그래서 과부, 고아, 노인, 실업자, 사회 추방자, 퇴역 군인들을 흡수했습니다. 교회는 포괄적인 사랑과 우애의 실천을 통하여 강력한 소속감을 창조했습니다.

일곱째, 누구에게나 열린 기독교 신앙의 보편적 개방성이 강렬한 선교의 원동력이었습니다. 기독교는 노예들에게도 열린 종교였습니다. 이것은 상상을 초월하는 기독교 신앙의 사회 재구성력이었습니다. 노예들이 와서 마음 놓고 숨 쉬었다는 것은, 교회가 엄청나게 마음씨 좋은 사람들의 공동체였다는 뜻입니다. 로마서 16장에 보면 바울이 자기와 함께 인사를 건네는 사람들, 그리고 자기의 인사를 받는 사람들 중에 여자와 노예들의 이름을 언급하고 있습니다. 자신의 안부 인사를 받을 로마 기독교인 중 한 사람이 우르바노라는 이름을 가진 사람입니다. 이는 노예 장부에 나오는 이름입니다. 우르바노 외에 스다구도 노예 이름일 가능성이 큽니다. 폴란드 작가 생케비치가 쓴 『쿠오바디스』를 보면 주인공 리기아를 지키는 노예검투사 출신 기독교인 우르소스라는 인물이 나옵니다. 여자들과 노예들이 바울의 동역자인 것입니다.

여러분, 노예들이 교회에 와서 편안함을 느꼈다는 것은 그 교회가 대단히 하나님 중심적이고 성령 순복적인 동아리였다는 것을 암시합니다. 종로5가에 있는 연동교회는 처음으로 백정이 와서 예배드렸던 교회였습니다. 백정이 와서 예배드리자 연동교회 양반들이 화가 나서 안국동으로 들어가 안동교회를 세웠지요. 그래서 안동교회는 양반들의 배타적 교회가 되었고 연동교회는 백정과 양민이 같이 예배드리는 공동체가 되었습니다. 물론 지금은 안동교회가 그렇지 않고 개방적인 보통 교회가 되었습니다. 당시 이방인과 노예들을 인간답고 고귀하게 대우하는 종교는 기독교 외에 없었습니다. 교회는 기층민들의 슬픔, 눈물, 탄식, 그리고 아우성을 먹고 자라는 나무입니다. 바닥 사람들의 교회 유입은 맑은 수원지로부터 강의 상류로 맑은 물이 계속 공급되는 이치와 같습니다. 부조리한 세상의 운영원리 때문에 희생당한 사람들이 교회로 몰려와야, 교회의 공예배 시간에 하나님의 세상 통치와 역사 변혁적 개입을 탄원하는 기도가 하늘로 급히 타전됩니다.

이와 같은 일곱 가지 이유가 초대교회의 영적 파급력과 사회변혁적 지도력의 원천이었습니다. 이와 같은 초대교회를 디자인하는 데 결정적인 기여를 한 인물이 사도 바울입니다. 사도 바울은 십자가 고난 복음, 십자가 죽음을 통한 죄 사함 복음을 주창함으로써, 불의한 세상을 거룩하게 전복시키는 데에는 그리스도인들의 고난 참여가 필수적임을 설파했습니다. 사도 바울은 죄 사함의 구원 감격 속에 하나님 나라를 이 땅에 세우시려는 하나님께서 자신을 이방인의 사도로 부르심을 감득했습니다. 구원은 세상을 변화시키려는 소명으로 승화될 때 완성됩니다. 하나님의 구원이 이웃 사랑의 소명으로 승화될 때 정통 기독교인의 인격과 영성이 형성될 기틀을 갖추게 된다는 것입니다.

다메섹 도상의 원초적 피포획 경험에서 추동된 인격 성장과 영성 수련

빌립보서 본문을 통해 사도 바울은 기독교인의 인격 형성과 영성 함양은 원초적 구원 감격과 소명감에 바탕을 둔, 부단한 정진 과정임을 말해 주고 있습니다. 여기서 원초적 소명감이라는 말이 참 중요합니다. 3:12을 보면 "내가 이미 얻었다함도 아니요 온전히 이루었다 함도 아니라. 오직 내가 그리스도 예수께 잡힌 바 된 그것을 잡으려고 달려가노라"고 말하지요. 이것이 바로 원초적 구원 감격과 소명감의 경험입니다. 사도 바울이 언제, 어디서 원초적으로 하나님께 강력하게 붙잡혔습니까? 다메섹 도상에서입니다. 그는 사도행전 9장, 22장, 26장에서 세 번이나 자신의 다메섹 도상의 피포획(被捕獲) 사건을 간증합니다. 다메섹 도상에서 강력하게, 위로 붙들려 갔습니다. 영어로 말하면 snatched up된 것입니다. 강력하게 붙들려 위로 공중부양 되듯이 빛에 의해서 끌려 올라갔다는 말입니다. 강력하게 포획된 이 경험을 묘사하는 단어가 카타람바노입니다. 카타는 강세접두사, 람바노란 말은 "가지다, 취하다"를 의미합니다. 그러니까 카타람바노는 "강력하게 취하다"라는 뜻입니다. 빌립보서 3:12에서는 카타람바노 동사의 수동 부정과거시제 카테렘프덴이 쓰였습니다. 부정과거(aorist)는 단 한 번 일어난 과거 사건을 묘사할 때 쓰는 말입니다. 이 말은 내가 과거의 특정한 한 순간에 강력하게 붙잡혀 끌어 올려졌다는 것입니다. 12절 하반절부터 13절까지의 헬라어 구문은 이렇게 읽힙니다.

카이 카타라보 엘 호 카이 카테렘프덴 휘포 크리스투 [예수]. 아델포이

에고 에아톤 우 로기조마이 카테이레페나이 헨 데 타 멘 오피쏘 에피란 다노메스 토이스 데 엠프로스덴 에펙테이노메노스

오직 내가 그리스도 예수께 잡힌 바 된 그것을 잡으려고 달려가노라. 형제들아, 나는 아직 내가 잡은 줄로 여기지 아니하고 오직 한 일 즉 뒤에 있는 것은 잊어버리고 앞에 있는 것을 잡으려고

영어로 직역하면 I press on to take hold of that for which I was taken by force by Christ Jesus입니다. 내가 붙잡힌 바 된 목적을 위해 나는 그만큼 붙잡으려고 분투한다는 말입니다. 나는 붙잡힌 바 된 그 원초적 소명 경험에 바탕을 두고, 붙잡으려고 분투한다는 것입니다. "내가 다메섹 도상에서, 소명과 구원의 이중 경험으로 붙잡힌 바 된 그 원초적 경험에 근거하면서, 하나님께서 나를 붙잡아 주신 목적과 상급(하늘 상급), 그것을 이루려고 매일 정진에 정진을 거듭한다"는 말입니다. 이것이 바로 그리스도인의 인격과 영성이 자라는 과정입니다. 그리스도인은 한 번 원초적으로 세례를 받습니다. 우리가 홍해를 건너는 것은 한 번입니다. 우리가 한 번 다시 태어나는 것입니다. 고린도전서 10:2이 말하듯이 우리가 홍해 도강 중 세례를 받은 사건은 한 번 일어난 과거지사입니다. 그런데 거듭나고 나서 자라는 과정, 성화는 계속 반복되는 과정사건입니다. 한 번 거듭나고 계속 자라서 그리스도의 장성한 분량까지 성숙에 성숙을 거듭하는 것이야말로 기독교의 인격 성장과 영성 함양의 전범입니다.

사도 바울은 25년간 16,000km를 주유하면서 8개 지역에 흩어진

500여 명의 신자를 양육하면서 일생을 보냈습니다. 그런데도 그는 한 번도 지치지 않고, 선교의 현장에서 은퇴할 줄을 몰랐습니다. 오히려 자신의 후기 사역을 로마를 거쳐서 스페인에까지 복음을 전하는 일이라고 못 박고 로마 교회 교인들에게 자신의 스페인 선교를 지원해 달라고 간접적으로 요청할 정도였습니다. 스페인까지 가려고 했던 것은 이사야의 예언처럼 땅 끝까지 가서 복음을 전하려고 했기 때문이었습니다. 김세윤 박사의 「바울의 큰 선교 비전」이라는 논문에 따르면 그가 스페인에 가려 한 이유는 나름대로 세계일주 선교여행의 완성을 위해서였습니다. 스페인에 갔다가 이집트 알렉산드리아를 거쳐서 다시 예루살렘으로 돌아오면 지중해를 중심으로 형성된 당시의 전 세계를 한 바퀴 돈다고 생각했던 바울의 세계 선교 로드맵이었다는 것입니다. 예루살렘에서 로마를 거쳐 스페인으로 갔다가 알렉산드리아를 거쳐서 다시 예루살렘에 돌아오면, 지중해를 중심으로 세계를 한 바퀴 도는 것입니다. 그렇게 하면 주님이 재림하시리라 생각했습니다. 바울은 지중해가 세계의 전부인 줄 알았습니다. 바울은 한사군(漢四郡)에 시달리는 고조선도 몰랐고 고구려, 백제도 몰랐습니다. 우리가 아시아에서 이렇게 힘들게 사는 줄 몰랐습니다. 그냥 지중해 일대가 세계의 전부인 줄 알고 그 세계를 주유했습니다. 25년간 약 16,000km를 주유하며 8개 지역에 흩어진 500여 명의 교우들을 돌보면서 보낸 바울의 생애는, 한마디로 말하면 부단한 정진입니다.

그렇다면 부단한 정진의 원동력은 무엇일까요? 바로 신적인 포획 경험입니다. 신적인 포획 경험의 핵심은 성령의 부단한 감화감동이었습니다. 그리스도의 장성한 분량까지 자라기 위해서 끊임없이 성령

안에 자신을 맡겨 놓았던 것입니다. 로마서 8장은 이렇게 말합니다. "육신을 따르는 자는 육신의 일을, 영을 따르는 자는 영의 일을 생각하나니 육신의 생각은 사망이요 영의 생각은 생명과 평안이니라." 바울은 영으로써 몸의 행실을 죽여 가면서, 자신의 혈과 육을 죽여 가면서, 성령 안에 자신의 전 존재를 내맡기면서, 하늘에서 자기에게 예비된 상급을 위해서 달려갔던 것입니다. 그 상급은 땅 끝까지 복음을 증거하는 전도자의 면류관입니다. 그는 그 하늘 상급, 영원불멸한 면류관을 받기 원해서 지상의 모든 고난과 불편, 환난을 가볍게 생각했습니다(고전 9:24-27, 딤후 4:7-8, 히 11:6). 하나님은 모든 사람을 부르실 때 반드시 상급을 겨냥하면서 부르십니다. 우리 모두는 하나님이 부르셨을 때 목적 없이 부르신 것이 아닙니다. 하나님은 우리에게 특별한 목적을 겨냥하면서, 특정한 과업을 성취하도록 우리를 부르셨습니다. 하나님의 부르심은 불러 놓고 무책임하게 우리를 방치하거나 쓸쓸하게 그냥 내버려 두시는 것이 아닙니다. 그것은 부단한 성령의 감동으로 우리가 땅의 지체를 죽이고 위의 것을 찾도록(골 3:1-2) 끊임없이 영적으로 견인하고 부양하여 우리를 고양시키는 사역입니다.

칼 바르트에 따르면 성령은 우리에게 세 가지 사역을 합니다. 이정석 박사가 쓴 『하나님의 흔드심』이라는 책이 있습니다.[39] 이 책은 칼 바르트의 『교회교의학』 4-5권을 요약한 해설서입니다. 여기서 칼 바르트가 말한 성령의 세 가지 사역은 동요·제한·고양입니다. 첫째, 성령의 흔드시는 사역이 동요 사역입니다. 이것은 가건물과 날림공사로

---

39. 이정석, 『하나님의 흔드심』(서울: 새물결플러스, 2010), 53-56.

지어진 우리의 옛 자아를 부수시는 창조적 파괴 사역입니다. 두 번째로 제한 사역입니다. 우리가 멸망의 길로 일주할 때 그 멸망의 길을 가시로 막으십니다. 호세아의 아내 고멜이 음란한 여인이 되어서 실익 없는 연인들을 쫓아갈 때, 우리 하나님 야웨께서는 고멜의 앞길을 가시로 막았습니다(호 2:6). 죄악된 멸망의 길로 일주하는 이스라엘의 앞길을 야웨 하나님은 막으십니다. 요나의 다시스 뱃길도 막으셨고 발람의 이스라엘 저주 기도도 막으셨습니다. 이것이 제한 사역입니다. 이렇게 하나님은 우리를 흔드셨다가 창조적으로 부수시고, 앞길을 막으셨다가 궁극적으로는 고양시켜서 하나님이 우리에게 목적으로 주신 그 상급을 마침내 발견하여 질주하도록 도우십니다.

바울은 다메섹 도상에서 흔드시는 사역을 경험했습니다. 그래서 그의 바리새인적 신학 ─ 빌립보서 3:1-10에 나오는 그 혈과 육을 의존하는 신학 ─ 이 세차게 뒤흔들리자, 그는 혈통·계보·명예 등 모든 귀해 보이는 것들을 배설물로 버리게 되었습니다. 여러분, 여기서 바울이 버렸다고 하는 것이 정말 쉽게 버려지는 것은 아닙니다. 바울이 버렸다고 하는 것은 혈연·지연·학맥·지맥·계보, 그리고 그가 성취했던 모든 영적 특권과 지위들입니다. 이 모든 것을 그리스도 예수를 아는 지식 때문에 배설물로 여겼습니다. 이것이야말로 창조적 파괴 작업입니다. 우리가 그리스도 안에서 새로운 피조물로 거듭날 때는, 예전 한때 내게 유익하다고 생각했던 모든 것을 배설물로 여길 수 있는 가치관의 대반전과 대혁신이 일어납니다. 내 주 예수 그리스도를 아는 지식 때문에 내가 자랑할 만한 모든 인간적 자산들이 다 헛것이 되고, 구린내 나는 배설물로 전락합니다. 이것이 바로 거듭난 사람의 구원 감격이자 소명감입니다. 여기서부터 그리스도인의 인격과 영성을 논할 수 있는 기초가 놓이게 됩니다. 세례 받기 전에 내게 자랑거리가 되었던 모든 것을 주 안에서 거룩하게 익사시켜 매장하고 모든 인간적 매력들을 불순물과 배설물로 여겨 투척하는 것, 그것이 그리스도인의 인격과 영성이 시작되는 지점입니다. 사도 바울은 다메섹 도상에서 이 모든 자랑할 만한 요소들과 결별했습니다.

여러분, 장신대는 나름대로 자랑할 만한 교단의 직영신학교입니다. 한 번도 교단분열을 겪지 않은 전통 그 자체가 우리의 자랑거리가 될 수 있습니다. 저도 이 학교를 다니면서 제가 학부를 다녔던 학교와 너무나 질적으로 다른 것을 보고, 구원받은 백성이 한데 모여 사는 곳은 정말 천국 같구나라고 느낀 적이 있었습니다. 64세였던 교장 선생님과 40대 고모님 같은 누님들과 한데 어우러져서 경쟁 없이 공부했습니다. 서로 칭찬해 주느라고 바빴습니다. 그래서 저는 이 선지동산에서 성적을 십자가에 못 박고 살았습니다. 제가 만일 관악산 밑에 있는 학교를 다녔다면 이렇게 못했을 것입니다. 광나루에 오니까 모든 것이 다 새롭게 보였습니다.

그런데 학교를 용인으로 이전한다는 이사회의 은밀한 논의에 대한 첩보를 받고 신대원 학우들이 반대를 하면서 이사회의 학교 이전 시도를 저지하는 운동이 있었습니다. 1989년 가을학기였습니다. 신대원 비상총회가 열려 중간고사 거부 결정을 내렸습니다. 저는 먼 신림 9동에서 사역하며 어렵게 학교를 다녔기 때문에, 시험 보기를 원한다는 소수 의견을 냈습니다. 소수 의견은 내자마자 묵살되고 다수 의견이 우레와 같이 몰려와서 시험을 안 보기로 결정했습니다. 그래서 저는 시험 안 보는 줄 알고, 시험 기간에 신림동 관악 캠퍼스를 종횡무진하며 실컷 기도하고 전도했는데, 저 몰래 대부분의 학우들이 시험을 봤습니다. 결국 제 모든 과목은 C 마이너스였습니다. 처참했습니다. 그런데 그때도 저는 시험 본 사람들을 원망하지 않았습니다. 아무런 느낌이 없이 그 성적표를 받아 들고 등록금 내려고 250만 원을 두레교회 김진홍 목사님께 빌렸습니다. 예전 같으면 항의를 하고 난리를 피울 일인데, 제게 전혀 문제가 안 되었던 것입니다. 여러분께서 지금 이 자리에 있는 것도 저의 그 최악의 학점 결과인 줄 아시기 바랍니다. 여러분이 이 자리에 앉아 있는 것이 믿음의 선배들의 피땀이 흘려진 결과임을 아셔야 됩니다.

그러나 장신대가 하나님 앞에 자랑거리가 될 수 없습니다. 많은 학생들이 입학하기를 열망하는 학교, 교수진이 좋은 학교라는 사실이 하나님의 복음 영광을 가리는 데 이바지한다면 그 자랑은 헛된 자랑이 되고 말겠지요. 우리가 자랑하는 모든 것들이 하늘 상급에 대한 갈급함을 감소시킨다면, 그것은 자랑거리가 아니라 즉각 투척되어야 할 배설물입니다. 십 몇 억 돈을 써 가면서 총회장되면 하늘 상급에 대한 갈망이 사라지지 않겠습니까. 안 그래요? 돈 써 가면서 총회장되는, 그 자체가 창피죠. 훈장이 아니라 수치입니다. 「기독공보」나 「국민일보」, 「기독신문」을 좀 보세요. 무슨 대회를 열면 최정점의 총대회장부터 상임대회장, 운영대회장까지 나오는데, 창피해서 끝까지 읽지를 못합니다. 너무나 많은 장(長)자 붙은 직위가 정신없이 열거되고 있는 것, 참 희극적입니다. 피상적인 땅의 상급에 목을 맨 목사들의 정신세계입니다.

그런데 우리가 하나님과의 간단(間斷)없는 교제를 즐긴다면, 직분에 대한 갈급함, 박수 소리에 대한 목마름 같은 인간적 욕망이 전혀 생기지 않습니다. 하나님 앞에서 어루만짐을 받고, 하나님 앞에 알려진 자가 되고, 하나님과 영적으로 풍성한 교제를 나누는 사람들은 명예욕과 권력욕을 추구하는 비린내가 나지 않을 것입니다. 신령한 사람들은 오로지 자신을 낮추고 겸손하게 이웃을 사랑하고 섬김으로써 으뜸되는 자의 은밀한 희락을 누린다는 점에서, 영적으로 성숙한 자들의 명예욕은 많이 성화되어 방부처리가 되는 셈입니다. 직분에 대한 욕구도 승화되고 나면, 직분은 없어도 봉사는 가능해지고, 어디서나 하나님의 역사를 위해 쓰임 받을 수 있으며, 하나님의 역사 안에서 자기의 은사와 재능을 발휘할 수 있는 것입니다.

그래서 신학교 교수들이 교수직 잃는다고 그저 허무하게 존재감 없이 살지 않을 것이며, 큰 교회 담임목사들이 당회장직을 내려놓는다고 해도 허무하게 영락한 삶을 살지 않을 것입니다. 격오지 선교지에 가서, 혹은 헨리 나우웬처럼 이름 없는 봉사단체에 들어가 백의종군하듯이 가장 연약한 자를 섬기며 얼마든지 다른 영역에서 선한 열매를 맺을 수 있습니다. 만일 칼 바르트가 독일의 본(Bonn) 대학이나 스위스 바젤(Basel) 대학의 교수직에만 매달린 신학교수였다면 오늘날 우리에게 알려진 그 유명한 칼 바르트가 되지 못했을 것입니다. 그는 신학교수로 봉직하기 전에 이미 젊은 날 14년간을 스위스의 탄광촌 자펜빌에서 목회하면서, 교인들이 줄어 가고 설교가 배척당하는 것을 경험하면서 충격을 받았습니다. 기독교 신앙이 다윈의 진화론적 세계관이 판치는 현대에도 여전히 수용될 수 있는지를 고뇌하면서 『로마서 주석』과 『교회교의학』을 써내려 갔습니다. 오늘날 우리가 아는 칼 바르트는 기독교 신앙이 세차게 냉대받는 현장의 임상경험을 온축시킨 후 신학저술과 교수직에 투신했습니다.

기독교가 배척당하고 조롱당하는 현장을 지켜보는 뼈아픈 임상경험을 가진 사람에게서 깊은 신학적 저술이 나오고, 기독교에 대한 위대한 변증이 나오는 것입니다. 다 편하게 갖춰진 곳에서, 신학자나 목회자를 왕이나 귀족처럼 대우하는 현장에서는 절대로 세상 만민에게 유익이 되는 기독교 신앙이나 신학이 나오지 않습니다. 이런 점에서 신학교는 '동굴의 우상'의 위험이 있습니다. 특히 신학교 교수들은 서로의 진리에 대해서 한 번도 의심하지 않고 동업자적인 전문용어를 사용하며 소통하는 폐쇄적 순환논리 속에 갇혀 있기 때문에, 세상에서 기독교가 얼마나 유린당하고 공격당하는지에 대한 충분한 임상경험을 갖지 못할 수가 있습니다. 그래서 기독교의 엄청난 복음에 대한 이해도 약하고, 기독교가 얼마나 대단한지를 세계 만민에게 밝히는 능력도 떨어질 가능성이 많습니다.

새롭게 거듭나기 위해서, 나나 우리가 최고라는 자랑을 십자가에 못 박아야 합니다. 뒤에 있는 것은 잊어버리고 앞에 있는 하늘 상급을 바라보고 정진을 거듭해야 합니다. 현재의 자리에 고착되어 안주하면 안 됩니다. 우리 모두 하나님이 부르신 상급, 지금 이 세상 사람들은 감히 상상하지도 못하는 그 상급을 위해서 개인적으로 매진하고 정진해야 합니다. 다만 부단히 성령의 감화감동 안에서만 정진할 수 있음을 기억해야 합니다. 또한 하나님이 우리 공동체에게 예정하신 상급, 지금 지상에서는 감히 생각지도 못하는 신령한 하늘 상급을 추구해야 합니다. 나를 영적 포만감에 사로잡히게 함으로써 침륜에 빠지게 할 상급 말고, 내게 영적 각성을 불러일으키고 나를 고상하게 만드는 상급을 사모해야 합니다. 믿음의 경주를 하는 우리의 짐을 새의 깃털처럼 가볍게 만들어 하나님 나라로 올라가는 영적 비상의 능력을 급진적으로 비약시키는 상급을 향하여 매진할 때, 우리는 그리스도의 장성한 분량까지 자랄 수 있다는 희망을 즐길 수 있을 것입니다.

그런 점에서 빌립보서 3:13은 너무나 좋습니다. 바울처럼 위대한 업적의 성취자도 하늘 상급을 얻기에는 이룬 것이 없다고 자평합니다. 자신이 하늘 상급을 잡은 줄로 여기지 않고 있기에 오히려 그 상급을 잡으려고 매진할 힘이 솟아난다는 것입니다. 이것은 정말 심히 상상하기 힘든 경지입니다. 바울은 25년간 정진에 정진을 거듭하여 엄청난 업적을 이미 이루었지만, 자신은 한 번도 "하늘 상급을 잡은 줄로 생각하지 않고 있다"고 고백합니다. 자기 인생은 미완성 교향곡이라고 생각했다는 것입니다. 25년간 16,000km를 주유하며, 아시아와 유럽 일대에 중요한 거점 교회를 여덟 군데나 개척해 놓고도, 자신은 과거에 이룬 모든 업적과 성과들은 잊어버리고 앞에 있는 푯대와 하늘 상급을 위해서 달려가겠다고 다짐합니다. 여러분도 이렇게 사도 바울처럼 하늘 상급을 푯대 삼아 달려가는 청년 경주자가 되기를 바랍니다. 지금 여러분이 미래의 하늘 상급을 향해 매진하기 위해서는 과거의 빛나는 추억들, 엄중한 상처, 그리고 화려한 영광도 잊어야 합니다. 여러분이 지금 그 자리에서 하나님이 여러분에게 제시하신 각자의 상급을 바라보며 매진에 매진을 거듭해야 한다는 뜻입니다.

우리가 완전하다고 생각하는 것을 하나님이 완전하다고 생각하지 않으실 수 있고, 내가 다 왔다고 생각할 때도 하나님은 아직 목적지 까지 다 오지 않았다고 평가하실 수 있습니다. 빌립보서 3:15에서 말하는 것처럼 "내가 달리 생각하면 하나님이 이것도 내게 나타내실 것"입니다. 하나님은 완전하지 않은 것에 도착해서 완전하다고 생각하는 사람들을, 동요와 제한과 고양을 통해서 올바른 영적 각성에 이르도록 도와주십니다. 자신이 온전히 성숙했다고 생각하는 십자가의 원수처럼 살면 안 된다는 말입니다. 진짜 하나님 앞에서 온전한 자는 하늘 상급을 바라보고 부단히 정진하는 자입니다.

모방과 추종의 위계질서 안에서 만나는 중간 푯대를 눈여겨보라

그렇다면 이러한 하늘 푯대를 바라보는 사도 바울에게 중간 푯대는 없었습니까? 아닙니다. 바울은 중간 푯대를 설정합니다. 바울에게 있어서 그리스도 예수 우리 주는 하늘 상급이었고, 자신의 생애는 후대 그리스도인들에게 모방과 추종의 중간 푯대였습니다. 그리스도 우리 주를 모방하는 자기 자신을 다른 사람에게(제자들에게) 중간 푯대로 제시합니다. 그래서 "형제들아, 너희는 함께 나를 본받으라"고 합니다. 1강에서 이미 강조했듯이 그리스도인의 인격과 영성은 가내수공업적인 도제처럼 장인(마에스트로)을 모방하고 견습함으로써 자라고 성숙해집니다. 일단 그리스도인의 인격과 영성 면에서 훌륭한 동료와 친구를 사랑하고 가까이함으로써 본받아야 하고, 선배들을 존경하며 본받아야 합니다.

바울은 "나를 본받으라, 나를 본받는 것이 벅차면 나를 본받은 중간 지도자들을 본받으라"고 말합니다. 자신을 따르는 중간 지도자들을 "눈여겨보라"고 말합니다. 원어로 "눈여겨보라"(스코페이테)는 말은 "존경하라"에 더 가깝습니다. "나를 본받으라, 또는 나를 본받는 중간 지도자들을 눈여겨보고, 그들을 존경하고 모방하라." 다시 말해서 존경과 모방의 위계질서를 강조합니다. 바울은 주(主) 예수 그리스도를 본받았고, 에바브라와 디모데는 바울을 본받았습니다. 우리는 디모데를 본받고, 속사도 교부들, 담임목사님, 주변의 교수님과 영적 멘토들을 본받습니다. 이 본받음·모방·견습의 끊임없는 반복 속에서 그리스도인의 인격과 영성이 형성된다는 것입니다. 그러므로 실제로 본받을 사람이 내 전후좌우에 있어야만 내가 인격과 영성의 도야(formation) 단계에 와 있는 것입니다.

여러분, 잠시 10초만 내가 지금 누구를 본받고 있는가를 생각해 보십시오. 가끔 학생들이 저를 존경한다고 하는 말을 듣습니다. 저는 그런 학생들에게 존경에는 모방과 추종의 책임이 수반된다는 점을 늘 강조합니다. 존경에는 모방의 책임이 있기 때문에, 존경한다면 공부 열심히 해라, 존경한다면 저녁 늦게 초상집 개처럼 도회지의 밤거리에 나다니지 마라, 존경한다면 새벽 일찍 일어나라, 존경한다면 돈을 흥청망청 쓰지 마라, 존경한다면 신변잡기를 잘 정돈하라고 권고합니다. 확실히 존경에는 모방의 부담이 있기 때문에 누구를 존경할 것인가를 심사숙고해 결정해야 합니다. 그래서 모방하지 않으려면 존경하지 말아야 합니다. 숭실대 기독교학과 한 학생이 저에게 문자를 보냈습니다. "교수님을 존경하다보니 공부할 욕구가 내게 임하였나이다."

이렇게 성경식으로 패러디를 해서 귀여운 문자를 보냈습니다. 이 학생은 존경의 결과로 공부 열심을 모방하고 추종하더니 6개월 만에 토플 성적을 받아서 교환학생으로 갔다 왔는데 영어가 크게 진보해 돌아왔습니다. 1년 동안 교환학생으로 갔다 오더니 영어를 엄청 잘하게 되어서, 자신은 휴학하면서 후배들을 가르치고 영어원서 강독을 독려하고 있습니다. 존경이 모방을 낳은 대표적인 사례입니다. 이제 이 선배를 존경하는 1학년들이 생기기 시작했습니다. 존경의 연쇄반응이 일어난 것입니다.

따라서 우리는 하나님을 우러러보면서도 우리 옆에 있는 중간 지도자급, 멘토급 신앙 선배를 모방하고 눈여겨보아야 합니다. 무엇보다도 여러분은 교수님과 목회자들을 눈여겨보아야 합니다. 어떤 목사님이 신행일치를 이루려고 분투하는가? 어떤 전도사님이 기도에 힘쓰는가? 어떤 교수님이 제자들을 위해 돈을 제일 잘 쓰는가? 어떤 교수님의 지갑이 공적부조 은행과 같은가? 어떤 교수님께 문자하면 우리 학회를 위해 후원금을 보내줄 수 있겠는가? 여러분 주변의 멘토·스승·선배 등을 무엇보다도 눈여겨보아야 하고 모방할 준비를 갖추어야 합니다.

지난 2월에 교목실에서 2013년 숭실기독인연합회 주최 신입생 오리엔테이션을 하는데, 140명의 학생들이 수련회에 참여하겠다고 몰려들어서 지정된 예산으로는 부족한 사태가 발생했습니다. 교목실 예산보다 250만 원이나 초과 지출이 예상되는 상황이 되어 버렸습니다. 그래서 하나님께 기도했습니다. 숭실기독인연합회 수련회를 위해 5만 원이나 10만 원 정도의 후원금을 낼 수 있는 사람이 떠오르게 해

달라고 기도하기 시작했습니다. 평소에 제게 "교목실장님을 사랑하고 존경합니다"라는 말을 하거나 문자를 준 교수들 얼굴이 떠오르기 시작했습니다. 기도하면서 교수님들 명단을 적어 가는데 순식간에 46명의 교수님 성함이 떠올랐습니다. 그래서 제가 숭기연 회장에게 "예쁜 너희 학생들 사진을 첨부해서, 다음과 같은 나의 메일을 46명의 교수들에게 보내라"고 말했습니다.

안녕하십니까? 교목실장입니다. 이번 숭기연 신입생 오리엔테이션에 너무 참여자가 많아 예산이 250만 원 초과되었습니다. 교수님을 생각나게 한 까닭은 무엇일까요? 교수님이 평소에 보여주신 사랑과 지원, 그리고 격려가 제게 이 메일을 쓸 담력을 주었습니다. 교수님의 하나님 사랑, 학교 사랑의 위력을 드러낼 시간입니다. 미리 감사드립니다.

이렇게 보내라고 시켰습니다. 4시간 만에 280만 원이 걷혔습니다. 이들이 저희 학교 교수들입니다. 교수님들은 감동시키는 학생들이 의미 있는 프로젝트를 들고 나타나 도와 달라고 하면 자기 돈을 공적 자금으로 희사하려고 준비가 된 거룩한 바보 이반 같은 사람들입니다. 여러분 교수님들의 지갑은 여러분을 향해서 항상 열려 있습니다. 믿습니까? 아멘 하시기 바랍니다.

여러분은 중간 모방·추종·견습 대상자를 잘 선정하여 지속적으로 그런 분들을 눈여겨보아야 합니다. 기독교 학교가 대체로 교수 만족도가 높은데, 숭실대도 교수들에 대한 만족도가 큰 편입니다. 숭실대 학생들 17,000명에게 설문조사하면, 학교 다니면서 제일 좋은 부분이 무엇이냐는 질문에 "교수님"이라고 답합니다. 77%가 교수님이 좋아서 학교가 좋다고 합니다. 숭실대학교 교직원들은 발전기금을 내고 장학금을 내는 것이 몸에 배어 있습니다. 그러니까 학생들에게 숭실대에서 가장 만족스러운 요소가 무엇이냐고 물었을 때 '교수' 부분을 가장 좋아했습니다. 대학교 교수는 학생들에게 중간 모방 대상자들입니다. 여러분, 중간 지도자를 모방하는 것이 바울을 모방하는 것이고 바울을 모방하는 것이 예수님을 모방하는 것임을 늘 기억해야 합니다. 따라서 결국 우리에게 남는 과제는 모방할 만한 좋은 사람을 눈여겨보고 거룩하게 주시하며 우호적으로 관찰하여 마침내 모방 부담을 스스로 떠안는 것입니다. 그래서 우리 사랑하는 교수님들과 교직원 선생님들 모두가 학생들에게 눈여겨봄의 대상이 될 수 있기를 바랍니다. 심지어 고학년 선배도 후배에게 눈여겨봄을 당하는 모방의 한 질서 속에 들어갈 수 있기를 바랍니다.

그렇다면 모방해서는 안되는 사람은 어떻게 식별해야 할까요? 예수님은 선한 목자는 양들의 이름을 불러 가며 그들을 인도하여 앞장서 간다고 말씀하셨습니다. 아울러 자신보다 먼저 온 자는 양들을 약탈하고 유린하러 우릿간에 난입한 강도라고 단언하셨습니다. 강도 같은 종교 지도자들은 절대로 모방해서는 안되는 자들이라는 것입니다. 사도 바울은 배(腹)를 섬기는 사람, 곧 유대인의 음식율법에 대해서 지나치게 집착하는 유대주의자들을 개, 또는 십자가의 원수라고 말합니다. 도덕적 개차반들, 케케묵은 율법으로 성령의 역사를 대신하려고 하는 유대주의자들이 전부 다 십자가의 원수입니다. 이런 십자가의 원수들을, 땅의 일을 생각하는 원수들을 모방하지 않을 의무가 우리에

게 있습니다. 양떼에게는 선한 목자의 음성을 알아들을 청력이 있어야
하고 선한 목자를 따라갈 영적 인지력이 있어야 합니다.

이렇게 하늘에 속한 주님의 상급을 위해서 매진하고, 지상에서는
주님 닮은 바울과 그의 동역자들을 모방하고, 우리 목사님과 교수님,
선배, 친구들을 모방하고 존경하며 살아간다고 우리의 인격과 영성
이 완전하게 됩니까? 아닙니다. 이렇게 분투할지라도 우리의 인격과
영성, 신앙 실천과 덕은 미완성입니다. 앞서 말했지요. "은총이 자연
을 완성한다." 그래서 바울은 "우리의 시민권은 하늘에 있다"라고 말
합니다. 우리의 영광스러운 변화를 위해서는 하늘로부터 오는 구원자,
곧 우리 주 예수 그리스도를 기다려야 합니다. 우리는 자연적인 법칙
에 따라서, 영성 수련의 일반 법칙들에 따라서 부단히 애써야 합니다.
말씀 읽기, 렉치오 디비나, 컨템플라치오(관상), 메디타치오(묵상) 모두
해야 합니다. 절제도 하고 금식도 해야 합니다. 이웃 사랑의 봉사나 공
동체 훈련을 통한 자아의 모난 부분 다듬는 인격 양성 수련도 중요합
니다.

그러나 이 모든 분투와 영적·인격적 수련도 영성과 인격의 완성
을 위한 필요조건일 뿐 충분조건이 아닙니다. 이 모든 영적 분투도 우
리를 영성의 최고 완성점으로 몰아가지는 못합니다. 우리의 성령충만
은 허기를 남기는 충만입니다. 다음 날 하나님을 또다시 찾고 싶은 목
마름을 남겨 놓은 역설적인 충만입니다. 하나님이 선사해 주신 성령충
만은 다음 날 아침에 또 하나님을 찾아 예배하고 싶은 열망을 남겨 놓
는 허기입니다. 이처럼 진정한 성령충만은 역설적이고 변증법적인 성
령충만이기 때문에 우리는 하늘로부터 매일 구주를 기다립니다. 우리

가 최선의 영성수련을 수행할수록 우리는 더 큰 갈증과 결핍을 느끼게 되고 하늘로부터 오실 구주를 더욱 갈망하게 됩니다.

이제 우리는 우리의 모든 힘을 다하여 그리스도를 닮고, 그리스도를 닮은 바울을 닮고, 바울을 닮은 중간 지도자를 닮고, 중간 지도자를 닮은 교부들을 닮고, 사도와 교부들을 닮은 우리 목사님과 교수님과 선배를 닮는 일에 매진해야 합니다. 그러나 그 매진의 도상에서 우리는 우리의 모든 분투를 완성케 하시는 분, 하늘로부터 오실 우리 구주를 대망합니다. 우리 낮은 몸의 형체를 홀연히 나팔소리와 함께 변화시키실 그리스도를 기다려야 합니다. 만물을 자기에게 복종하게 하실 수 있는 자의 역사로 우리의 비천한 몸을 자기 영광의 몸과 같이 변하게 하실 그를 기다려야 합니다. 이것이 능동적 기다림입니다.

결론

결론적으로, 우리는 우리가 최초로 구원받았던 그 경험, 곧 신적 손아귀에 장악되고 포획된 경험이야말로 인격 성장과 영성 도야의 가장 중심적 동력임을 보았습니다. 그것이 바로 카타람바노 동사의 부정과거 카테렘프텐(히포 크리스토 예수)입니다. "나는 다메섹 도상에서 예수께 잡혔던 원초적 구원 경험, 포획 경험에 바탕하여 하나님께서 내게 주시려고 정해 두신 하늘 상급을 잡으려고 쫓아간다." 그래서 우리 자신이 하나님의 손아귀에 포획되고 장악된 경험이 신실할수록 주님이 주신 상급을 쫓으려는 힘도 진실해집니다. 신적 수동태가 인간적 능동태를 끌고 갑니다. 먼저 하나님께 잡힌 바 된 자만이 잡으려고 쫓아 갈 힘을 갖습니다. 그래서 우리는 누구든지 그리스도 예수 안에 있으면, 새로운 피조물을 창조하시는 성령의 부단한 역사하심에 노출되게 마련입니다. 그리스도인의 인격 성숙과 영성 수련 과정은 이 원초적인 구원 경험, 원초적인 세례 경험, 원초적인 포획 경험에 추동되어 "잡으려고 쫓아가는", "완성하려고 분투하는" 일상적 분투입니다.

　성숙한 그리스도인의 인격과 영성을 한마디로 말하면 존 스토트의 마지막 책, 『제자도』(The Radical Disciple, "급진적 제자")라는 책에서 말하는 '제자도'가 됩니다. 그레고리 교황은 제자도를 순교자 시대가 끝났을 때 일상생활에서 순교를 경험하는 미분되고 분할된 순교라고 말하면서, 그리스도인의 인격과 영성을 제자도로 재정의했습니다. 우리는 우리의 분투를 완성시키고 우리의 일상에 분할된 십자가 고난 감수를 완성시켜서, 어느 순간에 홀연히 우리를 그리스도의 영광과 같이 변하게 하실 그 주님을 믿고 오늘도 분투를 일삼아야 합니다. 여러분 모두가 일상적 분투 속에서 분할된 십자가를 지기를, 하늘로부터 오시는 구주 예수 그리스도로 홀연히 변화되는 그 변화의 정점을 위해서 전진을 거듭하기를 간절히 바랍니다.

　아버지 하나님, 감사합니다. 우리는 원초적으로 구원받고 구원의 여정을 출발했지만, 너무나 많은 장애와 격랑의 역경 앞에서 좌절하고 뒷걸음칠 때도 많습니다. 아버지 하나님, 우리가 다메섹 도상에서 붙들렸던 신적 포획에 의지하여, 하늘 상급을 잡으려고 분투할 수 있도록 인도하여 주시옵소서. 우리가 아무리 분투할지라도 좌절하고 말 때, 하늘로부터 오시는 구주 그리스도께서 우리의 비천한 인격과 영성을 그리스도의 영광으로 변케 하실 것을 믿습니다. 하나님, 우리에게 존경할 만한 목사님과 교수님, 선배와 동료를 주셔서 감사합니다. 우리가 또한 이 중간 지도자들을 존경함으로 말미암아 하늘 푯대를 향한 상급에 더욱 매진할 수 있도록 있도록 도와주시기를 바랍니다. 예수님의 이름으로 기도합니다. 아멘.

7

청년 대화: 끊임없이 묻고 대답하고 서로 깨우치는 질의응답

Q1. 그리스도인의 인격과 영성을 분리해 생각할 수 있을까요? 인격은 영성에서 나오는 성령의 아홉 가지 열매로 인해 발전하고, 또 탄탄한 인격으로 영성이 다시금 발전한다고 생각하는데, 많은 사람들에게는 이 둘이 분리되어 있는 것 같습니다.

문제가 되는 좋은 질문입니다. 이 질문과 연속되는 유사한 질문이 있기 때문에 같이 답변해 드리겠습니다.

Q2. 인간이 자연적으로 가지고 있는 인격·인품이 영성으로 변화할 수 있을까요? 목사님은 인격이 어떠한 상황에서도 같은 행동을 지속적으로 하는 성향이라고 말씀하셨습니다. 이것은 일견 도덕적·윤리적 덕목처럼 보이는데, 그리스도인이 이러한 인격을 계발하는 좋은 방법이 있을까요?

두 질문 모두 진지하고 다소 긴 답변이 필요한 질문입니다. 먼저 인격과 영성의 상호분리가 불가한 관계성을 지적한 질문자의 지적은 타당합니다. 하지만 저는 그럼에도 불구하고 인격과 영성은 개념적으로 분리될 필요가 있다고 생각합니다. 왜냐하면 저는 어떤 사람의 인격은, 집에 빗대어 볼 때, 틀·골격·구조 같은 것이고, 영성은 그 인격을 채우는 내용물, 곧 정원이나 인테리어, 벽에 걸려 있는 그림 같은 것이라고 보기 때문입니다. 즉 인격과 영성의 여러 가지 서로 다른 조합이 있을 수 있습니다.

예를 들어서 절제를 잘하는 사람의 인격에 아주 가혹하고 무자비한, 적자생존의 영성이 들어갈 수 있습니다. 1935년에 미국 침례교회가 당시 독일 수상 히틀러가 1936년 베를린 올림픽을 잘 열 수 있을지를 알아보려고 독일에 친선도모용 예방(禮訪) 조사단을 보낸 일이 있습니다. 그때 침례교 목사 대표단이 히틀러를 접견하고 종합 보고서를 제출했는데 이렇게 썼습니다. "그는 지극히 경건한 그리스도인으로서 매우 절제를 잘하는 단아한 사람입니다." 이것이 1935년 미국 침례교도의 판단이었습니다. 그런데 이미 그때 디트리히 본회퍼는 히틀러의 인격 속에 악마적 권력의지가 가동되는 것을 보았습니다. 침례교 목사들은 그 사람이 담배를 피우지 않고 그림에 조예가 깊은 것(화가가 되려다가 좌절한 경험이 있는 히틀러!)을 감안해 높은 가산점을 주었습니다. 또 채식주의자이고, 질서정연한 군인다운 절제성이 있는 것을 보고 높은 평가를 했습니다. 그런데 본회퍼는 채식주의자이며, 절제를 잘 하고, 단아해 보이는 그 히틀러 안에서 게르만 민족을 신성시하고 유대인과 집시, 그리고 열등한 인종 전체를 지구상에서 말살하려는 음모를 품고 유럽 전체를 엄청난 전쟁의 참화로 밀어 넣을 수 있는 악마적 권력의지가 작동하는 것을 본 것입니다. 즉 절제가 잘된 인격자에게 악마적 권력의지로 담금질된 악한 영성, 담배를 피우지 않는 절제 영성, 채식주의자의 영성이 깃드는 것이 가능하다는 것입니다.

영성은 우리 육체의 일차원적 욕구, 자연적 인간이 흔히 표출하는 모든 하등 욕망들을 통제하여 승화시키는 고상한 정신성을 의미합니다. 기독교적인 용어로 말하면 영으로 몸의 행실을 죽이는 성향이 영성입니다. 제가 이렇게 영성을 정의하고, 우리 기독교인의 영성의 모든 본바탕은 로마서 8장에 있다고 말했습니다. 로마서 8장은 죄로 말미암아 파괴되고 타락한 인간의 죄성이 성령의 부단한 해방 사역, 성화 사역, 의롭게 하심의 사역을 통하여 점점 그리스도의 형상을 닮아 가는 과정이 그리스도인의 인격 형성과 영성 도야라고 말합니다.

그런데 체 게바라의 영성을 보세요. 고상하지만 그는 계급투쟁 혹은 물리력을 동반한 혁명만이 민중 해방을 가능하게 한다고 믿는 공산주의적 혁명가의 영성으로 가득 차 있습니다. 볼리비아 혁명투쟁에서 체포되어 죽을 때까지 공산주의 이념에 철저한 수도사적 청빈을 보였어요. 쿠바의 카스트로가 무혈혁명을 일으키고 체 게바라에게 장관직을 맡겼습니다. 하지만 그는 공업 장관, 국립 은행 총재를 하다가 그만두고 라틴아메리카 전체의 민중 해방이 이루어질 때까지 총을 손에서 놓지 않겠다고 말하며 혁명 게릴라 투쟁이 이루어지는 볼리비아 열대림으로 초연히 떠납니다. 아르헨티나의 부잣집 아들이자 외과의 사였던 체 게바라는 총을 잡고 볼리비아의 혁명을 도우러 가다가 숲속에서 잡혀서 죽었습니다. 여기서 체 게바라의 엄청난 절제력, 권력을 초탈하는 무시무시한 겸허와 청빈의 영성을 볼 수 있지요. 베트남 혁명의 영웅 호치민 또한 엄청난 청빈과 검소를 보여줍니다. 일생 동안 다산 정약용의 『목민심서』를 성경처럼 읽었던 호치민은, 기독교인은 아니지만 고도의 불교적 정신성, 곧 영성을 보여주었어요. 그러니까 같은 인격 위에 얼마든지 다른 색깔의 영성이 깃들 수가 있습니다. 프란체스코처럼 온유한 사람에게 임한 절제와 청빈과, 강직하고 사회적 의식이 발달한 사람에게 새겨진 절제와 청빈의 영성은 그것이 초래하는 결과가 다릅니다. 같은 물결의 인격에 다른 무늬의 영성이 자리잡을 수 있습니다.

알렉산더 대왕이 인더스 강까지 진출해서 인도를 정복하려고 하니까, 인도의 힌두교 스님 한 분이 알렉산더 대왕을 보며 참 불쌍한 사람이라는 눈빛을 던졌습니다. 그리고 혀를 끌끌 차면서 "대왕, 무얼 그렇게 세계를 정복하고 다니면서 바쁘게 쏘다니시오. 당신 마음이나 정복하시오. 내가 마음을 정복하는 것을 보여드리지요" 하면서 장작을 쌓아 놓고 기름을 붓고 올라가서 자기의 몸을 인신공양했습니다. 그것을 보고 알렉산더 대왕이 충격을 받아서 인도 정복을 포기하고 돌아옵니다. 이것은 니코스 카잔차키스가 쓴 『알렉산더 대왕』이란 책의 마지막 장면에 나오는 이야기입니다. 이처럼 불교의 영성, 힌두교의 영성이 다 다릅니다.

사람에게는 지속적으로 어떤 행동을 상황과 상관없이 하는 경향이 있는데 그것을 인격이라고 부르고, 그 인격이 자기를 표현하는 세부적인 경향성이 있는데 그것을 영성이라고 볼 수 있다는 것입니다. 예를 들어 땅에 돈이 백만 원 떨어져 있습니다. 떨어진 돈을 보고 열 번 다 백만 원을 집어서 호주머니에 넣고 가면 그건 도둑놈의 인격입니다. 그런데 백만 원 다 주워서 다섯 번은 자기가 쓰고 다섯 번은 경찰서에 신고하면 그건 스키조프레니아입니다. 정신분열적 다중인격자입니다. 백만 원 주워서 열 번 다 경찰서에 갖다 주는 것은 정직의 인격이 들어가 있는 것입니다. 이렇게 지속적으로 상황과 상관없이 하는 행동을 인격이라고 하는데, 그 정직이라는 튼튼한 골조가 기회주의적인 계산이나 하등 욕망의 작동을 원천 차단하는 힘입니다. 이러한 '인격'이라는 골조(틀) 안에 그리스도인의 아홉 가지 성령의 열매가 맺힐 때, 우리는 그것을 그리스도인의 인격 안에 자리잡은 그리스도인의 영성이라고 말할 수 있는 것이지요. 결국 인격과 영성은 어떤 방식으로 상호작용하는 것은 맞습니다. 하지만 인격과 영성은 개념적으로 분리해서 생각할 수도 있습니다.

우리 그리스도인들의 경우, 성령에 많이 노출될수록 우리 인격의 틀과 구조가 바뀔 수 있다는 점에서 인격은 영성의 영향 아래 자랍니다. 성령의 역사에 많이 노출될수록 자연적으로 가진 기질이나 인격의 틀 전체도 바뀔 수 있다고 봅니다. 성령의 역사를 많이 경험할수록 기질이 바뀌고 인격의 틀 전체가 바뀔 수 있다는 점은 성 어거스틴, 성 프란체스코, 이그나티우스 로욜라 등의 회심에서 예증됩니다. 특히 성 어거스틴, 성 프란체스코 이 두 사람의 이름 앞에 오는 성(聖)은 원래 holy가 아닙니다. sex입니다. sex 어거스틴, sex 프란체스코였습니다. 그런데 이들은 성령의 지속적인 영향을 받고 나서, 부모가 준 자연적인 인품과 기질도 극복해 냈습니다. 성 어거스틴의 아버지는 권력욕이 많았던 이교도 관리였고, 성 프란체스코의 아버지는 상당히 도덕적으로 애매모호한 아시시의 포목 장사였습니다. 두 명 다 아버지의 천품으로 볼 때는 그렇게 거룩한 사람이 나올 수가 없습니다. 그런데 성령의 지속적인 사역을 받아 성 어거스틴이 나오고 성 프란체스코가 나왔습니다. 우리가 가졌던 자연적 천품은 성령에 의해서 탈각(脫却)되고 재창조될 수 있다는 희망을 볼 수 있어야 합니다. 우리의 기질까지도 그렇게 바뀔 수 있습니다.[40]

저는 청년 사역을 하면서 웃기는 자, 유머의 사람으로 거듭났습

---

40. 팀 라헤이, 『성령과 기질』(서울: 생명의 말씀사, 2004), 12장을 참조하라.

니다. 원래 저는 날카롭고 비판적인 사람이었습니다. 약간 냉소적이기도 했습니다. 그런데 예수 그리스도를 믿고 나서, 성령 안에서 명랑 쾌활한 사람이 되었고, 많은 사람들 앞에서 말하는 것도 두려워하지 않는 사람이 되었습니다. 제가 몸개그를 포함해서 상당히 유머 기질이 많은 사람으로 거듭났습니다. 이것은 제 안에 없던 것이었습니다. 우리 집안 중에 누구도 저처럼 앞에 나와서 말하며 웃기는 사람이 없습니다. 우리 아버지께서는 제게 알코올을 잘 마실 수 있는 알코올 사랑 DNA를 물려주셨습니다. 저는 부모님이 물려주신 유전자에 저항하면서 예수 보혈의 유전자를 이식받았습니다. 그래서 저는 술을 마시지 않습니다. 물론 남이 사 주면서 간절하게 마시라고 하면 마실 수는 있겠지만, 제 돈 주고 술을 사 마시는 일은 없습니다. 이것이 우리 아버지와 저의 차이입니다. 자연적 기질과 인간 됨됨이도 성령 안에서 재창조될 수 있다고 봅니다. 로마서 8장에서 말하는 것처럼, 완전히 새로운 피조물로 바뀔 수 있는 가능성이 있다고 말할 수 있습니다.

이렇게 인격을 성장시키고 영성을 계발하는 가장 좋은 방법은 무엇일까요? 훌륭한 인격자와 기독교적 영성가를 옆에서 지켜보는 것, 곧 주시·관찰·모방입니다. 그래서 제자 양성은 가내수공업적인 모방과 견습의 과정입니다. 우리 예수님께서 요한복음 전체(특히 5장)에서 가장 많이 반복한 말이, "나는 내 아버지에게서 보고 들은 대로 행한다"는 것입니다. 이것이 곧 가내수공업적인 견습과 모방의 과정입니다. 훌륭한 목사님, 훌륭한 전도사님, 훌륭한 권사님과 장로님이 옆에 있으면 여러분도 훌륭해집니다. 여러분이 기질적으로 약간 덜 훌륭한 사람이라 할지라도 훌륭한 사람 옆에 가면 모방과 견습을 통해서 분명히 새사람이 됩니다. 주위에 훌륭한 사람이 다 돌아가시고 아무도 없으면, 훌륭한 사람이 쓴 책을 읽고 그 발자취를 역추적하면서 사모하고 사숙(私淑)하면 됩니다. 시뮬레이션을 하듯이 우리가 사모하고 흠모하는 인물들의 행동과 결단을 종합적으로 실연(實演)하고 모방해 보는 것입니다. 무엇보다도 지속적으로 하나님 앞에서 우리를 새롭게 빚어 달라고 기도하는 방법이 있습니다. 시편 51편 기자와 같이, 내 안에 정한 마음을 창조하시고 내 영을 새롭게 해달라는 기도를 끊임없이 하는 것(시 51:10), 저는 이것이 인격과 영성의 계발에 결정적으로 중요하다고 봅니다.

Q3. 야곱의 경우처럼 EQ를 높일 수 있는 방법이 있나요? 충동적이고 싶지 않지만 감정 조절이 힘듭니다.

EQ를 높일 수 있는 방법 중에 학문적으로 논증되어 공인된 답은 없는 것 같습니다. 모두 '골목' 임상실험을 거쳐 '골목'에서 유포되고 있습니다. 하지만 제가 경험한 바로는, EQ는 경건의 연습을 통해 상당히 높일 수 있습니다. 성령은 우리의 생각 속도, 감정 격동 속도, 의지 격발 속도를 늦추시면서 인내와 오래 참음을 우리 안에 창조해 주시기 때문입니다. 디모데전서 4:8은 육체의 연습은 약간의 유익이 있으나 경건의 연습은 금생과 내생에 훨씬 큰 유익이 있다고 말합니다(딤전 6:3-6 참조). 저는 거룩한 습관 들이기를 추천합니다. 제가 소개한 19세기 영국 성공회의 위대한 주교, J. C. 라일이 쓴 『거룩』이라는 책이 경건 연습을 도와주는 좋은 책입니다. 라일 주교가 쓴 책 중에 『하나님의 청년에게』라는 책도 있습니다. 이 책에 보면 EQ를 높이는 여러 방법이 나오는데, 거룩한 습관을 들이는 것이 육신의 충동성을 억제하는 데 얼마나 유효한지에 대한 논의가 있습니다. 독서에 몰입하거나 고상한 취미에 몰입하면 억제할 수 없는 과도한 운동성, 과도한 즉흥성에 재갈을 물릴 수 있습니다. 이것이 어느 정도 도움이 될 수 있겠지만 근본적으로는 우리를 새롭게 빚어 달라고 기도하고 분투하는 일, 곧 하나님을 향한 요청이 필요합니다.

그런데 충동적인 것이 항상 나쁜 것만은 아닙니다. 심사숙고해서 행동하는 사람과 충동적으로 행동하는 사람 중에서, 대부분의 경우 심사숙고해서 하는 사람이 낫습니다. 그러나 충동적인 행동이 가끔은 선을 이룰 때가 있습니다. 너무 EQ를 높이려다가 인생이 불행해지지는 않아야겠습니다. 불행할 정도로 EQ를 높이지 말고, 행복과 불행의 경계선에 갈 때까지 EQ를 높이시기를 바랍니다. 또 EQ가 약한 사람들은 IQ를 향상시키는 쪽으로 나가보는 것도 괜찮지 않겠나, 그렇게 생각합니다. 저는 IQ가 EQ의 약점을 보완할 수 있다고 보기 때문입니다. 그러니까 자기가 충동적이라고 너무 비관할 필요는 없다고 봅니다.

우리의 모든 기질에는 약점이 있습니다. 이스마엘, 충동적입니다. 에서, 충동적입니다. 삼손, 충동적입니다. 입다, 충동적입니다. 이들은 모두 다 갑자기 결단해 버리고 갑자기 행동합니다. 대체로 성경에서는 이런 충동적 성격이 부정적으로 평가 받지만, 하나님께 쓰임 받는 충동성도 있습니다. 삼손 같은 경우는 그 충동성 때문에, 곧 블레셋 여자를 보고 달려들어 작업을 거는 그런 마음 때문에, 블레셋 사람들을 혼내주는 사사다운 무용을 드러내기도 했습니다.[41] 그래서 저는 EQ나 IQ가 조금 부족하다고 할지라도, 그런 부족함을 의식하는 것 자체가 큰 득이라고 생각합니다. 다만 자기가 EQ가 매우 낮은 사람이란 것을 모르고 천방지축 날뛰면 안 되겠죠. EQ가 낮은 사람은, "하나님, 저는 EQ가 낮습니다. 오늘 제가 갑자기 한눈에 반하게 되는 사람이 나타날 때 지극히 신중한 분별력을 허락해 주시고, 두 눈 부릅뜬 채 매력적인 사람을 발견하게 해주십시오"라고 기도하면 됩니다. 왜냐하면 EQ가 낮은 충동적인 사람은 한눈에 반해서 신속하게 작업을 걸다가 벼랑 끝으로 떨어지는 경우가 많기 때문입니다.

Q 4. 아브라함은 하나님께서 "내가 네게 보여줄 땅으로 가라"고 하셨을 때 하나님이 주신 영감으로 가나안 땅에 갔다고 말씀하셨는데, 어떻게 그곳에 갔는지, 그리고 어떠한 영감으로 갔는지, 구체적으로 설명해 주세요.

자, 창세기 12:1입니다. "너는 너의 고향과 친척과 아버지의 집을 떠나 내가 네게 보여줄 땅으로 가라." 4절입니다. "이에 아브람이 여호와의 말씀을 따라갔고." 아브라함이 가나안 땅을 향해서 간 것 자체

---

41. 사사기 14:3-4에 따르면, 삼손이 블레셋 여자를 무리하게 아내 삼으려는 그 충동적 욕망이 블레셋을 치려는 하나님의 주도면밀한 계획을 이루는 데 긴요하게 쓰이고 있다. 그 일이 야웨 하나님께로부터 왔다(메아도나이 히)는 것이다. 김회권, 『하나님 나라 신학으로 읽는 여호수아·사사기·룻기』(서울: 복 있는 사람, 2007), 304.

는 하나님의 말씀을 좇아서 된 것입니다. 아브라함이 하란 땅을 떠나는 그 떠남은 분명히 신적 격동에 의한 것입니다. 자연적인 소망이나 기회주의적인 상황 판단에 의한 떠남이 아니라 하나님이 심어 주시는 거룩한 확신과 약속의 힘에 이끌려 이루어진 떠남이었습니다. 이것을 우리는 약속의 말씀이 일으킨 영적 감동, 곧 영감에 의해서 추동된 이주라고 보는 것입니다. 그런데 아브라함은 가나안 땅이 하나님이 지시하신 그 땅인 것을 어떻게 알았습니까? 이것은 귀납적 방법으로 알았습니다. 세겜 모레 상수리나무 아래 가서 제단을 쌓고 기도했을 때, 하나님이 나타나서 "내가 이 땅을 네게 준다"는 말씀을 하셨기 때문에 가나안 땅이 하나님이 지시하시는 땅임을 알았습니다. 예배와 기도 가운데 아브라함은 자신이 당도한 세겜이 약속의 땅인 것을 알았습니다. 너무 분명하지 않습니까? 하나님이 나타나신 것은 "네가 내가 말한 약속의 땅에 잘 도착했다"는 것을 확증하신 것 아닙니까?

그런데 창세기 12:10 이하에 보면 부정적인 방법으로 가나안 땅이 약속의 땅임을 재확증하는 사건이 일어납니다. 기근을 피해 아브라함이 점점 남방으로 가다가 이집트까지 내려간 것이죠. 그러나 하나님은 아브라함이 이집트에서는 머물 수 없도록 곤경을 주셔서 다시 가나안 땅으로 돌아오게 하십니다. 이것이 두 번째 방법입니다. 첫 번째는 영감에 추동된 말씀을 통해 가나안 땅이 약속의 땅임을 알려 주시고(아브라함이 제단을 쌓았을 때 밤에 나타나서 가나안 땅이 내가 네게 줄 땅이라고 알려 주는 방식으로), 두 번째로는 부정적 방법, 귀류법적 방법으로 가나안 땅이 약속의 땅임을 알려 주십니다. 이집트에 갔을 때, 거기는 양식이 많았지만 하나님의 약속의 땅은 아니었기 때문에 아브라함 가족이 머물 수가 없었습니다. 아브라함은 거기서 되튕김을 당해서 약속의 땅, 가나안 땅으로 돌아왔습니다. 이런 긍정적 방법과 부정적 방법을 통하여 가나안 땅 일대가 아브라함에게 주신 땅인 것을 알았지요.

Q.5. 창세기 15장에서 아브라함이 깊은 잠에 빠져 두려운 꿈을 꾸고 있는 것을, 후손들이 후에 이방의 객으로 400년간 살게 된다는 것과 연관지으셨는데, 그 이유는 무엇인가요? 또 12절에 나오는 두려움은 과연 이스마엘 탄생과 어떤 상관이 있을까요?

한마디로 수준 높은 질문입니다. 따라서 이 질문에 대답하기 위해서는 주석적 상상력이 필요합니다. 우선 창세기 15:11 이하를 찾아볼까요? 자, 거기에 "솔개가 그 사체 위에 내릴 때에는 아브람이 쫓았더라"는 구절이 있습니다. 아브라함이 하나님과 계약을 맺었을 때, 모든 제물을 다 쪼갰는데 새는 쪼개지 않았죠. 새의 몸은 쪼갤 것이 없었습니다. 다른 제물은 쪼개니까 피가 다 빠졌겠지만 새 제물은 쪼개지 않아 아직도 피가 흥건히 고여 있었겠지요? 피가 흥건히 고였기 때문에 그 피를 보고 솔개가 달려들었겠죠? 이것은 자연적인 설명입니다. 이런 설명은 솔개의 제물 공격이 영적 의미가 없다고 보는 동물생태적 설명입니다.

그런데 랍비들로부터 시작해서 많은 주석가들이 이 솔개 공격에 대한 다양한 해설을 내놓았습니다. 솔개가 아브라함의 쪼개지 않은 제물 위에 달려들어서 뜯어먹으려고 괴롭히는 것은 무슨 영적 의미가 있을까요? 저는 아브라함과 그 후손이 하나님의 제단에 제물로 바쳐지기는 했으나(즉, 하나님의 백성으로 입양되기는 했으나), 아직도 솔개 공격을 유발할 수 있는 비린내(자연적 혈육성)를 고스란히 간직하고 있기에 많은 연단과 고난을 거쳐 성화될 것임을 암시하는 본문이라고 봅니다. 아브라함의 후손 이스라엘 백성이 충분히 성화되지 못했기 때문에, 덜 쪼개진 제물로 아직도 비린내가 있는 상태라서, 솔개 같은 이방 제국의 학대를 받으면서 단련받아 성화될 것임을 상징한다고 유추할 수 있다는 것입니다. 결국 솔개가 아브라함의 쪼개지 않은 새 제물, 피가 고여 있는 제물을 덮쳐 뜯어먹으려고 시도했다는 말은, 아브라함 후손이 가나안 땅을 차지하기 위해서는 더 충분히 쪼개어진 제물이 되어야만, 곧 더 거룩하게 되어야만 가나안 땅을 차지할 수 있다는 의미가 깃들어 있다고 봅니다. 아브라함의 후손이 아모리 족속의 죄악이 관영할 때까지 기다렸다가 그 땅을 차지하게 된다는 말은 가나안 7부족이 살고 있는 그 가나안 땅을 단지 생물학적인 아브라함의 자손들이 차지하는 것이 아니라, 거룩하게 성화되고 단련받아 쪼개어진 제물처럼 성별된 아브라함의 자손들만이 그 땅을 차지할 수 있다는 메시지가 이 안에 있다고 저는 보는 것입니다. 생물학적인 아브라함 자녀들이 가나안 땅을 차지하지는 못하고, 성화되고 성별되어 쪼개어진 제물로 피가 흘러내려서 솔개가 노리지 않아도 될 만큼 성화된 아브라함의 자녀들만이 그 땅을 차지할 수 있다는 메시지라는 것입니다.

그래서 아브라함 후손은 지금 당장 가나안 땅을 차지하지 못하고 400여 년을 기다려야 합니다. 두 가지 이유입니다. 첫째, 아브라함 후손이 충분히 성화될 만큼 고난 속에서 연단 받지 못했기 때문입니다.

둘째, 원주민 아모리 족속을 그 땅에서 추방할 명분이 아직 축적되지 못했습니다. 아모리 족속의 죄악이 관영할 때를 기다려야 하고, 아모리 족속의 그 죄악 때문에 그 땅에서 토함을 받을 때까지 기다려야 하기 때문입니다. 아브라함의 자손이 가나안 땅을 차지하기 위해서는 아모리 족속과는 다른, 충분히 성화된 거룩한 백성이 되어야 한다는 것입니다. 이러한 해석의 근거는 레위기 11:45, 19:2, 신명기 7장, 9장, 11장 등에서 발견되는, "거룩한 이스라엘 백성만이 이 가나안 땅을 차지할 수 있다"는 포괄적인 명제입니다.

그럼 해가 질 때에 왜 깊은 잠이 아브라함에게 임하고 그 잠 가운데 큰 흑암과 두려움(원문의 뜻으로는 a dread of great darkness, 큰 어둠의 두려움)이 임했을까요? 가장 안전한 대답은 "확실히는 모른다"입니다. 지금부터는 전후맥락을 보고 유추해서 생각해 낸 해설입니다. 일단 솔개가 새 제물을 향해서 돌진하는 모습 때문에 아브라함이 상당히 불길한 두려움을 안고 잠이 들어서일 수 있습니다. 그런데 이 큰 흑암의 두려움은 조상이 미래의 후손들이 당할 고난을 앞당겨 선취하는, 일종의 대신적 고난이라고 볼 수 있지요. 아브라함의 두려움과 공포와 큰 어둠은 무엇입니까? 아브라함의 후손들이 이집트 땅에서 겪게 될 슬픔과 압제를 조상으로서 앞당겨 경험하는 공포, 슬픔이라고 말할 수 있는 것입니다.

그런데 이 큰 흑암의 두려움 경험과 이스마엘 사건은 무슨 상관이 있을까요? 저는 상관이 있다고 봅니다. 아브라함은 지금 당대에도 대물림을 못한 상태입니다. 자손이 엄청나게 많아지려면 일단 아브라함 몸에서 자녀가 나와야 할 것 아닙니까? 그러려면 지금 늙어서 경수가 끊어진 자기 아내 외의 대책이 있어야 하겠지요. 그래서 후사를 주시겠다는 하나님의 약속을 자기가 주도적으로, 선제적으로 성취하려고 하다가 자충수를 두고 만 것이 하갈-이스마엘 사건입니다. 즉 하나님이 그에게 후손을 많이 주시겠다는 약속을 자기가 성취하려고 하다가 이스마엘을 낳았다는 것입니다. 따라서 저는 이러한 실수, 곧 이스마엘 출생 사건을 촉발시킬 정도의 불신앙, 불순종이 아브라함의 후손들이 겪게 될 슬픔과 고통의 미래 역사를 예기케 하는 사건이라고 볼 수 있다는 것입니다. 아울러 이스마엘을 낳은 사건은 바로 아브라함의 후손들에게 있는 고통의 한 계보를 시작케 한 원초적 사건이기도 합니다. 결국 이스마엘을 낳은 것은 미래의 고통을 야기한 아브라함의 실수요 과잉대응이었다는 것입니다. 아브라함의 후손은 이스마엘을 낳은 조상 아브라함의 불신앙과 불순종의 짐을 져야 할 것입니다. 이집트에서 보내는 고난의 400년 세월은 아브라함의 불신앙과 불순종 유전자를 극복하는 인고의 세월이기도 하다는 것입니다.

Q6. 멜기세덱과 관련하여 무엇을 더 찾아 읽어 보면 좋을까요?

히브리서 5장과 7장, 시편 110편 등을 찾아보세요. 더 많이 찾아보고 싶은 사람들은 쿰란 문서, 요세푸스, 필로, 창세기 아포크리파(Genesis Apocrypha)라는 외경, 제2에녹서 등을 찾아보면 됩니다. 그런데 한 가지 유의할 점은, 히브리서 기자가 5:11에서 멜기세덱에 관하여는 "내가 좀 아는 게 있는데, 너희가 듣는 것이 둔하므로 이해하기 어렵다"

고 논평한 사실입니다. 멜기세덱은 족보도 없고 부모도 없는, 하나님의 아들과 방불한 천사적 존재로 묘사되어 있죠. 그런데 그는 사람입니다. 사람인데 족보가 없다는 말은, 그가 세속 제사장의 아들이 아니라는 뜻입니다. 세습 제사장 가문의 제사장이 아니라는 것입니다. 멜기세덱이란 이름은 의(義)의 왕(King of Righteousness, 멜렉[왕]+체덱[의])입니다. 그는 지역적으로는 예루-살렘(살렘은 샬롬에서 파생) 왕, King of peace였습니다. 그러니까 이스라엘 역사가 시작되기 이전에 이미 예수 그리스도를 방불하게 한 왕이 있었다는 것입니다. 창세기 저자나 히브리서 저자는 이스라엘 역사 이전에 하나님의 마음에 합한 왕 멜기세덱이 예루살렘을 다스렸다는 전설을 받아들여, 이스라엘의 배타적 선민사상과 이스라엘 구원사의 배타성 일부를 양보합니다. 하나님은 이스라엘 민족이 있기 전에도 이미 예수 그리스도를 방불케 하는 왕이 예루살렘을 거점으로 통치하도록 하셨다는 것입니다. 그러므로 하나님의 구원사가 이스라엘 역사 안에서 비로소 처음 시작한 것은 아니라고 말할 수 있습니다

더 나아가서 이 말은 곧 예수님의 제사장적, 왕적 권위는 아론 계열의 제사장 세습권에서 나온 것이 아니라, 왕이면서 동시에 제사장인 이상왕(理想王) 멜기세덱 계열로부터 왔다는 주장으로 연결됩니다. 기독교인들이 예수님을 자꾸 대제사장이라고 하니까 유대인과 논쟁이 붙었습니다. 유대인들이 대제사장은 아론 계열에서 나와야 하는데 왜 나사렛 예수를 제사장이라고 주장하느냐고 따지니까 사도 공동체에서는 히브리서를 써서 응답했습니다. 예수는 유다 계열에서 나온 다윗 계열의 왕이지만 동시에 다윗이 승계했던 바 고대의 전설적인 예루살

렘 왕(제사장) 멜기세덱의 반차를 따른 제사장직도 이어받았다고 주장한 것입니다. 히브리서 저자의 논지는 이것입니다. "자, 멜기세덱을 보아라. 의와 평강의 왕 멜기세덱은 왕이면서 또한 제사장이 아니었는가?" 예수님을 아론 계열의 제사장이 아니라 멜기세덱 계열의 왕이자 제사장이라고 주장함으로써 예수님의 십자가 사역을 대제사장의 속죄 사역, 중보 사역이라고 주장한 것입니다.

그런데 제가 앞선 강의에서 강조한 것은 이것이 아닙니다. 아브라함의 하나님 이해가 어떻게 발전하느냐에 대한 것이었습니다. 아브라함에게 나타나실 때 하나님은 당신 자신을 '엘 샤다이'로 나타내셨습니다(창 17:1). 출애굽기 6:3 이하에서, 하나님이 아브라함과 이삭과 야곱에게 나타나실 때 '엘 샤다이', 곧 '전능하신 하나님'으로 나타나셨다고 말합니다. 그런데 멜기세덱은 하나님의 이름을 부를 때, '지극히 높은 하나님'(엘 엘리온)이라고 불렀습니다. 아브라함이 평소에 자기가 알고 있던 '엘 샤다이'와 멜기세덱이 부르는 '엘 엘리온'이 결국 같은 하나님임을 깨닫자 기도할 때 멜기세덱의 하나님 이름, 곧 지극히 높으신 하나님이라는 이름으로 기도합니다. 이것은 아브라함이 자기 이전에 멜기세덱에게서 하나님이 이루신 구원의 역사를 인정하고 받아들였다는 것입니다. 즉 아브라함이 최초로 하나님께 하나님을 아는 지식과 관련해 직통계시를 받은 것이 아니라, 이미 그 땅에 존재하던 가장 최선의 하나님 호칭과 이해를 상속했다는 뜻입니다. 그렇다면 하나님이 진화하고 발전했다는 말입니까? 아닙니다. 하나님에 대한 앎과 지식이 진화하고 발전했다는 말입니다.

이제 이 문제의 마지막 부분입니다. 멜기세덱을 기존의 토속 종교인으로 보아야 하느냐는 것인데요. 네, 저는 멜기세덱을 가나안의 토착 종교인으로 봅니다. 아브라함이 오기 전에는 가나안 땅에 몹쓸 사람만 있었습니까? 가나안 땅에는 온통 나쁜 사람만 있었어요? 아닙니다. 그 가나안 땅에 누가 있었어요? 아브라함과 영적으로 소통이 가능한 멜기세덱도 있었습니다. 그러면 이것이 종교 다원주의입니까? 아닙니다. 하나님께서 우리가 모르는 방법으로 하나님을 아는 사람을 이 땅에 남겨 놓았다 하더라도 우리가 놀라서는 안 됩니다. 어거스틴도 『하나님의 도성』에서 하나님께서 교회 바깥에, 이스라엘 역사 바깥에 하나님 아는 사람을 남겨 놓았다고 놀라면 안 된다고 말했습니다. 어거스틴은 대표적으로 욥과 멜기세덱을 들었습니다. 그는 욥과 멜기세덱은 이스라엘 역사의 구원사 바깥에 있었던, 하나님을 아는 하나님의 백성이라고 말합니다.

Q 7. WCC는 공식적으로 예수 그리스도 외에 다른 구원의 길이 있을 수 있다고 인정한 것으로 알고 있습니다. 이를 어떻게 판단해야 하는지 알고 싶습니다. 한 가지 더, 저는 예수님 이전의 구원에 대해서 결국 인류가 하나님께로부터 나왔기에, 원래 하나의 하나님을 알고 있다가 다양한 방식으로 삶이 갈리면서 여러 종교들이 나왔다고 생각합니다. 즉 모든 종교가 하나에서 나왔고 그 사이에 사탄의 궤계로 인해 본질이 변질되었다고 보는 것을 어떻게 생각하시나요?

편의상 둘째 질문에 대한 답변부터 먼저 드리겠습니다. 도서관에 가면

게르할더스 보스의『성경신학』이라는 책이 있습니다. 이 책을 보세요. 그 다음에 윌렘 밴 게메렌의『구원계시의 발전사』, 그리고 에릭 사우어의『세계 구속의 여명』을 찾아보세요. 이런 책들의 주장이 지금 두 번째 질문에서 드러난 입장과 거의 같습니다. 원래는 유일하신 하나님 이해가 최초의 모든 인류의 공통 종교였는데, 그 유일하신 하나님 이해가 사탄의 궤계로 인해서 다신교로, 정령신앙으로, 토테미즘으로 바뀌었다는 것입니다. 또 질문자께서 이스라엘의 종교가 원래 전 인류가 알고 있던 유일하신 하나님 신앙을 회복한 종교라고 말했는데, 이들도 그와 유사한 생각을 가지고 있습니다. 저 또한 그렇게 생각합니다. 그런데 저는 이스라엘 종교 전에 멜기세덱과 같은, 하나님을 온전히 알고 따르는 소수가 있었고, 그 후에야 아브라함과 그 후손 이스라엘이 역사에 출현했다고 봅니다. 아브라함의 후손 이스라엘은 이미 인류에게 보편적으로 알려져 있는 유일하신 창조주 하나님에 대한 신앙을 회복하는 역할을 맡았다고 보는 것입니다(사도 바울의 사도행전 14장, 17장의 변론 요지도 이와 동일함을 참조하라).

또한 예수님의 죽으심 이후에야 비로소 만민에게 구원의 길이 열렸는지 궁금하다는 질문이 있습니다. 저는 예수님이 오시고 나서야 만민에게 구원의 길이 열렸다는 것을 인정합니다. 결국 두 번째 질문에 대한 답변은 다시 말하자면 에릭 사우어의『세계 구속의 여명』, 밴 게메렌의『구원계시의 발전사』, 게르할더스 보스의『성경신학』을 읽고 더 자세한 답을 얻을 수 있기를 바랍니다.

자, 첫 번째 질문에 대한 답변은 정교하고 정확해야 합니다. 저는 WCC가 "공식적으로" 예수 그리스도 외에 다른 구원의 길이 있다는 것을 천명했다는 말을 들어 보지 못했습니다. 기독교의 독특성을 부인하는 타종교를 기독교와 대등한 구원 종교라고 공인하는 것이 WCC의 공식적인 입장은 아닐 것입니다. WCC의 모든 공식 문서는 예수 그리스도의 구원의 충족성과 유일성을 강조합니다. 그러나 선교 전략적으로 WCC는 세계의 모든 토착종교와 타종교에 대한 존중적 입장을 취합니다. 대화적이고 상호적인 배움 가능성을 인정하며 세계 안에서 기독교의 일치된 하나님 증언을 통해 인류 공동체의 포괄적인 문제나 쟁점에 기독교의 목소리를 내려고 합니다. WCC는 특히 인도, 동남아시아, 아랍, 라틴아메리카, 호주, 동유럽 등 기독교 복음이 토착종교나 타종교와 심각한 갈등을 빚고 있는 곳에서, 그 전통문화와 전통종교와 복음의 선교적 세계관이 야기하는 충돌을 부드럽게 이완시키기 위하여 상당히 포용주의적인 입장을 취하는 것으로 압니다.

종교 포용주의 입장은 종교 다원주의와는 다릅니다. 다원주의는 등산로의 비유로 설명됩니다. 정상으로 가는 여러 개의 등산로가 있으며 결국 같은 진리로 인도한다는 믿음입니다. 모든 종교는 같은 목표를 향해 가는 다른 길이라는 것, 이것이 종교 다원주의입니다. 종교 다원주의는 모든 등산로가 등가적이라고 말하는데, WCC는 그런 정도로 단순화된 확신을 피력하지는 않습니다. 다만 WCC에 참여하는 일부 교회나 개인이 종교 다원주의적 확신을 갖고 있을 수는 있으나 WCC 공식 문서에서 이러한 의미의 종교 다원주의를 공포하지는 않았을 것입니다. 오히려 WCC는 종교 포용주의에 가까운 입장을 표방하고 있습니다. 기독교 복음으로 이 세상 고등종교들과 전통종교들을 아우르려고 하는, 약간은 제국주의적인 입장을 가지고 있습니다. 전반적으로 WCC는 서구 기독교가 종교 때문에 전쟁을 일으켜서는 안 된다는 국제정치적, 문화인류학적 고려를 가지고 종교 간의 대화와 토론을 주된 기치로 내걸고 있습니다. 종교가 인류 분쟁과 지역 분쟁의 불씨가 되어서는 안 되겠다는 큰 선교적 원칙 때문에 종교 간의 화해와 토론을 주도하는 기관이 WCC입니다.

이와 반대되는 입장은, 다른 종교 문명권에 가서 사영리 같은 정형화된 명제적 복음진리를 가지고 공세적으로 복음을 전하면서 순교하는 선교 방식입니다. 극단적이고 거친 포교와 순교를 계속 순환시키는 방식입니다. 이런 방식이 절실하게 요청되는 선교지가 없다고 볼 수는 없기에 이를 호전적이라고 단죄할 수만은 없습니다. 때때로 선교지 상황의 변이적 요소들이 선교 전략의 변통을 가능케 할 것입니다. 하지만 대부분의 경우는 이러한 방식보다는 WCC처럼 종교 포용주의적 입장을 택하는 것이 오히려 우리가 십자군 전쟁 같은 과오를 범하지 않고, 타종교의 얼개를 분석하여 기독교 복음의 참됨을 입증하는 데 유리한 환경 조성에 기여할 것이라고 생각합니다.

그러나 만약 WCC가 다른 종교에도 구원이 있다고 말했다고 하더라도, 그 구원이 기독교가 말하는 구원과 같은 것을 의미했는지, "다른 종교에도 나름대로 구원이 있다"라고 했는지, 혹은 다른 종교에도 구원이 있다고 주장하는 사람이 있다고 했는지, 주의 깊게 경청한 후에 판단하여야 할 것입니다. 이 세 가지 주장의 뉘앙스는 다 다릅니다. 앤서니 드 멜로라는 사람이 『종교 박람회』라는 책을 썼어요. 가톨릭 신부인데 인도 선교사였습니다. 인도 문명권에서 선교사로 활동했던 중요한 선교사가 세 명 더 있습니다. 미국 감리교 선교사 스탠리 존스, 영국 성공회 선교사 레슬리 뉴비긴, 그리고 인도 선교사의 아들로 태어난 폴 히버트입니다. 따라하세요. 스탠리 존스, 레슬리 뉴비긴, 폴 히버트! 그중에서 스탠리 존스가 쓴 『인도의 길을 걷고 있는 예수』라는 책을 읽으면 종교 포용주의가 무엇인지에 대한 답변이 될 거예요. 앤서니 드 멜로는 종교 다원주의적 포용주의자입니다. 반면에 스탠리 존스, 레슬리 뉴비긴, 폴 히버트는 기독교 복음의 으뜸성과 유일성을 인정하면서 인도 전통종교(힌두교)의 틀과 그것이 주는 지혜를 받아들이고 통합하려는 입장을 가졌습니다. 특별히 스탠리 존스의 『인도의 길을 걷고 있는 예수』라는 책에 이러한 입장이 잘 드러납니다. 스탠리 존스는 C. F. 앤드류스라는 영국 선교사와 함께 간디를 크게 감화시킨 사람이죠. 간디에게 산상수훈의 예수를 가르쳐 준 선교사들입니다.

C. F. 앤드류스가 쓴 요한복음 강해서에는(14장 강해) 힌두교의 영성을 복음 안에서 잘 통합하고 통섭하고 재가공하는 장면이 자주 나옵니다. 그는 힌두 사회의 최상층 카스트에 있는 브라만 계급의 세계관을 철두철미하게 이해해서 그것을 바탕으로 브라만 계층에게 기독교 복음을 심으려고 애쓰는 차원에서 요한복음을 강해합니다. 앤드류스와 스탠리 존스는 인도 힌두교 카스트의 최상층 브라만 계층과 복음을 접촉시키기 위해서, 힌두교의 좋은 점을 최대한 기독교 복음과 가깝게 일치시키려고 하는 노력을 부단히 수행합니다. 특히 『인도의 길을 걷고 있는 예수』를 읽으면 기독교 복음의 독특성을 인정하면서도 여전히 호전적이고 전투적인 십자군적 정복주의 전도가 아닌, 힌두교나 타종교 등 모든 상황을 복음의 능력으로 거룩하게 아우를 수 있는 선교 전략이 나오지 않겠나 싶습니다.

그리고 여러분이 혹시 WCC의 '공식적인 문서'에서 예수 그리스도 외에 다른 구원의 길이 있다는 주장을 한 부분을 발견하시면 저에게 신고해 주시면 감사하겠습니다. 공식적인 문서라 함은 WCC 헌장을 말합니다. 그러나 제가 생각하기로는, 이들이 구원이란 말을 쓴다고 하더라도 아마 다른 이름의 구원일 가능성이 굉장히 많습니다. "'나름대로 모든 종교는 구원이 있다'고 주장한다." 이것은 인용문이지 서술문이 아닙니다. 제가 "힌두교도 그들 나름대로 구원이 있다고 합니다" 이렇게 말한다고 해서 그것이 힌두교가 구원이 있다고 말하는 서술문은 아니지요? 힌두교도 나름대로 구원이 있다고 하는 말을 간접 인용함으로써 힌두교의 구원 확신에 대해 신중하게 반응하고 접근하겠다는 뜻입니다. 우리 예수님이 주시는 구원을 힌두교가 그리스도의 보혈 공로도 없이 자가발전적인 종교 행위를 통해 받았다고 말하는 것은 아닙니다.

우리가 서구 기독교를 이해할 때 한 가지 알아야 할 것은, 서구는 종교 때문에 숱한 사람을 죽이는 전쟁을 했기 때문에 종교 간의 차이가 전쟁의 참화와 야만적 살상으로 귀결되었던 역사를 비판적으로 반성하려는 태도가 많다는 점입니다. 서구 기독교에서 종교 다원주의를 생성시킨 역사적·사상적 배경을 이해해야 하는 것입니다. 저는 복음의 으뜸성과 유일성과 절대성을 의심하지 않고 완전히 믿지만, 그리고 이 복음이 올바로 전해지는 것에 굉장히 관심이 많습니다만, 지금 WCC를 반대하는 자들의 모습은 복음의 영광의 광채를 가리는 것이라고 봅니다. 교회 세습, 7계명 범죄, 교회 재산 탕진, 온갖 사탄적 범죄를 저지르는 집단이 WCC를 비난하면서 공격하는 것은 제가 볼 때는 균형이 맞지 않습니다. 그렇지만 저는 그래서 더욱 그러한 입장(종교 포용주의적 입장)이 학문적으로 토론되는 것에 대해 찬성합니다.

Q 8. 야곱의 이름이 이스라엘로 바뀌었는데 왜 하나님께서는 창세기 46:2에서 "야곱아, 야곱아"라고 부르십니까?

창세기 32:28에 따르면, 하나님이 야곱을 이스라엘로 부를 것이라는 기대가 되는 것이 사실입니다.

그가 이르되 네 이름을 다시는 야곱이라 부를 것이 아니요 이스라엘이라 부를 것이니 이는 네가 하나님과 및 사람들과 겨루어 이겼음이니라.

그런데 질문하신 것처럼 33장 이후로도 창세기 저자는 물론 하나님도 이스라엘이라고 부르는 대신 야곱이라고 부릅니다. 46장에서 왜 하나님께서 "이스라엘아, 이스라엘아" 하고 부르지 않았는지 저도 궁금합니다. 다만 한 가지 생각해 볼 수 있는 것은 야곱이 이스라엘로 불린다는 말이 야곱이라는 이름을 다시는 전혀 사용하지 않으시겠다는 맹세 수준의 선언은 아니었다고 보면 안될까 하는 생각입니다. "네 이름이 이제는 야곱이 아니라 이스라엘이 되리라"는 말은 앞으로 절대로 네 이름을 야곱으로 부르지 않겠다는 뜻은 아니라는 것입니다. 복음서는 예수님이 시몬의 별명을 베드로라고 명명했지만, 시몬과 베드로라는 두 이름을 혼용하고 있습니다. 다니엘서의 저자도 다니엘과 세 친구들의 이름을 히브리 이름과 바벨론 이름으로 혼용합니다. 베드로와 시몬이 호환되고 다니엘과 세 친구의 이름이 호환되듯이 야곱과 이스라엘이 호환됩니다. 이름이 바뀌었다고 해서 이전의 이름을 다시는 부르지 않겠다는 그런 절대적인 이름 교체의 뜻은 아니라고 봅니다. 오히려 야곱의 본성 변화를 강조하고 야곱이 아브라함과 이삭이 받은 복을 계승하는 계승자임을 강조할 때에 야곱에서 이스라엘로의 이름 교체가 부각될 뿐입니다(창 35:10-11). 야곱의 영적 변화와 고양된 사명을 강조할 때에 경우에 따라 야곱이 이스라엘로 불리고 있습니다. 고양되고 성화된 사명을 강조할 때는 이스라엘을 쓰지만 대체로 이스라엘 민족의 생물학적 집단을 통칭할 때는 야곱이란 이름을 더 선호합니다.

그러나 특별한 의미 없이 혼용되는 경우가 대부분입니다(사 40:27). 에스겔, 예레미야, 이사야 후반부(40-66장)에서는 이스라엘과 야곱이 특별한 의미부여 없이 계속 혼용됩니다. 열방에 대하여 선교사적 제사장 사명을 가진 집단을 가리킬 때는 이스라엘을 쓰고, 그렇지 않고 생물학적인 인간 집단 전체를 가리킬 때는 꼭 야곱을 사용하는 것이 아니라는 것입니다. 특별한 의미지시 없이 혼용되는 경우가 제일 흔합니다. 따라서 창세기 46:2에서 하나님께서 "이스라엘아, 이스라엘아"라고 불러야 마땅할 텐데(창 32:28에 비추어 볼 때!) "야곱아, 야곱아"라고 부르신 것은 일관성 있는 주석으로 해명하기는 힘들다고 봅니다. 오히려 성경 전체에서 볼 때 특정인의 이름이 새 이름으로 바뀌었다고 해서 옛 이름이 다시는 쓰이지 않을 것이라는 배제와 대체의 이미지를 생각하는 것은 조금 지나치다는 생각이 듭니다.

Q9. 아브라함 종교는 그 근방 고대 종교의 특성과의 융합을 통해서 발전하고 진화되었다는 부분에 거부감이 듭니다. 하나님 존재가 변형되고 진화되었다는 말처럼 들립니다.

이것은 오해입니다. 앞의 6번 멜기세덱 질문에 대한 답변을 염두에 두고 좀 더 보완하여 설명해 드리겠습니다. 이것은 하나님의 존재가 변형되거나 진화된 것이 아니라 하나님에 대한 이해와 지식이 풍요로워졌다는 말입니다. 제가 처음에 말했듯이 아브라함은 가나안 지역 사람들과 접촉 없이, 그 지역 사람들과의 문화인류학적이고 종교적인 접촉 없이, 하나님에 대한 이해를 구성함에 있어서 오로지 천상으로부터 오는 직통계시에만 의존하지는 않았다는 것입니다. 오히려 아브라함은 지역 사람들과의 종교적·문화적 접촉을 통해서 하나님 이해의 지평을 넓혀간 것이지요. 이런 과정을 통해 하나님 앎이 신장되고 증가되는 것에 대해 거부감을 가지면 안 됩니다. 기독교 신앙과 신학 전체가 사실상 주변 지역의 철학·사상·종교 등과의 다차원적인 융합과 통섭, 변증적 정교화를 통해 형성되었기 때문입니다. 우리 하나님은 역사와 자연의 모든 영역에 당신의 존재를 드러내시는 하나님입니다. 만유 안에 당신의 신성과 보이지 않는 능력을 심어 놓으신 분이기 때문에 모든 인류는 어떤 모양으로든지 하나님 이해를 획득하기 마련입니다. 로마서 1:20과 사도행전 17장을 보세요. 특별히 사도행전 17:22-28을 찾아볼까요?

바울이 아레오바고 가운데 서서 말하되 아덴 사람들아, 너희를 보니 범사에 종교심이 많도다. 내가 두루 다니며 너희가 위하는 것들을 보다가 알지 못하는 신에게라고 새긴 단도 보았으니 그런즉 너희가 알지 못하고 위하는 그것을 내가 너희에게 알게 하리라. 우주와 그 가운데 있는 만물을 지으신 하나님께서는 천지의 주재시니 손으로 지은 전에 계시지 아니하시고 또 무엇이 부족한 것처럼 사람의 손으로 섬김을 받으시는 것이 아니니 이는 만민에게 생명과 호흡과 만물을 친히 주시는 이심이라. 인류의 모든 족속을 한 혈통으로 만드사 온 땅에 살게 하시고 그들의 연대를 정하시며 거주의 경계를 한정하셨으니 이는 사람으로 혹 하나님을 더듬어 찾아 발견하게 하려 하심이로되 그는 우리 각 사람에게서 멀리 계시지 아니하도다. 우리가 그를 힘입어 살며 기동하며 존재하느니라. 너희 시인 중 어떤 사람들의 말과 같이 우리가 그의 소생이라 하니.

여기서 종교심이 많다는 말은 신을 추구하는, 신을 찾으려는 그런 귀납적이고 종교적인 분투가 많다는 뜻입니다. 종교심이 많다는 말은 경건한 마음이 많다는 말도 되고, 약간 비꼬는 말도 됩니다. 우상이 많다는 말도 되는 것입니다.

이스라엘 민족의 예언자들처럼 계시와 영적 직관력을 통해 하나님을 알고 이해하는 경우가 아닌 나머지 모든 사람들은 귀납적·파편적·자연적 방법으로 하나님을 "더듬어" 찾게 됩니다. 이방인들은 어둠 가운데서 장님 코끼리 만지듯이 하나님을 더듬어 알아 가는 길 외에는 달리 남겨진 방법이 없었습니다. 그런데 놀라운 것은 이것입니다. 6,000여 년의 인류 문명사 기록을 통해 볼 때 위로부터 연역적 계시를 받지 못한 인간들이 더듬어 찾아 발견했던 하나님에 대한 성품을 다 모아 모자이크를 해보면, 기독교의 하나님과 비슷한 하나님 이해가 나온다는 겁니다. 이 세계의 모든 종교와 문명사 안에는 하나님을 더듬어서라도 찾으려는 끊임없는 암중모색이 있어 왔고, 그 암중모색의 결과 하나님에 대한 편린적 이해를 획득했으며, 그 편린적 하나님 이해를 다 모아 보면 자비로운 하나님, 정의로운 하나님 이미지를 희미하게나마 구축한다는 것입니다. 물론 이방인들의 하나님 이해를 다 합해도 십자가에 달려 죽은 독생자를 통해, 곧 자신을 희생해 가면서 인류를 구원하시는 하나님을 아는 지식에는 이르지 못합니다. 그러나 결정적인 몇 가지 요소를 빼면, 이방인들이 더듬어 찾아서 발견한 하나님을 아는 지식들도 기독교의 하나님과 유사한 하나님 이해를 가져왔다는 말입니다. 이런 선이해를 가진 열방에게 우리 기독교회는 완전한 계시인 독생자 그리스도의 복음을 전하는 사명을 받았습니다.

그러므로 여러분, 타종교와 기독교가 많이 닮았다고 놀라면 안 됩니다. 하나님은 한 혈통으로 인류를 지으셨고 인류의 양심에 똑같은 당신의 율법을 새기셨으며 하나님에 대한 선천적 감지 능력을 비슷한 수준으로 내장시키셨기 때문에, 기독교와 다른 종교에서 비슷할 수 있는 요소가 얼마든지 나타날 수 있다는 말입니다. 그것도 하나님의 놀라운 은혜의 역사입니다. 하지만 분명한 것은 하나님이 세계 만민 가운데서는 하나님 당신을 부분적으로만 알도록 희미한 계시를 허용하셨습니다. 그럼에도 불구하고 세계 만민이 자연질서와 역사, 인간성 분석과 천체 관찰을 통해서 발견한 하나님을 합해 보면 기독교의 하나님과 유사한 부분이 언뜻언뜻 나타나는 것은 당연한 것이고 좋은 것입니다. 이것은 전도의 토대가 됩니다. 이것을 프리 이벤젤리즘 (pre-evangelism), 예비 전도라고 말합니다.

우리 하나님은 각 사람에게서 멀리 계시지 않습니다(행 17:27). 이 말씀이 여러분에게 큰 은혜를 끼치는 말씀이 되기를 원합니다. 인류의 하나님을 아는 지식의 보편적 확산은 선교적 측면에 어떠한 함의를 줍니까?

> 이르되 여러분이여, 어찌하여 이러한 일을 하느냐. 우리도 여러분과 같은 성정을 가진 사람이라. 여러분에게 복음을 전하는 것은 이런 헛된 일을 버리고 천지와 바다와 그 가운데 만물을 지으시고 살아 계신 하나님께로 돌아오게 함이라(행 14:15).

하나님께서 세계 만민으로 하여금 당신을 알 수 있는 길을 희미하게나마 열어 주셨기 때문에 세계 만민을 향해 회개 요청을 동반한 선교가 가능합니다.

그러면 우리가 이 모든 세계 종교에 대해서 무엇을 요청해야 합니까? 하나님을 더듬어 발견하려고 찾던 사람들에게 무엇을 요청해야 돼요? 살아 계신 하나님께 돌아오라고 해야 되겠지요. 복음은 모든 자연종교에 대해서 회개를 요청할 권리가 있습니다. 그런데 그러한 권리가 있는 만큼, 복음의 사람들이 자연적인 암중모색의 종교인들보다 형편없는 삶을 산다면 하나님의 이름이 이방인 가운데 모욕을 당합니다. 그 말은 우리에게 주장의 유일성보다, 그 주장을 입증하는 신앙 행동의 으뜸성과 유일성이 더 중요하다는 말입니다. "예수님은 으뜸되시는 유일한 구주요 인류의 주시다." 이런 주장의 배타성보다 그 주장을 삶으로, 문화로, 영성으로, 인격으로 입증하는 삶의 유일한 독특성과 배타적 우월성이 더욱 중요하다는 것입니다. 우리가 선포하는 명제의 우월성과 배타성을 담보하는 유일한 길은 우리의 삶과 인격, 문화와 문명의 으뜸성과 유일적 배타성을 공증하는 것입니다.

빌리 그레이엄은 그의 자서전, 『내 모습 이대로』에서 자신에게 큰 모욕을 안겨준 일화를 소개합니다. 빌리 그레이엄이 비행기를 타고 있는데, 일등석에 앉아 있는 한 난봉꾼 남자가 혀 꼬부라진 소리로 스튜어디스에게 치근덕거리고 있었습니다. 그러자 옆에 있던 친구가 "야, 이 사람아! 저기 뒷자리에 빌리 그레이엄 목사님이 계셔. 조용히 해" 그러는 거예요. 그러니까 갑자기 난봉꾼 행세했던 이 사람이 일어나 비틀거리며 빌리 그레이엄 목사 앞에서 이렇게 인사를 했습니다. "아! 목사님 안녕하세요. 목사님이 제 인생을 얼마나 많이 도와주셨는지 모릅니다. 목사님 설교가 없다면 저는 이미 지옥에 빠졌을 겁니다." 이미 지옥에 빠져 있는 사람 같은 행동을 하는 사람이, 빌리 그레이엄의 설교 때문에 구원을 받았다고 말하는 상황, 그것이 빌리 그레이엄을 영화롭게 하는 것입니까? 그를 완전히 굴욕시킨 사건입니다.

우리가 예수님을 그런 식으로 영화롭게 하려고 하면 안 된다는 것입니다. 예수님의 이름을 온갖 도덕적 슬럼가, 시궁창 지대에 빠뜨려 놓고 예수님은 유일한 구주라고 선전하고 다니면 예수님을 모욕하는 행위입니다. 여러분, 이러면 안 됩니다. 예수님이 하나님의 아들인 것을 마귀도 알았습니다. 그러나 하나님께서 마귀가 예수님이 하나님 아들이라는 것을 전하도록 허용했습니까, 아니면 제자들에게 위탁했습니까? 귀신들은 예수님이 하나님의 아들이란 것을 알았고 삼위일체 신학도 알았습니다. 하지만 우리 주님은 더러운 영들에게는 복음전도 사명을 주지 않으셨습니다. 그리스도의 충성스런 제자들에게 복음전도의 사명을 주지 않았습니까? 다시 말해 우리가 알아야 될 것은, 그리스도 예수가 인류의 유일하고 절대적인 구주라는 사실을 가장 잘 전하는 길은 그리스도를 아는 지식을 고결한 삶과 문화와 인격으로, 배타적으로 우월할 만큼, 배타적으로 탁월할 만큼 드러내는 길밖에 없습니다. 삶이 먼저 있고 나서야 말이 신빙성 있게 들린다는 것이지요.

다시 질문으로 돌아가자면, 하나님의 존재가 변형되거나 진화된 것이 아닙니다. 하나님에 대한 이해가 깊어지고, 균형 잡혀지고, 더 발전되어 왔다고 보아야 합니다. 이것을 밴 게메렌은 『구원계시의 발전사』에서 하나님 계시의 점진적이고 유기적인 발전이라고 말했습니다. 이 책의 원제목은 *Progress of Redemption*입니다. 『구원계시의 발전사』 서문에서 저자 밴 게메렌은 자신이 게르할더스 보스의 『성경신학』을 다시 쓰는 마음으로 이 책을 썼다고 고백합니다. 그렇기 때문에 그것은 보스의 『성경신학』의 수정증보판 정도가 되는 책입니다. 두 책 모두 너무나 좋은 책이니 꼭 읽어 보시기 바랍니다.

Q 10. 그리스도인의 인격과 영성을 발전시켜서 역사의식을 계발하라고 하셨는데, 어떻게 하면 역사의식을 고취시킬 수 있을까요?

일단 역사책을 읽어야 합니다. 두 번째로 역사책에 있는 현장을 방문해야 합니다. 세 번째로 역사적 중심 과제에 뛰어들고 앙가주망(engagement, 사회참여적 행동)을 실천해야 합니다. 그러면 역사의식이 많아집니다. 역사의 대의명분 때문에 손해를 감수할 만큼 투신해야 합니다. 그러한 사람은 역사의식이 매우 강해지고 반드시 하나님께 쓰임 받을 것입니다. 역사책 중에서 여러분 모두가 꼭 읽어야 할 책은 함석헌 선생의 『뜻으로 본 한국역사』, 그리고 E. H. 카의 『역사란 무엇인가』(특히 3장)입니다. 인문학적 지식이나 사회과학, 자연과학적 교양에도 각별히 유념하며 폭넓게 공부하고 독서해야 합니다. 제가 2012년 12월호 『복음과 상황』에 기고한 「하나님은 역사의 주관자인가?」라는 글이 있습니다. 이 글을 읽고 나서 『역사란 무엇인가』 3장, '역사, 과학 그리고 도덕'을 읽어 보기 바랍니다.

Q 11. 신사참배 죄책이 교회 차원에서 공식적으로 해결되었나요?

지금 대한예수교총회 차원에서는 말끔히 정리되지 않은 것으로 알고 있습니다. 신사참배 가결 핵심 책임자 치리, 치리 집행, 치리 후 회복과 성무 복귀 등의 절차가 총회 차원에서는 안 이루어진 것으로 알고 있습니다. 다만 총회 산하 평양노회만이 신사참배를 회개한 것으로 압니다. 저는 대한예수교장로회총회가 신사참배 잘못을 명시적으로, 신학적 근거를 가지고 인정해야 하고, 신사참배 때문에 희생당한 교회와 개별 신자들과 그 후손들을 위로하고 신원해 주어야 한다고 봅니다. 특별히 신사참배 때문에 가산이 어려워진 신자들과 모든 후손들을 교회 차원에서 보살펴야 하며, 신사참배에 대해서 책임이 있는 교역자들과 교회 지도자들을 사후에도 징벌해야 된다고 생각합니다. 신사참배 가결시 총회장이었던 홍택기 같은 이들은 죽었지만 그에게 적당한 책벌을 주어야 한다고 봅니다. 역사는 결자해지를 해야 하는 것입니다. 그러나 죽은 사람을 감옥 보낼 수는 없는 것이고, 또 그래서도 안 됩니다. 또 연약함 때문에 신사참배를 한 사람(한경직 목사님의 경우)과, 신사참배로 심각한 이득을 얻었거나 엄청난 복록을 누렸던 사람은 다르다고 봅니다. 일제의 조선 침략을 적극 도우며 신사참배를 널리 장려함으로써 부귀영화를 누린 자들은 불의한 재산을 다 토해내고 회개해야 합니다. 전 그것이 옳다고 봅니다. 신사참배를 거부해서 50여 명의 목사님과 2,000여 명의 성도들이 감옥에 갔습니다. 신사참배 때문에 감옥에 간 분들이 토라져서 부산에 내려가 올라오질 않습니다. 다만 현재의 고신파 교회가 신사참배 저항 정신을 제대로 계승하고 있는지는 모르겠습니다.

Q 12. 만유구원론은 정통 기독교 교회의 선교 전략적 차원에서 용인될 수 있나요?

만유구원론은 종교개혁교회의 택자구원론, 제한구원론을 극복하려고 하는 궁극적 구원론입니다. 칼빈과 개혁교회는 예수 그리스도의 십자가 죽으심은 제한된 인류, 곧 택함받은 인류의 속죄를 위한 죽으심이라고 봅니다. 이에 비해 개혁교회의 큰 틀을 견지하면서도 바운더리 테스팅(boundary-testing)하는 데 익숙한 위르겐 몰트만은 조심스럽게 주님의 십자가 구원은 모든 피조물의 구원을 가져올 우주적 화해 사건이라고 봅니다. 그는 빌립보서 2:11, 베드로전서 3:18-19, 4:6 등에 입각하여, 주님은 지옥문도 여시고 죽은 자들 모두의 입술로부터 "예수는 주시다"라는 고백을 받으실 것이라고 봅니다. 즉 노아홍수 시대 때 불순종하여 멸망당했던 영들에게 그리스도께서 복음을 전파했다는 본문을 가지고, 다시 한번 주님의 부활 복음 때문에 지옥문이 열릴 가능성을 언급했습니다. 여기서 가장 중요한 것은 빌립보서 2:10-11("하늘에 있는 자들과 땅에 있는 자들과 땅 아래 있는 자들의 모든 입술이 예수를 주라 고백하는 날이 온다") 말씀입니다. 이 말씀 때문에 하나님은 모든 만민에게 주라고 인정받는 것이 아닌가 하는 추정을 합니다. 몰트만은 지옥은 반드시 있지만 천국만큼 영원하지는 않지 않겠는가라고 상상합니다. 거칠게 말하면 지옥-덜-영원존속설(theory of less eternal hell)입니다. 지옥과 천국이 오래 병립되어 존재하겠지만, 지옥은 천국보다 덜 영원할 것이며 천국이 마침내 지옥을 흡수합병할 것이라는 희망의 피력인 셈입니다. 몰트만은 이런 생각을 교리적 단호함과 확실성을 걸고 말하지 않고, 희망사항을 피력하듯이 신중하게 말했습니다.

저는 지금 죽은 자의 운명에 대해서 확언할 만한 교리적 명료성과 확실성을 구비하지 못하고 있습니다. 다만 저 또한 죽은 자들 가운데 복음을 듣지 못하고 죽은 자들을 의로우시고 공평하신 하나님이 반드시 우리가 볼 때 납득할 만큼 공평하게 대하실 것이라는 사실을 믿어 의심치 않습니다. 그 구체적인 방법은 모르지만 우리 하나님 아버지의 성품을 믿기 때문에 조금도 걱정하지 않습니다. 다만 이 부분에 대하여는 명료한 이해보다 불가지론적인 애매모호함을 남겨 놓는 자세가 필요하다고 봅니다. 교리적 명료성과 간결성을 내세워 성도를 위로하려고 하는 마음보다, 잘 모르겠다는 불가지론적인 애매모호함을 존치시키는 것이 맞다고 보는 입장입니다. 다만 제가 믿는 것은 영원하신 하나님, 공평하신 하나님이 반드시, 우리의 상상 이상으로 우리를 만족시키는 방법을 택하여 산 자와 죽은 자를 심판하시리라는 것입니다.

Q 13. 양자역학적 도약에 대해 자주 말씀하셨는데, 그것에 대해서 좀 더 자세히 설명해 주세요.

뉴턴의 물리학은 모든 것을 법칙적으로 설명하는 물리학입니다. 뉴턴의 물리학은 예외 없는 100%의 법칙이 지배하는 세계입니다. 뉴턴 물리학에서는 물질의 최소 단위가 원자까지였습니다. 그런데 지금은 미립자·소립자·아원자 등 극미의 세계까지 다루는 극미물리학의 시대입니다. 분자 밑에 원자, 원자 밑에 중성자·양자·전자, 그 밑으로 계속 더 잘게 분할되어 내려갑니다. 그런데 그렇게 해서 물질의 마지막 단위에 가니까 물질과 비물질의 중간이 있더라는 것입니다. 이것이 물리학에서 엄청 중요합니다. 존 D. 카푸토의 『급진적 해석학』(Radical Hermeneutics)이라는 책을 읽어 보시기 바랍니다. 또 프리초프 카프라의 『현대 물리학과 동양사상』이란 책도 읽어 보세요. 양자역학은 세상이 뉴턴적인 100%의 법칙이 아니라, 개연성의 확률에 의해서 움직인다고 말합니다. 우리가 생각하는 물질의 가장 마지막 소립자 운동은 무질서 운동(브라운 운동)입니다. 질서정연하게 보이는 분자나 원자가 무질서한 소립자의 브라운 운동을 바탕으로 견고하게 서는 것입니다.

이 말은 우리가 어떤 사건을 이해하고자 할 때 100% 확실한 원인과 결과의 연쇄적 반응으로 분석할 수 없다는 말입니다. 확률적으로 예측할 뿐이지 법칙적으로 100% 확신할 수 없다는 것입니다. 예를 들어 물 위에 사람이 서면, 뉴턴식으로 말하면 중력의 법칙에 의해서 100% 물속으로 가라앉습니다. 그러나 양자물리학에서는 물에 가라앉을 확률이 있을 뿐입니다. 즉, 물에 가라앉지 않을 수 있는 확률의 빈틈이 있다는 것입니다. 따라서 양자물리학자들에게 기적은 자연법칙을 깨지 않고도 얼마든지 일어날 수 있는 것이 됩니다.

양자역학적 도약(quantum leap)은 예측불가적 도약, 순식간에 발생한 도약이라는 뜻입니다. 이 말은 덴마크의 물리학자 닐스 보어가 처음 사용한 말로 알려져 있는데, 원자핵 주위를 돌던 전자가 궤도를 수정할 때 에너지가 증가함에 따라 순차적으로 변화하는 것이 아니라

100% 에너지가 증가되었을 때 갑자기 변화되는 현상을 가리킵니다. 물을 끓일 때, 100도에서 갑자기 액체 물이 기체 수증기로 변화되는 것과 같습니다. 99도까지 가열할 때는 아무 변화가 없다가 100도가 되자 물이 갑자기 수증기로 변하는 것처럼 갑작스럽게 나타나는 변화를 가리킵니다. 이제까지는 에너지 입자들이 진동하는 것이 실체라고 생각했는데, 지금은 에너지 입자들은 진동하기보다는 한 방향으로 증폭되고 확장하며 움직인다는 것을 발견하게 되었습니다. 입자들의 증폭과 확장은 예측불가입니다.

따라서 갑자기 나타난 변화를 양자역학적 도약이라고 합니다. 가열되는 과정이 숨겨진 채 갑자기 임계점에 이르자 발생하는 변화를 양자역학적 도약이라고 하는데, 일종의 레토릭(수사학)입니다. 예측가능한 방법으로 바뀌는 것이 아니라, 예비적 에너지 가열이 축적되다가 임계점에 이르면 갑자기 존재 전체가 확 바뀌는 것을 양자역학적 변화라고 말합니다. 그래서 양자역학은 법칙적 확신보다 확률적 애매모호성의 일부를 남겨 놓음으로써 신적 개입의 우발성을 인정합니다. 하나님이 이 세상의 자연법칙을 깨지 않고도 이적과 표적을 얼마든지 행하실 수 있는 여지를 인정하는 것입니다. 양자물리학을 만든 사람들이 기독교의 하나님 기적과 표적을 정당화하려고 한 것은 아닙니다만, 기독교 신학자들이 이런 패러다임을 이용해 기적과 이적을 설명하려고 합니다. 20세기 자연과학자들의 낡은 물리학 법칙에 영향을 받은 20세기 역사비평적 성서학자들은 성경의 구원사에 나타난 기적의 가능성을 부정했습니다. 그 이유는 뉴턴의 닫힌 인과론적 물리학만을 알았기 때문입니다. 그런데 지금은 자연과학 때문에 기적 같은 것을 원천적으로 부정하고 믿지 못하겠다고 하면 난센스입니다.

아버지 하나님, 감사합니다. 많은 질문 앞에서 우리의 지식은 한없이 작고, 우리의 통찰력과 의견들은 초라하기 짝이 없습니다. 지금은 거울로 보는 것처럼 희미하게 보이나, 아버지 하나님께서 허락하신 그날이 되면 우리가 얼굴과 얼굴을 맞대고 볼 것이며 부분적으로 알려진 것이 전체적으로 알려질 것임을 믿습니다. 사랑하는 이 청년들이 부단히 절차탁마해서, 인격 성장과 영성 성숙의 도상에서, 그리고 전공 공부와 일터의 도정에서 발전과 진보를 맛볼 수 있도록 복을 내려 주시옵소서. 진리탐구의 도정, 하나님 나라를 찾아가는 영적 순례 여정에서 낙오하지 않도록 도와주시기를 간절히 기도합니다. 예수님의 이름으로 기도합니다. 아멘.